KB040300

소통과
미원 조영식의 삶과 철학
창조

소통과

미원 조영식의 삶과 철학

창조

임춘식 지음

동아일보사

　한 사람의 삶의 궤적을 더듬기 위해서는 그 사람이 살아온 행적을 살펴보면 된다. 그 사람의 행적을 더욱 더 잘 알기 위해서는 그와 가까이 살며, 그의 행보를 옆에서 자세히 지켜보며 더불어 함께해 온 사람들의 이야기를 듣는 것도 중요하다. 그리고 한평생 드러내 온 언행과 문장을 보면 더욱 확실하게 그 사람에 대한 평가를 내릴 수 있다.

　미원 조영식 박사, 그는 누구인가? 그리고 무엇을 위해 한평생을 살아왔을까? 이렇게 질문을 던지면 그를 아는 사람들은 그를 두고 곧바로 '교육과 평화에 몸 바친 사람'이라고 말한다.

　현인(賢人)은 "삶은 선택하는 데에 있다"고 말한다. 그는 스스로 고난과 역경을 선택하여 이에 과감히 도전과 응전을 하면서 초지일관 교육과 평화 그리고 사회운동을 주창하고 실천하면서 한평생을 살아왔다.

　그의 교육과 평화·자유·박애 정신은 심오할 뿐이다. 인생을 더 아름답고, 보람 있게 그리고 값있게 살아가야 할 사람들에게 희망과 비전을 던져주고 있는 그의 삶과 철학은 무엇일까?

이런저런 생각을 하다 파노라마와 같은 그의 인생 역경을, 그리고 그의 삶의 발자취를 더듬어보는 것도 매우 신명나는 일이라 여겨졌다. 그의 삶과 철학에 대해 평전을 집필하게 된 동기는 여기에 있다.

물론, 조 박사가 주도하는 국내외의 활동에 관심을 갖거나, 참여하면서 흠모의 정에 흠뻑 빠지는 경우가 허다했다. 그래서인지 몰라도 필자는 평소에 존경하는 인물이 누구냐고 물으면 냉큼 조영식 박사라고 말한다.

벌써, 그가 세운 세계 속의 명문사학 경희대가 2009년 창학 60주년을 맞았다. 그간 경희대는 많은 어려움과 역경을 딛고 대학 발전에 대한 불굴의 의지와 적극적인 개척자 정신으로 세계의 대학으로 면모를 일신해 왔다. 이렇게 피와 땀을 모아 이룬 경희대가 60년이라는 시간을 한결같이 명문 사학으로 자리매김해 올 수 있었던 것은 한국 현대사에서 경이적이고 빛나는 역할을 해 온 그의 땀과 희생의 역사가 있었기 때문이리라. 그래서 경희대 60주년은 인간과 학문의 안팎을 성찰하고 인류와 지구의 미래를 전망하는 문명사적 전환점에서 또 다른 새로운 60주년을 시작하는 해가 될 것이다.

그렇다면 조 박사가 추구하고 있는, 세계 인류의 평화에 이바지하고자 하는 영혼과 그 혼을 바탕으로 경희대 캠퍼스라는 종합적이고 미래지향적인 학문의 요람 건설에 헌신해 온 그의 감회는 어떠할까?

필자가 재직하고 있는 대학신문(1986)에 '세계 평화의 날'을 맞아 '지구촌의 평화'란 사설을 쓴 적이 있다. 그런데 이 사설로 인해 학내에서 이런저런 말이 있어 결국 논설위원을 그만둔 일이 있었다.

"아니, 우리 대학신문이 경희대 신문인지 망각하고 있는 교수 아닌가."라는 말을 들었기 때문이었다.

만약 그가, 한국인이 아니라 외국 사람이었다면 아마도 이런 해프닝은 벌어지지 않았을 것이라는 생각을 지금까지도 떨쳐버리지 못하고 있다. 이때부터라고 할까? 필자에게 인간 조영식 박사의 교육 · 평화 철학에 대해 심취할 수 있는 동기가 배가되었다고 할까.

그렇지 않아도 대만 중국문화대 교수(1983) 시절 그의 저서 《인류사회의 재건》(1965)을 부교재로 채택한 일도 있었을 뿐 아니라 귀국

이후에는 한남대 대학원에서 교재로 활용한 일도 있었다. 그래서 그의 삶과 철학에 대해 남다른 관심을 가졌던 사실도 부인할 수 없다.

필자는 평소에 인간 조영식 박사의 삶과 철학에 대한 평전(Critical Biography)을 집필하기 위해 그의 저서는 물론, 국내외 여러 학술대회에서 발표한 논문 그리고 그가 각종 국제회의에 제안해 채택된 결의문과 선언문을 여러 해에 걸쳐 꾸준히 탐독해 왔다.

아울러 2003년 평전을 집필하기 시작하면서부터는 그의 명륜동 몇 차례 자택을 직접 방문했는데, 그는 그때 인터뷰라기보다는 덕담을 통해 가슴에 담아둔 수많은 이야깃거리를 들려주었다. 무려 1년 정도의 기간이었다. 그러던 중 그가 뇌출혈로 갑자기 쓰러져 병원치료를 받게 되어 당황한 나머지 집필을 잠시 접어두었다가 최근 들어 탈고하게 된 것이다. 하루 빨리 완쾌하시어 든든한 세계의 지인으로 남으시길 기원한다.

그의 삶과 철학은 온통 희생과 봉사에 대한 관심으로부터 출발했기에 화려하거나 빛나는 것이 결코 아니었다. 오히려 남의 눈에 띄지 않고 크나큰 보상이나 대가가 주어지는 일도 아니었으며, 그렇다고 스스로 드러내지도 않고 뽐내지도 않았기에 그의 공로는 오래갈 수 있으며 값진 것이다. 그래서 봄 잎사귀의 이슬방울처럼 눈에 띄려고 하지 않았음에도 불구하고 은쟁반 위의 진주보다 더 아름답고 소중하게 살아온 그의 삶과 철학이 빛을 발하고 있는 것이다.

언행도 언행이지만 각종 자료에 나타난 그의 삶이 보여주는 철저한 고뇌와 사상적 근원은 한결같을 뿐 아니라, 그 뿌리 자체가 흔들림 없이 무럭무럭 자라는 나무처럼 초지일관 일맥상통된 논리를 펴고 있음에 경탄하지 않을 수 없었다.

그의 학리론(學理論) 개발은 물론 교육의 횃불을 들고 주창한 평화사상, 세계 평화운동의 사도로서, 아니 인류사회 재건운동은 물론 오토피아 사상에 바탕을 둔 지구대협동사회의 건설을 부르짖었던 당사자로서 그는 새로운 인류문명의 창조적인 건설자이자 선구자로서의 사명감과 소명의식을 가진 사람임이 분명하다.

유엔 총회에 '세계 평화의 날'을 제안하기도 한 조 박사는 예나 지금이나 여전히 청년 못지않은 열정을 가지고 오토피아에 대한 꿈을 불태우고 있다.

어쨌든 그는 오늘의 시대정신에 부응할 수 있는 인간중심주의와 보편적 민주주의에 입각하여 만민의 자유와 평등, 공존공영이 함께 보장되는 지구공동사회를 건설하고자 한평생 노력해 왔다.

이런 노력은 바로 1960년대부터 가난과 질병으로 허덕이는 국가를 구원하기 위해 벌인 문맹퇴치 운동과 잘살기 운동으로부터 시작되었다. 그리고 1970년대에는 산업사회의 비인간화 현상에 대응한 밝은사회 운동, 건전사회 운동, 1980년대에는 동서냉전의 위기를 맞아 세계 평화운동, 1990년대에는 지구공동사회 건설을 위한 밝은 사회 운동으로 발전시켜 세계운동으로 전개함으로써 많은 주목을 받고 있다.

또, 새로운 2000년부터는 모두가 공감할 수 있는 공동체적 가치의 기반을 위해 새로운 문명을 만들어가려 하는 네오 르네상스 운동으로 이어져 오고 있다.

필자는 그의 통찰과 문무 겸비의 해박함에 놀라지 않을 수 없다. 불교가 깨달음의 종교라면 기독교는 믿음의 종교다. 기독교의 목표는 구원이요, 구원은 믿음을 통해 이루어진다. 그래서 그의 구원은 바로 밝은 사회·평화에 대한 믿음이었다.

그는 한결같이 "의지는 역경을 뚫고 이상은 천국을 낳는다."는 평소의 좌우명과 "땀은 거짓말하지 않는다."는 신념을 믿으며 80여 평생을 살아오면서 오직 대소국이 공존하는 지구대협동사회의 건설을 위해 꿈을 불태우고 있는 큰 인물임에 틀림없다.

인생은 짧고 덧없는 것이라고 회자되고 있으나 삶의 족적에 따라 결코 짧고 덧없다고 말할 수 없는 인생도 있다. 어떤 위대한 사상과 업적은 세월이 지나면서 더욱더 후세의 귀감으로 빛을 발하면서 새로운 문명을 꽃피우는 씨앗이 되기도 한다.

이 세상에서 가장 가치 있는 삶이란 세상의 이치를 올바로 깨우치고 이를 바탕으로 삶의 의미와 가치를 올바르게 생활 속에서 실천해 온 사람, 바로 선구자가 밟아 온 삶이라 할 것이다. 바로 미원 조영식 박사의 삶을 두고 한 말이 아닐까. 평생을 '소통과 창조'의 문화 세계를 위해 꿈과 희망을 일구어왔기 때문이다.

끝으로, 이 책이 나오기까지는 많은 사람들의 지지와 격려가 있었다. 특히 공개하기 쉽지 않은 내부 자료에서부터 중요한 문건들을 제공해 준 조 박사의 이해와 협조에 감사를 표한다. 그리고 이 책이 단행본이라는 이유만으로 인용문을 구체적으로 표기하지 못했다. 많은 이해를 간청하면서 혹시 부적절한 표현이나 더러 정확치 않은 문장에 대해서는 차후, 수정·보완을 약속한다. 독자제현의 많은 이해와 더불어 지도편달을 희망한다. 이 책의 전체적인 출판 기획과 진행을 맡아준 동아일보사 편집팀에 감사를 표한다.

2009년 5월 18일

임 호 식

차 례

미원 조영식 박사 근영

소통과 창조

미 원 조 영 식 의 삶 과 철 학

1
인생의 파노라마,
파도치는 삶

생각하라, 생각하라, 생각하라

한반도의 북쪽으로부터 적유산맥이 준엄한 기세로 내달아오다가 동림 산, 백벽 산을 이루고 잠시 머무는 곳, 평북 운산군. 그 가운데서도 서남쪽으로 위치하여 군 전체가 일대 금(金)산지를 이루며 제비꽃과 산단풍 나무가 철따라 화사한 풍광을 자랑하는 운산은, 형언할 수 없을 만큼 아름답고 신비스러운 곳이다.

그는 이렇듯, 금이 많이 나기로 유명한 평안북도 희천군 운산의 명문가정에서 1921년 11월 22일 조만덕(趙萬德) 씨와 강국수(姜菊水) 여사 사이 1남 1녀 중 첫째로 태어났다.

부친은 고향에서 금을 채굴하여 사회적인 성공을 거둔 광산주였다. 그러나 건국 초기의 정치적 불안과 사회적 혼란으로 인해 두 번의 큰 실패를 경험하고 그때마다 실패를 교훈으로 살리고자 했다.

어느 날 초여름이었다. 초등학교 시절 아버지와 단둘이서 집으로 돌아올 때면 마을 앞 냇가에서는 돌을 쌓아올려 만든 탑이 그들을 반겼다. 아버지는 그것을 가리키며 '돌탑'이 아니라 '생각 돌탑'이라고 이야기해주었다.

그 후부터 소년 조영식은 돌탑 앞을 지날 때마다 잠시 생각하는 습관을 갖게 되었고, 그리하도록 가르친 아버지의 훈육 때문에 매사에 생각이 깊고 착실한 소년으로 성장하여 마을 사람들의 칭찬을 독차지했다.

"어째서 실패했는가? 어떻게 하면 실패하지 않는가?" 이렇게 늘 생각하면서 살아야 한다고 하셨던 아버지의 말씀이 그의 혼이 되었다.

그래서인지 몰라도 그는 한평생 두 번 실패했지만 계속 생각했기에 마지막에는 성공했다. 똑같은 실패라도 생각하고서 실패하는 것과 본능적으로 행동해 실패하는 것은 전혀 다르다. 그는 몇 번이나 숙고하고 인내를 강화하는 것이 중요하다는 부친의 가르침인 숙고(熟考)가 인생의 명암(明暗)을 가르게 되었다고 술회한다.

제2차 세계대전 후 한반도가 남북으로 분단되어 미래를 전망할 수 없었을 때 아버지께서는 이렇게 말씀해주셨다. "잘 생각해 결심해라." 이렇게 늘 생각하고 살 것을 강조하시던 아버지는 1946년 봄에 젊은 나이로 세상을 떠나고 마셨다.

아버지가 갑자기 세상을 떠나자 충격에 쌓인 그는 근 1년간이나 생각에 생각을 거듭한 끝에 자유 대한민국 '남한'으로 오기로 결단을 내린다.

"나의 조국은 자유가 있는 나라로 하자. 자유가 있기에 인간인 것이다." 나이는 어렸지만 그는 이렇게 생각했다.

그는 결국 평양에서 원산을 거쳐 태백산을 넘는다. 나침반 하나에 의지하여 다만 오로지 자유를 찾아 남으로 남으로 내려왔다. 당시 부인은 임신 중이었기에 어머니와 함께 나중에 내려오기로 했지만 그는 걱정에 싸여 잠이 오지 않았다.

"남한에 있는 남편의 아기가 배 속에 있다."고 하면 무사히 내려올 수 있을 것이라고 마음을 다잡을 뿐이었다.

그런데 그것이 너무나 어렵고, 힘이 들었다. 며칠이 지나서 안 일이지만 부인은 37도선을 넘을 때, 평양으로 돌아가라는 군대의 권고를 받았다. 그래도 몇 번이나 남한으로 넘어오려고 애를 썼다.

그런데 우연히 아는 사람을 만나 그 사람이 개성에 있는 미군의 보호시설에 데려다주었다. 다행스럽게, 평소에 잘 알고 지내던 사람이 그에게 급히 연락을 해주어 극적으로 만난 가족은 결국 모두 남하하게 된다.

아무리 생각해보아도 당시 가족과 함께 월남했던 판단은 옳았다. 그렇지 않았더라면 오늘의 그가 있었겠는가. 당시 국민들의 비참한 현실을 도처에서 목격했던 것이 그의 삶의 이정표가 되었다.

곰곰이 생각해보면, 그가 이렇게 자신의 삶을 당차게 꾸려 나갈 수 있었던 것은 부친의 지혜의 힘 때문이었다. 그가 자신의 행동을 결단해가는 데에 중요시하는 가치 기준은 세 가지다. 바로 '삼정행(三正行)'이다. '정지(正知), 바르게 알고', '정판(正判), 바르게 판단하고', '정행(正行), 올바르게 행동한다'는 세 가지 기준이다.

그는 이 세 가지를 올바르게 완수한다면, 자연의 섭리에 들어맞아 불가능은 없다고 굳게 믿었다. 이 세 가지는 원래 '아버지의 가르침'이었다. '생각하라, 생각하라, 생각하라.' 지금까지의 인생에서 그는 몇 번이나 그 가르침을 바탕으로 전진해 왔다.

알아야 힘이 된다, 아는 것이 힘이다

일제의 침략으로 국권을 상실한 민족의 암흑기였지만, 동양에서 제일 산 좋고 물 좋은 노다지 금광지대 평북 운산에서 태어난 그는 열한 살에 중국 사서(四書)인 《논어(論語)》, 《맹자(孟子)》, 《중용(中庸)》, 《대학(大學)》을 떼었을 만큼 천재적인 소년으로 널리 알려져 있었다. 때문에 어려서부터 마을에서는 신동으로 불리기도 했다.

'알아야 힘이 된다. 아는 것이 힘이다'라는 말은 그의 신념이자, 곧 선친의 굳건한 믿음이기도 했다. 그 시절 그렇듯이, 다들 생활이 어려웠고 날이 갈수록 그의 집안도 경제적으로 어려운 상황에 처하게 되었다. 그런 와중에도 그는 평양에서 제3중학교를 졸업했고 목사나 윤리 교사가 되는 것이 꿈이었다.

그러나 그의 부친은 아들이 배움의 날개를 활짝 펼칠 수 있도록 일본으로 유학을 보냈다. 그는 아무도 없는 이역 만리타향, 바다 건너 일본 땅에서 동경체대에 입학한다.

그런데 큰 뜻을 품고 일본 유학시절을 보내던 그는 1943년 잠시 귀국하여 그해 10월 초등학교 소꿉친구였던 반려자 오정명과 결혼하여 가정을 이룬다.

대학 재학시절에는 장대높이뛰기에 남다른 소질이 있었고 운동이라면 못 하는 것이 없는 스포츠맨이었다. 하지만 불운하게도 태평양 전쟁을 일으킨 일본은 그가 졸업하던 해에 지원 병영을 공포하고 누구 가릴 것 없이 모두 강제로 전쟁터에 몰아넣었다.

결국, 그도 일본 식민지하였던 1944년 학도병으로 평양사단에 강제 입대하게 된다. 그가 잠시 일본에서 귀국하여 고향집에 돌아와 있던 어느 날 경찰이 학도병 지원원서를 가져왔기 때문이다. 만약 그가 학도병에 지원하지 않았더라면 부친이 경영하는 광산의 문을 닫지 않을 수 없는 운명이었기에 학도병으로 끌려갈 수밖에 없었던 것이다.

그러나 청년 조영식은 학도병으로 끌려가 훈련을 받던 중 절대로 일본을 위해 죽을 수 없다고 생각한 나머지 동료들과 탈출을 결심한다.

그리고 그는 평양에 주둔하고 있던 일본 군대에 배속된 조선인 학도병들을 규합 '학도병 사건'을 유발한 비밀 결사조직을 결성하게 된다.

그는 주말에 한 번씩 있는 가족들과의 면회 시간을 통해 외부인들과 은밀하게 연락망을 조직해 나갔으나, 의거 준비 중에 불행히도 일본 헌병에게 발각되어 일망타진되었고, 모두 일본군 형무소에 수감되어 갖은 고문을 당하기에 이른다. 이때부터 그는 많은 시련을 겪게 된다.

바로 1945년 1월 2일에 있었던 평양학도병 '조선 독립 의거 모의 사건'의 주모자가 청년 조영식이었던 것이다. 그는 이 사건으로 일본 헌병대에 끌려가 모의 내용을 자백하라는 살인적인 고문을 당하기도 했다. 물론 끝내 입을 열지 않았다.

그는 수기 《운명의 악몽(1987)》에서 "끝없이 가해지는 육체적·정신적 고통 속에서도 일제에 대한 증오와 조국 광복에 대한 열망은 점점 커져갔다. 그들이 우리에게 가하는 모멸과 고문은 우리의 결심과 의지를 더욱 굳히는 촉매제일 뿐이었다."라고 쓰고 있다.

뿐만 아니라 "자백한다는 것은 결국 조국을 등지고 겨레를 위해 일하겠다는 나의 맹세를 저버리는 것이라는, 내 가슴속 깊이 간직한 결심이 있었기 때문이다."라고 술회한다.

일본 헌병대에 갇혀 있을 때 조영식은 함께 감옥생활을 하던 동지들과의 토론 학습을 통해 '통합'과 '조화'라는 3차원적 우주관, 유기적 통일체관을 터득하게 된다. 그리고 이러한 의미를 지닌 '미원(美源)'을 훗날 자신의 아호(雅號)로 사용하게 된다.

인생은 항상 생사의 기로에서 갈린다

이러한 토론식 학습을 통해서 그는 가슴속 깊이 "인생을 값있게 살자, 그리고 우리의 민족적 거사 모의는 조국과 겨레를 위한 정의의 길에 틀림없다."는 것을 확인하게 된다.

이 암울했던 감옥생활을 통해 동지들과 함께 진행한 많은 토론식 학습은 장래 그의 인생관, 민족관, 세계관을 다져가는 소중한 시간이 되었다.

일본 헌병대에 끌려가 미결상태로 6개월간 영창생활을 하면서도 동지들과 비밀리에 일본 제국에 항거하는 조국의 독립운동을 주도하던 중 뜻밖에 조국 광복 분위기로 인해 1945년 5월 18일 군사재판에서 기소유예가 받아들여져 감옥에서 풀려났다.

그는 "만약에 제2차 세계대전 당시 학도병으로 끌려갔을 때, 학도병 의거 사건에 관련되지 않았다면 오늘날 이 같은 인생을 살지 못했을 것으로 안다. 그래서 나는 평소 '인생은 항상 생사의 기로에서 갈린다' 라는 말을 자주 하곤 한다.

그때 그 사건으로 영창에 갇혀 있지 않았더라면 제2차 세계대전

말기 우리 부대 전 병력이 수송선을 타고 남태평양 필리핀의 레이테 섬으로 가던 도중 미군 전투기들의 공격에 의해 격침되었을 때에 함께 바다에 수장되었을 것이기 때문이다. 사지에서 나를 구해준 것은 분명히 조그마한 나의 애국심이었음을 잘 안다.

나는 사지에서 다시 얻은 목숨이라고 생각하여 일생을 나라 사랑과 겨레 사랑 그리고 나라의 번영과 영원한 발전에 기여할 것을 마음속에 되뇌었다."고 회고한다.

이후 8·15 광복의 기쁨을 안은 채 그는 2세 교육에 주력하기 위해 평양에서 중학교 체육교사로 잠시 근무한다. 하지만 공산당의 횡포가 날이 갈수록 심해지던 1946년 초 미국과 소련에 의한 남북 신탁통치가 결정되자 자유를 찾아 나서게 된다.

당시 그는 정든 고향을 등지고 남으로 남하하면서 세 가지의 결의를 스스로 다진다.

첫째, 월남하여 끝까지 조국의 독립에 헌신하고 이를 꼭 이루어내고야 말겠다.

둘째, 훌륭한 민주정치 지도자가 되어 국가에 이바지하겠다.

셋째, 문화 사회의 기수가 되어 유엔 중심의 국가 연합을 이루어 보겠다.

이렇게 인생을 설계한 것이 그의 나이 26세 때의 일이다.

이와 같은 고뇌에 빠져 있을 때인 1948년, 27세의 젊은 나이에 《민주주의 자유론》을 집필하여 처음으로 저서를 출판하게 된다. 민주사회는 인간존엄성과 인권의 존중, 자유와 책임, 법에 의한 지배, 자율과 자치 등을 공통으로 지양한다는 것이 골자였다.

그는 여기에서 민주교육은 민주사회의 구성원이 시민으로서의 역할을 성공적으로 수행할 수 있도록 그에 적합한 지식, 기능, 태도 그리고 경험을 획득하게 하는 교육이라고 언급했다.

그가 자신의 뜻을 이렇게 세워갈 즈음 1950년 6·25 전쟁이 발발하여 그도 피난길에 오르게 된다. 그는 전쟁을 직접 체험하면서 비인도적 살상과 동족상잔의 처절함을 뼈저리게 느끼게 된다. 당시 그 충격은 너무 큰 것이었다.

이 전쟁으로 인해 전 국토는 황폐화되고 260여만 명의 사상자가 났으며 국민은 미국의 구호식량과 초근목피(草根木皮)로 연명하게 되었다. 이러한 참상을 목도하며 그는 국토재건의 선구자, 세계평화운동가, 인류 문화 복지 향상의 기수가 되겠다고 다시 다짐한다.

그래서 1951년에는 피난 중에 《문화세계 창조》라는 저서를 또다시 출간하게 된다. 이 책은 피난지인 충남 천안 부근에 있던 산골 한 농가의 골방에서 유엔군 항공기의 폭격소리를 들으며 쓴 것이다.

그는 인류의 악습과 국가 간 전쟁의 원인이 인류가 문화사관에 입각한 문화규범에 의하지 않고 우승열패, 적자생존의 냉혹한 힘의 세계를 추종하는 자연사관에 입각했기 때문이라고 인식한다.

이러한 자연사관에 입각한 인류의 역사를 비판하고 인간을 진정으로 아름답고 행복하게 만드는 문명과 문화의 중요성을 강조하며 문화규범의 필요성을 역설한 것이 이 책의 주요 내용이다.

생각해보자. 약관 29세 조영식의 역사적 사관을 보면 그가 청년 시절부터 남다른 인물이었음을 발견하게 된다. 그는 일찍이 확고한 인생관을 정립하고 강렬한 의지로 새로운 세계를 만들어가는 창조적 활동을 초지일관 실천한다.

그는 이 세상을 변화시키는 것은 '인간의 주도적인 의지'에 있다고 믿었다. 이러한 신념은 개인적인 인생 역정에 지대한 영향을 미쳤을 뿐 아니라 훗날 '잘살기 운동'을 전개하여 우리 민족으로 하여금 빈곤과 나태를 탈피하고 잠재된 근면 의식을 일깨워 희망과 의욕을 갖게 하는 원동력으로 작용하게 된다.

다시 언급하면, 결국 이러한 사상적 기반이 그가 한평생 부르짖고 있는 잘살기 운동, 밝은사회(GCS) 운동 그리고 세계평화 운동과 같은 사회운동을 태동시키는 중요한 토양이 되었다.

그는 학도병 때의 경험으로 조국의 완전한 독립과 나라 사랑의 길은 좋은 정치를 하는 데에 있다고 생각했다. 이에 그는 정치를 하기로 결심하고, 대학의 정치학과와 법학과를 놓고 고심하다 민주주의 사회는 법치주의 사회이므로 법을 연구해야 된다는 굳은 신념을 가지고 뒤늦게 서울 법대에 편입, 법학을 수학하기에 이른다. 드디어 일본 체대 출신이자 만능 스포츠맨이던 체육교사 출신이 의젓한 서울 법대생이 된 것이다.

서울 법대 재학 시절 유년시절에 배운 중국의 4대 명서의 하나인

《대학(大學)》을 재차 통독했고, 일본 유학시절에는 루소(Roussea, 1844~1910)의 《법의 철학》도 수차례 탐독했다.

평소 유난히 책 읽기를 좋아했던 그는 눈에 보이는 책이라면 종류를 가리지 않고 무조건 읽는 책벌레였다. 서울대 법대 동기생이었던, 대한변호사협회 회장을 지낸 문인구(1924~) 변호사는 "학창시절 구하기 어려웠던 법학 관련 서적이나 민주주의 이론에 관한 책을 서로 교환해 탐독했다."고 귀띔한다. 그래서 재학시절에는 친구들로부터 책벌레라는 별명을 얻기도 했다.

그는 유독 근대 정치사나 민주주의 통론 분야에 관심이 많았다. 그러나 한국 전쟁 이후의 사정은 너무나 비참했다. 대학의 교재라고는 대부분 일본어로 되어 있었고 그나마 불과 몇 권밖에 되지 않아 학우들끼리 서로 밤새워 노트에 옮겨 읽곤 했던 시절이었다.

특히 그는 민주주의 철학에 관련된 책들을 수십 번 통독했고 광복 이후 사회적 불안과 정치적 격동기를 겪으면서 우리에게 '민주 교육'이 필요한 시기라고 깨달았다. 올바른 시민 사회, 조국 통일의 길은 바로 민주시민 교육이 첩경이라고 믿었다.

민주사회의 구성원인 시민이 갖추어야 할 자질을 함양하는 교육을 민주시민 교육이라 할 때, 민주사회의 기본적인 성격을 확인해야 한다. 민주주의는 나라에 따라 역사적 배경과 정치·경제·문화적 특색에 따라 형태와 운영방식에 있어 많은 차이가 있을 수 있다. 그럼에도 불구하고 민주사회가 공동으로 지양하는 가치들이 있다고 터득한다.

그리고 성숙한 민주시민은 건전한 인격을 지니고 공동체 속에서 이웃들과 더불어 살면서 서로 협력하고 봉사하는 자세를 지닌 사람들이 되어야 한다는 논리를 펴 나갔다.

그는 공부에 욕심이 많은 법학도였다. 문인구 변호사는 "영식이의 1만 시간 독서 계획 카드를 보고 깜짝 놀랐다."고 말한다. 말이 그렇지 1만 시간 독서 시간을 환산한다면 이는 대학 4년 동안 1일 평균 열 시간 이상의 독서량일 수 있다.

그는 서울대 도서관이나 국립 도서관의 서고를 뒤져 민주주의에 관련된 책을 찾아 읽었다. 그는 이렇게 매사에 집념이 강한 사나이였다. 한번 계획을 세우면, 반드시 이행하고야 마는 기질을 청년시절부터 지니고 있었다.

1950년, 서울대 법대를 졸업한 뒤 자신의 당초 의지대로 잠시 정계에 진출한다. 제2대 대한민국 국회 내 원내 교섭단체 중의 하나인 '공화민정회'에서 조사국장 겸 법제사법 전문위원으로 본격적인 정치활동을 시작한 것이다. 하지만 곧바로 정치에 대해 회의를 느끼기 시작한다.

정치라는 것은 정치를 잘하는 사람이 하는 것이다. 장래성이 없는 사람이 지도자가 되면 사람들은 어디로 이끌어 갈지 모른다. 당시에는 글을 읽고 쓰는 것도 모르는 문맹률이 73%를 넘는 시대였다.

그래서 결심하게 된다. 좋은 나라를 건설하기 위해서는 나 한 사람이 무언가를 이루려고 할 것이 아니라 훌륭한 인간을 육성해야만 한다는 것을. 그래서 교육의 세계로 발을 내딛게 된다.

어쨌든 민주주의가 무엇인지조차 모르던 당시 정계 분위기에 실망한 그는 공화민정회가 자유당으로 바뀔 때에 홀연히 정계를 떠나게 된다.

"과연 내가 정치에 뜻을 두고 일을 계속해야 할 것이냐, 아니면 학교를 세우고 인재를 길러내는 일을 할 것이냐를 놓고 고민했습니다. 우수한 인재들을 길러내는 것이 훨씬 더 가치 있고 보람 있고 국가 발전의 빠른 길이 될 것이란 생각으로 교육 사업에 뛰어들기로 했지요."

특히 그가 활동하던 민정동지회는 나중에 장택상(정부 수립 후 최초의 외교부장관이 되었고 국무총리를 역임, 1892~1969)의 신라클럽과 합쳐 신정동지회로, 그리고 다시 나중에는 공화클럽과 합치면서 80여 석의 원내 제1당인 공화민정회(후에 자유당이 됨)로 발전했다.

이때 국회의원들의 경력을 보면 종친회의 회장이나 족장, 면장을 지낸 경력자들이 대부분이었다. 또, 당시의 선거에서는 후보자의 이념이나 정책보다는 출신이나 연고관계를 보고 투표하는 경향이 강해 국회의원들의 질이 상대적으로 낮았다.

이렇게 지적 수준이 낮은 사람들이 법을 만들어 국정을 논한다는 것은 좋지 않다고 여긴 그는 좋은 정치를 하려면 무엇보다 좋은 인재가 필요하다고 생각하게 되었다. 이에 인재를 먼저 양성해야겠다고 생각하여 교육입국의 결심을 확실히 굳히게 된다. 그리고 교육은 인간의 도덕과 품성을 도야하는 데에 목적이 있음을 발견하게 된다.

하면 된다. 해내야만 한다. 하고야 말 것이다

그가 육영사업에의 투신을 결정하자 주위의 많은 사람들은 만류했다. 그러나 '교육으로 사회를 재건하자'는 그의 굳은 신조에 공명했다.

그도 그럴 것이 이때는 6·25 전쟁의 전운이 가득했던 혼란한 시기였다. 어렵사리 서울 법대를 졸업하자마자 얼마 안 되어 동족상잔의 비극이 일어났고 나라는 풍전등화(風前燈火)의 기로에서 부산까지 후퇴하지 않을 수 없게 되었다.

부산으로 피난을 가서도 인재 양성에 대한 절실함이 변함없었던 그는, 1946년에 설립된 배영대학관과 1947년에 설립된 신흥전문관을 합병하여 1949년 5월 12일에 가인가로 설립된 2년제 신흥초급대학으로 교육사업을 시작한다.

그러나 이 대학은 이듬해 6·25 전쟁을 맞아 심한 운영난에 봉착한다. 건물도 대지도 없는 이름뿐인 대학은 피난지 부산에서 인수받은 '천막 대학' 신세로 인간으로서는 상상조차 할 수 없는 고통을 겪게 된다.

그러나 단지 이 나라를 위해 인재를 양성해야겠다는 확고한 신념에 수많은 어려움은 견줄 바가 아니었다. 이런 그의 강철 같은 의지 때문이었을까. 그는 '하면 된다. 해내야만 한다. 하고야 말 것이다'라는 생각으로 긴 망설임 끝에 어려운 길을 시작한다.

"고난이여! 역경이여! 올 테면 오라."는 것이 그가 오늘날까지 견지해 온 삶의 자세였다. 그가 역경 속에서도 잃지 않은 이런 삶의 자세가 오늘날 우리나라는 물론 세계로 역동하는 종합대학으로 발전한 경희를 있게 한 뜻이며, 힘이었다.

그는 결국 고난과 역경을 헤치고 경희를 점차 세계적인 대학으로 비약시킬 웅대한 경륜을 펴 나가기 시작한다. 서울 수복 후에는 대학 명칭을 '경희대학교'로 개명하고 스스로 총장에 취임하기에 이른다.

그러나 이때 대학 운영자금 문제로 수없는 고통을 겪게 된다. 하지만 부인 오정명 여사의 희생적인 내조와 주위의 많은 지인 그리고 친지들의 지원에 힘입어 서울 동대문구 회기동 산기슭에 30여만 평(1,007.400㎡)에 이르는 광활한 불모지를 마련하게 된다.

이렇게 해서 설립된 대학이 바로 오늘의 명문 사학 경희대다. 1949년 신흥초급대학이라는 이름으로 출발한 경희대는 이제 국내는 물론, 세계적인 명문 대학으로 발전하기에 이른다.

그러나 그는 경희대 총장으로 재임하고 있을 때에 뜻하지 않게 일부 사람들의 오해와 중상모략을 받거나 구속까지 당하며 갖은 수난을 겪기도 했다.

다행히 그 당시 문봉제(1915~2004) 국무원(國務院) 사무국장의 제청에 의해 긴급 국무회의가 소집되어 "경희대 조영식 총장을 구속하는 것은 이 나라 육영사업을 침해하는 것으로서 자유민주주의 국가에서는 있을 수 없는 일"이라고 전 국무위원이 만장일치로 결의, 즉시 그의 구속을 해제한 일화도 있다.

역사는 이루는 것이 아니라 창조되는 것

그뿐만 아니었다. 한창 경희대 건설 초기에는 "공사비를 떼어먹었다." 심지어는 "경희대 공사를 맡았던 건설회사 사장이 공사비를 받지 못해 자살까지 했다."는 등 온갖 구설수에 시달렸던 아픈 추억도 있다. 6·25 전쟁 이후인 당시는 사회가 전반적으로 어려운 시기였던지라 공사비를 제때에 지불하지 못한 일이 있었을 뿐이었다.

그는 기억을 더듬으며 이런 이야기를 서슴없이 풀어놓았다. 부인의 고통은 이루 말할 수 없었다. 대학 설립 당시 대학 경영은 어려웠었다. 여러 가지 방안을 찾아보았지만 아무리 해도 교직원에게 줄 급여가 절대 부족했다.

월급날 하루 전 부인이 돈을 구하기 위해서 결혼반지를 전당포에 맡기러 갔었다. 다이아몬드 반지였으나 전당포 주인은 "가짜인지

진짜인지 알 수 없기에" 돈으로 바꾸어 줄 수 없다고 했다. 어쩔 수 없이 울면서 집으로 오는 도중 앞이 보이지 않아 전봇대에 부딪치고 말았다. 그 흉터가 지금도 남아 있는데 사람들은 이것을 보고 '경희 훈장', 또는 '어머니 훈장'이라고 부른다.

'하나님은 스스로 노력하는 자에게 축복과 은총, 불과 같은 성령을 내려주신다'고 믿고 있는 그는 초창기부터 '문화세계 창조'를 경희대 교시(敎示)로 정하고 창조적인 노력, 진취적인 기상, 건설적인 협동을 대학 설립정신으로 삼았다.

또, '인간교육, 민주교육, 과학교육, 평화교육'의 뜻을 담은 교가를 직접 작사·작곡까지 했다. '인류 위해 일하고 평화 위해 싸우세 우리 대학 경희대학 새 빛의 창조자'라는 구절을 보면 그의 교육 사상을 잘 이해하고 남음이 있다.

그러한 정신은 경희학원가에도 잘 나타나 있다. 이러한 교육 목표와 교육 원칙은 "발달한 선진 문물을 배격해서는 안 되는 것이 국제화요, 모두의 의사를 존중하고 개인과 다수를 동시에 위하는 것이 민주화"라는 그의 뜻이 그대로 반영된 것이다.

특히 그는 1945년에 광복되어 민주주의라는 단어조차 생소하던 그 시절에 일찍부터 민주주의 이념을 간파하고 이미 경희대 교훈을 ① 학원의 민주화, ② 사상의 민주화, ③ 생활의 민주화로 정했다.

매월 정기적으로 전교생을 대상으로 본관 분수대 광장에서 설립자로서 행했던 그의 '민주시민 특강'은 지금도 경희대를 거쳐 간 동문이라면 누구나 반추하는 추억이다.

필자 역시 1969년 경희대에 입학했는데 매월 웅장한 본관 석조건물 분수대 앞에 전교생을 모아 놓고 행했던 그의 열변을 기억한다. 내용은 주로 민주시민 의식에 관한 것이었다.

성숙한 시민사회는 모든 개인에게 자유를 보장함과 동시에 책임을 요구한다. 자유는 인간의 자기실현의 최대한의 기본조건이면서 동시에 공동체의 활성화와 창조적 자기 개혁을 통한 생산성 고양의 주된 동인이라는 점에서 양보할 수 없는 가치다.

이러한 자유는 공동체의 모든 구성원들이 더불어 누려야 하는 자유이고 공동체의 창조적 발전을 돕는 요인이 되어야 하기에 자유의 행사는 어디까지나 공동체에 대한 책임을 수반한다.

따라서 공동체에 해가 되는 자유는 방종이며, 그러한 행위는 법에 따라 금지한다. 이렇듯 자유가 엄정한 법에 의해 보호되고 규율될 때 더욱 신장될 수 있다고 그는 강조했다.

이렇듯 경희는 오늘날 세계적인 고등교육기관으로서의 역할을 담당하고 있으며, 또 그의 자애롭고 따뜻한 심성과 평화를 사랑하는 불퇴전의 정신은 온 지구상에 널리 퍼져 더욱 풍요로운 세상을 일구는 초석이 되고 있다.

그는 민주시민 교육을 통해 우리나라 민주주의 역사를 바르게 쓴 한 시대의 민주 지도자임에 틀림없으며, 무(無)에서 유(有)를 창조하는 불굴의 의지와 그 성과를 참된 생활 속에서 보여준 좋은 사례가 되고 있다.

어쨌든 조 박사가 일생을 통해 실천에 옮긴 신념은 한마디로 '창조적 의지'였다.

그는 '역사는 이루는 것이 아니라 창조되는 것', '이 세상의 모든 성공과 정복은 포부를 갖고 노력하는 자에게만 내리는 하늘의 보상'이라고 믿었다.

그는 역경과 좌절에 부닥치면 "고난이여, 역경이여, 올 테면 오라."는 도전정신으로 맞섰고, "의지는 역경을 뚫고, 이상은 천국을 낳는다."는 신념으로 전진해 왔다.

2

경희와의
운명적인 만남

의지와 뚝심으로 터를 잡고

　세계적인 명문 사학, 창학 60주년을 맞은 경희대학교. 하지만 경희대가 걸어온 길은 그야말로 험난한 가시밭길이었다. 조영식 박사의 굳은 뚝심과 의지가 없었으면, 어쩌면 쉽지 않은 길이었다. 경희대에는 올바른 대학 교육을 위한 그의 양심과 자유 민주에 대한 갈망이 오롯이 담겨 있다.

　맨 처음 경희대는 부산역 앞 이른바 40계단이라고 불리는 언덕에서 초량으로 통하는 고갯마루 터에 자리했다. 사실 대학이라고는 하지만 부지가 단 한 평도 없는 무허가 창고형 판자 교사 두 채가 있었을 뿐이었다.

그도 그럴 것이, 그 당시 부산에서 개교한 대학은 하나도 없었고 부산 영도에 국방부에서 운영하는 전시 연합대학이라는 것이 있었을 뿐이었다.

나라는 전시 상황이어서 바로 그 다음 날에도 무슨 일이 발생할지 모를 만큼 지극히 암담했다. 그는 이렇듯, 폐허로 가득한 나라 전체를 살리는 일은 교육뿐이라고 생각했다. 그는 교육만이 미래를 담보할 수 있고 오늘의 힘든 상황을 극복할 수 있는 유일한 끈이라고 믿었다.

또, 이 역사가 하늘이 자신에게 맡긴 사명이라고까지 굳게 믿었다. 주변에서 어려운 상황과 시련들이 끊임없이 닥쳤지만 그는 오직 의지 하나만으로 밀고 나갔다. 그리고 내일은 어떻게 될지 모른다, 때문에 오늘 일은 오늘 중으로 반드시 해둔다는 각오로 살았다.

조영식 그는 경희대의 화신이요, 뛰어다니고 있는 경희대의 동사(動詞)다. 그의 불굴의 투지와 예지와 끊임없는 땀의 결정이 바로 오늘날의 경희대인 것이다. 경희대가 막 탄생하기 위해 몸부림을 치던 그때 그 시절로 돌아가보자.

1949년 봄, 서울 시내에 요란스런 광고가 나붙었다. '새롭게 일어나는 신흥대학……신입생 모집'이란 글말에 청운의 뜻을 품은 많은 학도들이 전국 곳곳에서 모여들었다.

그러나 막상 학교에 입학해보니 교사(校舍)라고는 서울 중동중학교 앞, 태고사 옆에 있는 각황사 본당을 판자로 막은 교실 5개와 아래채 방 3개를 사무실로 개조해놓은 것이 고작이었다. 각황사는 일본 사람의 소유였다가 광복과 함께 두고 간 절이었다. 학생들은 쉴 만한 공간이 없어 쉬는 시간에는 언제나 이웃에 있는 태고사 마당에서 시간을 보내야 했다.

그해에는 각 대학마다 학도호국단이 창설되어 군사훈련을 받아야 했는데, 운동장이 없어서 삼청공원까지 올라가 울퉁불퉁하게 닦아 놓은 공터를 이용할 도리밖에 없었다.

그렇지만 학생들에게는 희망이 약동하고 있었다. 전체 아침조회 때마다 대학 당국이 "앞으로 머지않아 새 건물을 지어 훌륭한 대학으로 만들어놓겠다."고 한 호언장담을 그대로 믿고 있었기 때문이다.

그러나 날이 갈수록 그 희망은 사라져갔다. 대학 운영 재단 사무실에서는 이사들끼리 큰 소리를 지르고 때로는 멱살을 잡고 싸우는 것이 눈에 띄기도 했다. 왠지 불길한 예감이 들었다. 일이 잘되어가는 것 같지 않았다. 대학 측은 경치 좋은 곳에 새 교사를 지어 곧 이사를 간다고 매번 약속을 했지만, 실현될 가망이 보이지 않았다.

그러던 어느 날, 대학 측은 전체 학생을 이끌고서 서울 백운동 숲속에 자리 잡고 있는, 폐병환자 수용소로 사용했던 건물로 들어갔다. 학생들은 며칠 동안 그곳 다다미방에 앉아서 강의를 받았다. 그랬지만 끝까지 희망을 잃지 않고 그곳에 새 교사가 들어설 거란 기대를 품었다. 그곳 주민들도 폐병환자 수용소가 대학으로 바뀐다고 해서 대학 측과 학생들을 열렬히 환영했다.

그러나 일주일이 채 못 되어 '불법 주거침입'이라는 혐의로 학생 대표 대여섯 명이 경찰서에 연행되었고 학생들은 쫓겨났다. 연이은 실망에 그때 많은 학생들이 재주껏 다른 대학으로 옮기는 사태도 발생했었다.

이렇게 대학이 어수선한 가운데서도 해가 바뀌고 봄이 되자 신입생도 새로 들어왔다. 또, 서울 이태원에 있던 '동양외국어전문학관'이 병합되어 새로운 활기를 찾아가는 듯했다. 그러나 그곳에서 3주도 채 수업을 받지 못하고 1950년 6·25 전쟁이 일어났다.

때문에 서울의 모든 대학들이 부산으로 피난을 갔다. 그동안 학교는 그때 돈으로는 적지 않은 금액인 1천5백만 환의 빚만 졌다. 학교 간판 하나 매달 사무실도 구하지 못하고 있는 폐교 직전의 상황이었다.

이때 조영식 박사가 대학을 운영하고 있는 재단의 부채를 모두 떠안고 재단과 대학을 백지인수 했다. 그때가 1951년 5월 18일이었다.

재단이라고 해야 빚만 지고 있는 이름뿐인 재단이요, 학교라고는 알고 보니 건물 확보를 조건으로 한 가인가의 초급 대학이었다. 학생들이 이런 사실을 알 리가 없었다. 정식 4년제 대학인 것으로 속고 있었던 셈이다.

대학·재단 측 모두가 대학을 꾸려 나갈 의지와 능력을 상실하고 학생들에게는 한마디 사과의 말도 없이 학교를 포기했던 것이다. 처음의 그 호언장담은 한낱 물거품이 되고 말았다.

한창 전쟁이 치열한 중에 피난 간 대부분의 대학이 각자의 건물을 확보할 형편이 되지 못해 전전긍긍하고 있었다. 다행히 군에 가 있는 학생들에게는 국방부에서 운영하는 '전시 연합대학'에서 3개월 단위로 강의를 받고 취득한 학점을 소속 대학에서 인정받는 기회가 주어져 있었다.

그때 새로 대학을 인수한 조영식 박사는 부산 동광동에 단독 건물을 세우고 개강을 했다. 학생 수는 겨우 백여 명 안팎이었지만 그래도 활기가 넘쳤다.

1952년 2월에 재단을 확충하고 교육법에 의한 정규 대학인 신흥초급대학 설립 인가가 났다. 하지만 조영식 박사가 대학을 인수할 당시 이미 학생을 모집한 상태인 신흥대학이었기에 학교에 남아 있던 학생들은 대학 3학년이었다.

학생들은 전 재단 운영자에게 속았다는 것을 알게 되었고 억울함과 분함으로 몸서리를 쳤다. 하지만 후회는 언제나 앞서지 않는 법. 분노해 보아야 허공에 대고 주먹질을 하는 것에 지나지 않았다. 길이라곤 오직 학생 대표를 뽑아서 조영식 학장에게 호소하는 방법뿐이었다. 어떻게 해서라도 4년제 정식 대학생으로 졸업하게 해달라는 애걸이 끊이지 않았다.

2년제 초급대학으로 가인가만 나 있다는 사실을 재단을 인수하고 난 뒤에야 알게 된 그는 최선을 다해 1년 안에 반드시 4년제 대학으로 승격시켜놓겠다고 다짐했다.

4년제 대학 승격에 필요한 재정 확충을 위해 이리 뛰고 저리 달린 끝에, 약속대로 그해 12월 드디어 4년제 대학으로 인가를 받았다. 그때의 감격이야 오죽했을까. 12월의 추위 속에서도 추위를 잊고 문교부령에 의한 대학 4학년 편입시험을 치던 날 학생들에게 그것은 시험이 아니라 대축제였다.

시련 속 구심체가 되어

그러나 이게 무슨 운명의 신의 장난인가. 이제 4년제 대학을 졸업하게 되었다는 안도와 흥분이 채 가시기도 전인 1953년 1월 19일 부산 동광동 일대의 큰 화재로 인해 교사(校舍)가 밤 사이에 몽땅 불타버린 것이다.

추운 겨울날 교사가 깨끗이 불에 타 없어지고, 타다 남은 판자덩어리와 신문지 조각만이 흰 눈에 덮여 연기를 내뿜고 있었다. 밤에 거지들이 추위를 이기고자 대학 공사판에 모여 자며 모닥불을 피운 것이 연소의 원인이었다.

남은 것이라곤 교직원이 야근을 위해 집으로 싸 가지고 간 학적부와 경리 장부뿐이었다. 4년제 대학 승격의 기쁨으로 목 끝까지 치솟았던 심장이 발바닥 밑으로 떨어지는 순간이었다. 그 화재로 인해 많은 이재민들이 발생했지만 유독 들려오는 소리는 "이제 조영식은 망했다."는 이야기뿐이었다.

통탄할 일이었다. 그도 그럴 것이 부인 오정명 여사의 금쪽 같은 결혼반지까지 팔아, 갖고 있는 재산을 다 바쳐서 지어 놓은 건물이 하룻밤 사이에 새까만 재로 변하고 말았으니 말이다.

그러나 조영식 박사는 타고 남은 잿더미 위에서 분연히 일어서 실의에 빠져 있는 학생들에게 또 하나 '창조적인 반응'의 교훈을 주었다. "하나님이 우리에게 더 좋은 교사를 갖게 하는 기회를 주셨다."

그가 서 있는 곳은 좌절의 잿더미가 아니라 새로운 비전에 찬 변화 현장이었다. 그 자신만만한 목소리와 무쇠라도 뚫을 것 같은 투지에 찬 눈빛에 모두 뜨거운 박수를 보내며 환호했다.

그리고 두 달 후, 부산 동대신동 2가 87번지 양지바른 언덕 7백

부산 피난 시절 임시 천막교사를 철거하고 새로 신축한 부산 대신동 가교사 전경(1951)

평 부지에 피난 간 대학 중 어느 대학보다도 더 좋은 교사를 세웠다. 교실도 만들어 세우고 도서관도 마련하고 좁기는 했지만 그런대로 운동장도 닦았다.

학장인 그와 함께 교수, 직원, 학생이 혼연일체가 되어 개미 떼처럼 달라붙어서 밤낮을 가리지 않고 공사판 일을 했다. 괭이로 파고 삽으로 고르고 어깨를 들여대어 목도질을 했다. 부르튼 손바닥을 바라보고, 이마에 흐르는 땀을 닦으며 서로 위로하고 사랑하며, 함께 웃고 감사하는 것을 몸으로 배웠다.

경희의 협동정신은 바로 여기에 뿌리를 박고 자라 온 것이다. 거기에는 항상 '조영식'이라는 구심체가 있었다. 그가 울 때 학생들도 함께 울었고, 그가 웃을 때 학생들도 함께 웃었다.

그리하여 한 학년이 끝나가는 1954년 3월 30일 아름답게 장식한 새 강당에서 감격적인 제1회 졸업식을 거행했다. 유산의 고비를 몇 번이나 겪은 뒤 경희가 어렵게 탄생했던 것이다. 그날 밤 졸업생 일동은 시내의 진달래 다방에서 조영식 학장을 모시고 졸업 사은회를 베풀었다.

운명의 창조자가 돼라

당시 그가 즉석에서 작사·작곡한 '운명의 창조자가 돼라'라는 노래를 부를 때 눈물을 흘리지 않았던 학생은 단 한 명도 없었다. 그때 잡은 손들은 바로 따뜻함을 전하는 사랑의 언약이었다.

아! 누가 난산한 자녀에게 어머니의 애정이 더 간다고 했던가. 경희대 건설 초창기에 겪은 일들이, 눈으로 보고 귀로 들은 바 영혼 속에 깊이 새겨진 아픈 역사의 이야기가 바로 그러하다.

이것이 바로 신화 같은 경희대 탄생의 역사다. 그래서 그는 평소에 입버릇처럼 "땀은 거짓말하지 않는다."는 말을 했을까. 그것만이 아니다. "매양 생각하고 또 생각하라. 그러면 그 속에 모든 답이 있다."고 한 아버지의 말씀을 되새기며 일을 추진했기 때문이었으리라. 아버지의 가르침은 바로 "생각하라, 생각하라, 생각하라."였다.

그 후, 그는 더욱 바쁜 걸음으로 뛰어다녔다. 잠시 청주에 세운 임시 분교를 포함하여 서울로 교사를 모두 옮기고 경희 건설의 새로운 역사를 본격적으로 시작했다. 종합대학으로 승격시켰을 뿐 아니라 세계를 향해서 뛰기 시작했다.

1968년 6월에는 제2차 세계대학총장회를 경희대로 유치하면서 경희는 '세계 속의 경희'로 널리 알려진다. 회의에 참석한 세계의 석학들은 불과 20년 만에 세계적인 대학으로 기적적인 발전을 이룩한 경희대와 인간 조영식의 정신력에 감탄을 아끼지 않았다.

그리고 세계로 뛰면서 세계의 잘사는 나라를 돌아보고 우리도 노력하면 물질적으로 풍요하게 잘살 수 있다는 확신 아래 잘살기 운동을 지펴 정부가 이를 '새마을 운동'으로 승화시키는 데에 일익을 담당했다.

그것만이 아니다. '밝은사회 운동'을 전개하여 사회 정화의 정신 운동으로 발전케 했다. 유엔 가입국이 아니면서도 유엔 속으로 들어가서 끈질기게 투쟁하여 '세계 평화의 해', '세계 평화의 날'을 제정·선포케 했다.

이는 평화에 대한 세계인의 열망을 가속화시켜 그는 동서가 화해하고 세계를 평화 무드로 전환시키는 데에 앞장서서 달렸다. 세계 유수의 대학들과 자매결연 관계를 맺고 교수·학생·연구 교류를 위해 쉬지 않고 뛰어다녔다. 지금도 그 걸음은 늦추지 않고 있다. 그가 달려가는 길에는 언제나 경희대가 함께 달려갔다. 그가 머무는 곳에는 언제나 경희대가 함께 머물러 있었다.

1949년, 서울 운동장에서 열린 전국 대학 학도호국단 창단식 때에 맨 끝줄에 초라한 모습으로 서 있던 '신흥초급대학'이 그와 함께 뛰는 러닝메이트가 되어 오늘날의 경희로 급부상하는 영광을 누리게 되었다.

이웃 일본의 대학들이 50년 전의 서열을 조금도 바꾸어놓지 못한 것을 생각해보면 이것은 하나의 기적이 아닐 수 없다. 경희대가 국내에서보다 국제사회에서 더 높이 평가받고 있는 것도 그와 함께 세계를 향해 뛰고 있기 때문이다. 그래서 그는 바로 '경희의 화신'일 수밖에 없다.

경희대는 유치원에서부터 초·중·고등학교와 대학, 대학원 그리고 전문 대학원까지 포함하는 매머드형 교육기관이다. '학원의 민주화, 사상의 민주화, 생활의 민주화'라는 교훈은 유엔의 기본 원칙을 구현한 것이다.

그중에서도 광릉 캠퍼스에 세운 평화복지대학원(1983)은 인간애에 바탕을 둔 지식과 전 세계 모든 인류의 항구적인 평화를 위한 지혜를 겸비한 미래 한국과 세계의 지도자를 양성하고 있다.

그는 평화교육을 통해 세계 평화를 실현하는 데에 자신의 모든 것을 바쳤다. 유엔 세계 평화의 날과 해의 제정은 전 세계 사람들로 하여금 평화를 사랑하도록 만들려는 그의 생각에서 출발했고 인생의 유일한 목표 또한 교육을 통한 세계 평화의 구현이다.

그래서 조 박사는 자신의 교육철학관을 언제나 변함없이 이렇게 지향해 왔다.

"우리의 첫 번째 소원은 모든 인간이 그들의 인간성을 완성시킬 수 있도록 충분한 교육을 받게 하는 것이다. 한 개인이나 몇몇 사람이 아니라, 남녀노소, 부자와 가난한 자, 그리고 태생의 높고 낮음과 무관하게 모든 사람이 교육을 받아야 한다. 그래서 결국에는 모든 인류가 연령, 성별, 민족 등의 조건과 무관하게 교육을 받아야 한다.

우리의 두 번째 소원은 모든 사람이 완전하게 교육받는 것이다. 한 분야 또는 몇 개의 분야에 관해 교육받는 것이 아니라 인간의 본성을 완벽하게 해주는 모든 분야의 교육을 받아야 한다는 것이다."

이렇듯, 그는 교육을 통해 문화·복지 사회 건설의 역군을 키워 《문화세계의 창조》(1951)를 이루려고 그것을 경희대의 교시(校示)로 정립했다. 또, 그는 동양의 정신문화와 서구의 물질문화의 조화를 강조한다.

그럼에도 불구하고 당시 이 책은 정보기관으로부터 전량 압수를 당했고 또한 그는 이 책으로 인해 모진 고초를 당하기도 했다. 그 이유는 단 한 가지, 그가 책에서 보여준 모습이 급진적인 민주 사상 가라는 것 때문이었다. 결과는 해프닝으로 끝났지만 허탈할 수밖에 없는 노릇이었다.

주목할 만한 점은 국내에서 '민주화'란 용어가 일찍이 그에 의해 구체적으로 사용되었다는 것이다. 교육 방침으로 전인교육, 정서교육, 민주교육, 과학교육을 세우고 이를 교육 본질의 사명으로 집약하여 그 당시 시대를 앞서 간 것은 매우 획기적인 일이 아닐 수 없다.

그가 작사한 '경희학원가'에서 그의 높은 이상과 심오한 철학을 발견할 수 있다.

"학술로 닦고 닦아 한반도 빛내보세
정의 수호 위하여 고동치는 가슴이여
진리추구 위하여 굳게 잡은 신념이여

우리는 새 세대의 문화의 사도

겨레 위해 일하고 진리 위해 싸우세

복리 사회 이룸은 우리의 사명

우리들은 경희건아 새 빛의 창조자"

학교를 만드는 사람은 감옥을 없애는 사람

그는 1951년 교육법에 의한 신흥초급대학을 재인가 설립한 이후 최근에 이르기까지 경희학원이라는 커다란 울타리 안에 80여 개소에 달하는 각종 병설 학교와 대학 그리고 학술기관을 설립했다.

이러한 교육기관들을 통해 그는 스스로뿐만 아니라 인류에게도 정의롭고 평화로운 세계의 역군이 될 젊은이들을 양성했다. 그리고 동시에 탈선과 소외 그리고 범죄로부터 많은 젊은이들을 구원했다.

때문에 그는 빅토르 위고(Victor Hugo, 1802~1881)의 "학교를 만드는 사람은 감옥을 없애는 사람이다."라는 말의 표상이 되었다.

1951년 이름뿐인 신흥초급대학을 1천5백만 환의 빚을 갚아주는 조건으로 인수하면서 대학은 미래를 준비하는 것이고 미래를 위해 일하는 사람을 기르는 곳이라고 생각한 조영식 박사. 그는 경희대 교시를 '문화세계의 창조'로 정했다. 교기(校旗)는 자색 바탕에 자유와 민주주의의 표상인 유엔헌장 정신을 나타내는 유엔 마크에 흰색

글씨로 '대학'을 새겨 넣었다.

'대학'이라는 글씨를 흰색으로 한 것은 '백의민족의 대학'이라는 뜻을 지니고 있고, 교훈은 학원의 민주화, 사상의 민주화, 생활의 민주화로 정했다.

사실 당시에는 이러한 교시(敎示)와 교기(敎旗)의 뜻과 교훈이 좀 현실감각이 떨어진 것이 아니냐는 의견도 많았다. 그러나 오늘에 와서야 그게 그가 지향하고, 전 세계 인류가 지향해 나가고 있는 미래지향적 목표였다는 것이 입증되고 있다.

특히 경희대 교가(敎歌) 끝부분에 있는 '인류 위해 일하고 평화 위해 싸우세 우리 대학 경희대학 새 빛의 창조자'라는 노랫말은 그의 교육적 안목이 얼마나 심오하고 거시적이었는가를 보여주고 있다.

이는 또한 그의 '평화 운동가'로서의 철학적 면모를 알게 해주고 남음이 있다. 이때는 온 세계가 냉전의 시대 속에 무장을 더욱 공고히 하고 있을 때였는데 이러한 때에 '평화'의 기치를 들었다는 것은 매우 의미 있는 일이 아닐 수 없다.

그는 늘 "교육이 없으면 모든 사람들을 위한 평화도 이룩될 수 없다."고 말해 왔다. 이러한 그의 신념은 《사회학습 The Learning Socieity》의 저자인 허친스(Hutchins. 1899~1977)의 말과 일맥상통한다.

"지속적이며 무제한적인 교육의 기회가 없다면, 그리고 사람들이 그 기회들을 계속해서 이용하지 못한다면 국가 번영과 평화란 있을 수 없다.

우리가 열망하는 법과 정의의 세계, 즉 범세계적 정치 공화국은 범세계적 학문 공화국이 전제되지 않고는 실현될 수 없다."

그는 "대중들이 이 사회의 주인이 될 것이므로 정치가는 그들을 가르쳐야 한다."고 자주 말한다. 그리고 대중은 존재의 활동 그리고 경험에 있어 무한한 능력을 가진 사람들이므로 교육의 혜택을 받아야 한다는 것이다. 인류가 지식의 부족으로 인해 멸망할 것이라는 우려는 과거에도 그리고 현재에도 존재한다고 했다.

실제로 인간을 교육한다는 것은 인간을 일깨우는 것이다. 이것은 양심을 고양시켜 인류를 정의롭고 비폭력적이게 만들고 평화로 인도하는 것이기 때문이다.

경희를 반석 위에 올리고

일찍이 자연을 정복하자던 그 시절, 경희학원의 공원화를 조성하기 위해 캠퍼스 안의 아주 사소한 곳에조차 그의 땀이 얼룩지지 않은 곳이 없을 정도로 자연애호 캠페인을 벌였던 것은 너무나 유명하다.

그는 오로지 교육을 통해 특색 있는 경희인을 키우기 위해 유치원에서 대학원에 이르기까지 실로 장대한 매머드 학원을 건립했던 것이다.

오늘의 서울캠퍼스, 국제(수원)캠퍼스, 광릉캠퍼스에 이르는 3개의 캠퍼스에 있는 경희학원은 경희유치원, 경희초등학교, 경희남녀중·고등학교, 경희대학교(22개 단과대학, 16개 대학원), 1개 사이버대학교 등의 일관 교육 체제를 갖춘 국내 최대의 종합 교육기관으로 급성장했다. 이를 보는 세간 사람들은 경이적인 일이라고 말한다.

또, 경희학원은 37개 연구소, 3개 도서관, 고고학 박물관, 자연사박물관, 수원캠퍼스 박물관을 포함한 3개 박물관, 1천5백 병상의 경희의료원과 2개의 한방병원을 가지고 있다. 특히, 1971년에 개원한 경희의료원은 양방·한방·치과병원을 포함한 국내 최대의 종합 의료기관으로서, 세계 최초로 동서의학 협진 제도를 통한 제3의학을 개발하여 국내외적으로 많은 관심을 모았다.

그리고 2006년 3월에는 서울 강동구 고덕동에 8백 병상 규모의 동서신의학병원을 개원하기도 했다. 특히 경희인의 숙원 사업이었던 '평화의 전당'을 1976년에 착공하여 23년의 공사 끝에 완성했다. 이것은 단일 문화공간으로는 동양 최대 규모를 자랑하는 공연장으로서 4천5백여 석의 객석을 보유하고 있다.

'평화의 전당'은 설립자인 조영식 박사의 창학이념인 '문화세계의 창조'를 이룩하고자 하는 모든 경희인의 의지를 상징하는 건축물로 대표되고 있다.

동양 최대의 위용을
자랑하는 '평화의 전당' (1996).

인간성 회복의 상징, 국제(수원)캠퍼스에 우뚝 선 '네오 르네상스 문(새천년 기념관)'을 배
경으로 준공식에 참석한 주요 대내외 귀빈들.(2001)

'새천년 기념탑 —네오 르네상스 문'이라 명명된 수원의 국제캠퍼스 정문은 그가 줄기차게 주장해 온, 네오 르네상스 운동을 통한 인간성의 회복을 상징하는 문이다.

국제캠퍼스 중앙도서관 앞 사색의 광장에 세워진 거대한 오벨리스크에 쓰인 '제2 르네상스 횃불 들어 온 누리 밝히는 등불 되자' 는 글과 함께 우리의 이상과 탐구하는 학문이 세상을 향해 뻗어 나가고, 세상의 새롭고 깊은 학문과 사상이 우리를 향해 들어올 때에 그 드나드는 문으로서 지구공동사회를 구현한다는 상징성을 지니고 있다.

우리나라에서 가장 큰 교문이면서도 갖가지 상징성과 그 독특한 디자인으로 보는 이들을 감탄케 한다. 아마도 일반인은 상상조차 할 수 없을 정도의 초대형, 초현대식 아름다운 건축물을 세운 것도 바로 그의 집념의 소산이라 하겠다.

경희대 재학생의 수는 무려 3만 5천여 명에 달한다. 그리고 4천6백여 명의 교수, 연구원 그리고 행정담당 직원이 재직하고 있다. 또, 경희학원의 졸업생 수는 약 23만여 명에 이르고 있다. 또, 연 예산이 2009년도의 경우 무려 약 5천5백 억 원에 이르고 있어 국내 최대 규모의 대학 중의 대학으로 자리매김하고 있다.

경희대는 교육과학기술부가 2000년에 실시한 대학평가에서 국내 182개 대학 중 제3위 대학으로 부상했다. 2005년 대학특성화사업 전국 1위 대학, 2005년 중앙일보 창간 40주년 특별 기획으로 실시한 전국 대학평가에서 종합 순위 10위, 2008년 국제화 분야에서 전체 6위를 차지했고, 또한 국내 방문 외국인 교환학생 비율에서 2위를 차지했다는 것은 경희대가 창학 단계에서부터 국제화를 추진해온 결과였으리라. 경희대의 미래 비전은 국제화(Global Eminence)다. 그리고 〈아시아 위크〉지에 의해서는 아시아의 대학들 중 제 36위 대학으로 평가받아 그 무한한 가능성으로 세계를 향해 웅비하는 경희대로 발돋움했다.

경희의료원은 2005년 조선일보에서 실시한 '종합병원 고객 만족도 병원 의료 서비스 분야' 전국 1위, 동년 보건복지가족부의 '의료기관 평가' 최우수 등급을 받기도 했다.

세계 52개 국가 2백24개 명문대와 자매결연을 체결하여 경희대를 세계 속의 경희로 자리매김시키고 있는 그는 지난 반세기 동안 '무(無)에서 유(有)를 창조'하여 경희대를 세계적인 종합대학으로 건설한 '이 시대의 신화적 인물'로 평가받고 있다.

혼이 담긴 노력은 그를 배반하지 않았다. 특이한 것은 1983년에는 정신적으로 아름답고, 물질적으로 풍요하고 인간적으로 보람 있는 '오토피아(Oughtopia) 건설', 즉 '인류의 당위적 요청 사회'를 건설하는 유능한 국제적 평화 지향적 지도자를 양성하기 위해 세계 최초로 경희대에 평화복지대학원을 설립하여 국제 사회의 주목을 받기도 했다는 점이다.

그러나 그는 이제까지의 성과에 만족하지 않고 신인류 문화의 위

오늘 대 경희의 웅지를 품고 자리한 고황산 기슭의 요람지.(1953)

대한 금자탑을 세워 전 인류 공동의 재산으로 물려주기 위해 '21세기를 여는 경희, 새로운 천년을 여는 경희'를 모토로 미래의 영광을 바라보며 끊임없는 노력을 지속하고 있다.

이렇듯, 피난민으로 자유를 찾아 적수공권으로 남하한 젊은 20대의 청년이 피난처에서 인수한 2년제 초급대학을 우리나라뿐만 아니라 국제 수준의 대학으로 성장시킨 이야기는 이 시대의 산 입지전중의 표본이라고 할 수 있다.

그에게는 불가능이란 없다. '우리도 할 수 있다', '해내야만 한다'는 신념으로 "의지는 역경을 뚫고 이상은 천국을 낳는다.", "땀은 거짓말하지 않는다."는 말을 굳게 믿으며 그 많은 업적을 일인만역으로 완수해낸 것이다. 혼이 담긴 그의 노력은 그를 배반하지 않았다.

6·25 전쟁 중 신흥초급대학을 4년제 대학교로 승격시키고 청주 분교를 설치하는 등 역경을 뚫고 대학다운 대학을 꿈꾸던 그는 부산 대신동 새 교사에 들어선 지 6개월도 채 못 되어 서울에 새로운 교지를 물색해야만 했다.

환도 후 많은 시간을 교지 물색을 위해 동분서주했으나 세계적인 대학의 꿈을 펼치기에는 모두 적합지 못했다. 그러다가 우연히 만난 풍수지리가인 한 노파에 이끌려 문득 찾아든 곳이 바로 지금의 경희대가 자리한 돌바위 천장산 일대의 30여만 평 광활한 터전이었다.

마침내 경희는 천장산 황무지에서 오늘날 경이와 기적을 이룬 '교육입국'을 향한 이상의 날개를 펼친 것이다. 현재의 고황산이란 이름은 경희 캠퍼스를 구상하며 매일같이 산을 오르내리던 그가 자신이 마치 봉황과 같다며 직접 천장산을 고황산으로 개명하면서 비롯된 것이다.

또, 그 당시 그동안 사용했던 '신흥'이란 교명보다는 시대에 걸맞은 새 교명을 찾던 중 조선시대에 문물이 가장 찬란했던 영·정조의 '경희궁' 시대를 상기하며 1960년부터 '경희대학교'로 개명하고 제2의 중흥시대를 추구해 왔다.

이를 지켜본 세인들은 설립자가 적수공권(赤手空拳)으로 월남하여 이룩해놓은 이 경희(慶熙)대를 가리며 '경이'의 역사를 이룩한 경이

(驚異)대학이라고들 말하고 있다.

성공한 사람에게는 반드시 그 이유가 있다. 성공한 화려한 모습만 볼 것이 아니라 피나는 노력의 결실을 이루게 한 아름다운 발까지 보아야 한다. 그가 이룩한 것은 그저 이루어진 게 아니라 그의 노력의 결과인 것이다.

불확실한 생존경쟁에서 끊임없이 노력하고 준비한 자만이 진정한 명성과 부를 얻을 수 있다는 말은 그를 두고 한 말이다.

3
젊은 시절을 수놓은 고뇌와 꿈

의욕은 소망을, 이상은 천국을 이룬다

그는 일상을 논문과 연설문 그리고 저서를 집필하는 데에 많이 할애한다. 뿐만 아니라 지식의 확장을 위해 책 읽는 데에 시간을 투자하고 지식의 공유를 위해서 국내와 아시아 지역의 국제회의들을 조직하여 전 세계의 서로 다른 지역이나 민족과 대화와 토론을 즐긴다.

그는 젊은 시절부터 왕성한 집필가였다. 이미 27세에 《내일은 오늘을 사는 사람들 마음속에》(1948), 《민주주의 자유론》(1948)이라는 저서를 집필, 진정한 민주주의와 진정한 자유가 무엇인가를 설파했다. 이것만 보더라도 그가 의욕이 대단한 사람임을 알 수 있다.

이 땅에 민주주의가 처음 들어와 갈피를 잡지 못하고 있을 때에 《민주주의 자유론》(1948)을 펴내 무엇이 진정한 인간의 자유이며 민주주의인가를 밝힘으로써 현재의 자유관과는 다른 발전적 자유론을 정립한 것이다.

《민주주의 자유론》(1948)은 민주주의의 참된 의미와 자유의 한계, 시민의 정치 참여 문제를 소상하게 설명해놓은 일종의 정치학 개론서다. 그는 자본주의적 민주주의도 계급적 사회주의도 민주주의가 지닌 본래의 이상을 구현할 수 없다고 갈파하고 '보편적 민주주의'관을 세움으로써 보편적 민주주의에로의 통합을 역설했다.

바로 민주주의는 시민의 참여가 있을 때에 가능하다는 논지였다. 이것이 나중에 NGO(Non-Governmental Organization, 비정부기구) 운동에 적극 참여하는 이론적 바탕이 된다.

그는 시민이 민주적 가치체계를 이해하고 존중하지 않는 곳에서 독재체재의 종식만으로는 진정한 의미의 연속적인 민주주의를 실현하지 못한다고 말한다. 시민들 스스로가 자유민주주의의 숭고한 이상과 참 가치를 깨닫고 그것을 실현하려는 실천적 의지를 갖고 있지 않는 한 '민주사회의 건설'이란 한낱 구호에 불과하다는 것을 우리는 지난날의 역사를 통해서 터득했다. 그래서 그는 민주사회는 시민의 자율과 가치를 존중하는 사회라고 역설해 왔다.

그의 나이 30세 때에는 《문화세계의 창조》(1951)를 집필했다. 이는 그가 6·25 전부터 구상해 오다 6·25 전쟁 와중에 출간한 것이다.

이 책의 주제는 물질문명과 정신문화를 조화시켜서 인간을 존중하는 참다운 인간사회의 이상을 이루자는 것이다. 이는 저자가 대학을 세운 이념과 목적을 밝힌 것이고 이 내용은 경희대 교시가 된다.

이렇듯 그는 민주주의에 대해 그 누구보다 강한 신념을 가지고 있다. 이와 함께 교육이 없다면 진정한 민주주의의 지도력이 있을 수 없다는 것도 잘 알고 있었다.

그는 1951년 6·25 전쟁이 한창일 때 《문화세계의 창조》를 저술하는 가운데 '주리생성론(主理生成論)'이라는 새로운 학설을 세우고 그 관점에서 인류문명과 역사를 비판했다.

'주리생성론'은 의식적 지도성에 입각한 생성의 원리다. 만물은 시간·공간·환류·실체의 상관상제 관계에서 변화가 일어나지만 인간의 의지, 주의가 합목적적으로 길잡이를 할 때에 인간이 가야 할 길을 갈 수 있게 된다는 것이다.

그리고 주리생성론은 창조적 조화설이라고도 한다. 의식적 지도성에 입각한 생성의 원리가 실(實)과 상(相)의 단순한 정(正)·반(反)·합(合)이나 통합이 아니라 인간 의지와 결부되어 조화·생성(통정·창조)된다는 것이다. 따라서 인간 의지를 통해서만이 새로운 의미가 창조된다고 주장한다.

그래서 인격은 인간의 주의지(主意志)다. 인격은 인간의 본원적 요소다. 동물이나 생물원인(生物原因)도 정신과 육체를 가지고 있다. 인간이 다를 수 있는 것은 인격을 전제할 때다. 인격을 전제할 때에만 문화인, 지성인이 될 수 있기 때문이다.

이러한 의미에서 볼 때에 그가 주창하는 모든 운동은 단순한 시정의 구호가 아니라 그의 평소 철학인 전승화(全乘化)이론과 주리생성론의 토대가 된다.

1975년에는 《인류사회 재건》이라는 저서를 통해 현대사회의 문제점들을 지적하면서 인류문명을 비판하고 인간성을 회복시켜 살기 좋은 인간사회를 재건해야 한다는 대안을 제시하기도 한다.

그래서인지 몰라도 이 책은 국내에서 출판된 지 채 1년이 되지 않아 영어, 일어, 중국어, 에스파냐어로 번역되어 속속 출판되었으며 대만 중국문화대에서는 교재로까지 채택되는 등 그의 학설은 세계 학술계에서 주목을 받기도 했다.

그는 이 책의 머리말에서 천사에게 이렇게 기도를 했다. 남 헐뜯는 말은 듣는 것조차 죄악이라고. 천사의 기도문 원문을 조용히 음미해보자.

천사의 기도문

"내가 죽을 때에는 신 앞에 달려가 저 세상에서 내가 겪었던 온갖 고뇌와 쓰라렸던 고통들을 모두 털어놓고 힘껏 울며 호소해보렵니다. 고통스러웠습니다. 때로는 뭐가 뭔지 몰랐고 억울한 일도 많았습니다.

전지전능하시고 자애로우신 주님! 이 말은 저 세상에서 많은 인간들이 저에게 하소연해오는 진실된 고백이요, 고해의 이야기입니다.

인간들은 3백여만 년이나 지구 위에 살아오면서도 일관되고 통일된 가치판단의 기준 하나 세우고 있지 못합니다. 따라서 정사선악(正邪善惡)에 관해서도 그 시대 시대의 형편에 따라 적당히 해석하고 제멋대로 고집합니다.

인간들은 하느님과 자연과 인간과의 관계를 모르고 있기에 무엇이 행복한 것인지, 값있고 보람 있는 것인지를 몰라 우왕좌왕하고 있습니다. 따지고 보면 거의 모든 사람들은 자신, 즉 인간이 무엇인지 또 어떻게 살아야 하는지를 모르고 한세상을 살고 있습니다.

어떤 의미에서는 인간이란 가장 현명한 것 같으면서도 가장 우직한 하느님의 창조물이기도 합니다. 계명을 주어도 제대로 못 지키는 인간에게 자유를 주고 그 책임을 엄히 다스리며 또 주어진 주·객체의 여건적 상황이라는 각기 다른 필연 위에서 이루어지는 모든 일에까지 그 책임을 묻는다는 것은 확실히 과중한 문책이 아닐 수 없습니다.

그러나 인간은 영리합니다. 아니, 어느 의미에 있어서는 신도 놀랄 만큼 뛰어난 재능이 있는가 하면, 한편 어리석기도 하고 또 교만하기도 합니다. 내일이 어떻게 될는지는 몰라도 오늘의 일은 자상하며, 큰 것에는 어두우면서도 작은 것에는 밝습니다.

인간들은 천지창조와 더불어 지식과 기술을 넓히기만 하면 스스로 완전해지고 행복해질 수 있다고 잘못 알고 있습니다. 최대 생산·최대 소비는 오늘 인간생활의 2대 목표가 되고 있습니다. 즉 개발 위주의 합리화와 능률화, 또 과학화와 조직화만이 인간이 지상천국을 이룰 수 있는 유일한 길이라고 착각하고 있습니다. 이렇게 현대 인간들은 진보라는 신을 위해 존재하는 물질 숭배자로 전락하고 말았습니다.

기계와 물량이 지배하는 개발 위주의 산업과학사회에서는 인간이 물질의 하나로 계산되기에 양심은 점차 무의미해져 오직 어떻게 해야 더 많은 수입을 올릴 수 있는가에만 집착함으로써 자신을 하나의 상품으로 생각하고 유리하게 투자할 것에만 전념하고 있습니다. 즉 현대인은 급료를 받는 일에 고용되고 있습니다.

근대에 와서는 인간들이 이성을 신과 바꾸어놓더니, 과학을 과신하는 현대 사람들은 자신을 신의 위치에까지 올려놓고 있습니다. 그러고 나서 그들은 이 세상의 주재자연(主宰者然)합니다.

자비로우신 하느님! 인간을 긍휼히 여겨주옵소서. 과학화 · 합리화 · 효율화만으로 인간은 결코 행복해질 수도 완전해질 수도 없다는 것을 그들이 깨닫게 하여 주옵소서.

이성과 감성을 공유하며 사는 인간은 도덕적 존재이면서도 경제적 동물이기에 선악과 정사(正邪)의 복합된 사회에 살고 있는 일원이라는 것도 알게 하여 주옵소서. 인간은 육신을 갖고 살아가므로 물욕에 빠지기 쉬우나, 인간생활의 물질적 측면은 목적이 아니라 그에 이르는 수단에 불과하다는 것과, 참된 인간생활의 목표는 역시 정신적인 데에 있다는 것을 알게 하여 주옵소서.

그리고 완전무결·영원불변이라는 것은 이 세상에서는 추구되는 것이지 성취되는 것이 아니라는 것도 알게 하여 주옵시며, 과학이 아무리 발달되어도 현세에 천국이나 낙원이 건설될 수 없다는 것을 깨닫게 하여 주옵소서.

사실 인류는 지금까지 기술적 진보가 성취될 때마다 그만큼 인간권리를 축소시켜 왔으며, 행복감과 함께 불행감도 느끼며 살아왔습니다. 오늘에서 보는 인간의 소외현상마저도 인간이 창조해낸 모든 것에 굴종하는 데에서 오는 것이며 앞으로는 자유와 질서의 융화, 정신과 물질의 조화, 그곳에서 참다운 인간생활의 가치가 구현될 수 있다는 것을 깨닫게 하여 주옵소서.

아무리 이성적 판단하에서 이루어지는 사회라 할지라도 인간미가 없으면 그것은 인간이 바라는 사회가 아니며, 또 물질적 풍요가 인간의 가난과 결핍을 모두 해소해준다고 해도 포만감(飽滿感)을 느끼는 유아와 같은 생활이 결코 인간의 값있는 생활이 못 된다는 것을 알게 하여 주옵소서.

인간은 항상 불완전한 존재이기에 보다 높은 곳에 목표를 두고 살아야 합니다. 감성에서 이성에로, 불완전한 데에서 완전한 데에로, 이에 이르기 위하여서는 옳은 교육을 통해 지식과 기술과 교양을 넓혀야 합니다.

'판단은 현실에서, 계획은 미래에서'라는 말과 같이, 세상의 모든 위대한 것은 진실과 완전이라는 두 기초 위에서 이루어져야 하므로 인류사회의 장래 문제도 인간의 숭고한 정신과 목적이 같이 작용한 설계에 의하여 꾸며진 것이 아니면 안 된다는 것도 알게 하여 주옵소서.

주님! 그러한데도 인간들은 지금 도대체 누구를 위해 어떠한 세상을 만들고 있는 것입니까? 하느님을 위해서이옵니까, 인간 자신을 위해서 이옵니까. 그렇지 않으면 로봇의 세계의 창조이옵니까. 인간의 과학 개발은 그 성장의 한계점에 이르렀습니다. 과학기술의 확대재생산은 인간 부재의 사회를 만들었고, 인류문명은 창조주의 고삐를 벗어나 구원의 시간이 지난 그 너머로 떨어져 나가고 있습니다.

인간의 자기상실을 보십시오. 인구 폭발과 식량, 그리고 생활 필수품의 부족을 보십시오. 지식과 기술의 폭발적 증식과 산업공해 및 오염을 보십시오. 세대 간의 반목에서 오는 불신풍조와 문명 그리고 체제에 대한 전면적 거부현상을 보십시오. 문명에 쫓기는 현대인들의 정신적 불안감과 공포심·자학지심(自虐之心)을 보십시오. 동서이념의 갈등과 남북 간의 빈부의 격차에서 오는 이질감, 무종교에서 오는 살벌한 싸움과 경쟁, 불륜 그리고 아마겟돈 전쟁을 방불케 하는 현대 과학전을 보십시오. 그러한데도 과학·기술·문명은 지금도 인간의 목적과는 아무런 관련 없이 자기증식을 하고 있습니다.

인자하신 주님! 이와 같은 인간의 세계를 그대로 저버려 두셔야 되겠습니까. 이제는 인간의 힘만 가지고는 어찌할 수 없는 막바지 길에 다다랐습니다. 그들이 교만과 야욕을 버리고 인간 본연의 자세로 돌아갈 수 있게 하여 주옵소서. 하느님은 자연과 더불어 존재하는 것이 아니라 인간과 더불어 살고 계시며 또 바로 인간의 마음속에 있지 않습니까.

전부를 버리지 않기 위해서도 인간을 긍휼히 여겨주옵소서. 하느님 자신을 버리지 않기 위해서라도 인간을 버리지 마시고 구원해 주옵소서. 인간들은 진실로 하느님의 아들딸들이요, 하느님은 그들과 더불어 계셔야 할 성령이옵니다.

뜻있는 인간들은 위기의식 속에 싸인 오늘의 인류문명을 보고 크게 개탄하고 있습니다. 아니 인류사회의 종말적 현상을 몹시 두려워하고 있습니다. 인간이 만들어놓은 비인간의 세계에서 하느님의 형상뿐만이 아닌 자신의 모습까지도 완전히 잃어버리고 일차원적으로 보고 느끼고 움직이는 인간기계로 전락된 상태에서 마지막 구원을 바라는 손길을 내저으며 호소해오고 있습니다.

주님! 인간들은 이렇게 울부짖고 있습니다. "아무리 궁리해보아도 아리송합니다. 아무리 노력해보아도 미치질 않습니다. 우리의 지혜와 힘만 가지고는 참된 삶의 길을 이 이상 더 헤쳐 나갈 수가 없는가 봅니다." 라고 합니다.

주여! 습관은 인간의 제2의 천성이 아닙니까. 마음이 바뀌면 모든 것이 바뀔 것입니다. 물질문명을 통어(統御)할 수 있는 인간정신을 되찾아 인간성을 회복시켜 '하나의 인류사회'를 재건할 수 있게 하여 주시는 것이 인간을 바로 구원해 주시는 길이라고 믿습니다.

세상에서 인간이 하느님을 우러러보며 사회와 문명의 주인으로서 지역적·종교적·파벌적·계급적인 배타성과 이기심을 버리고 자원을 아끼며 과학문명을 조정하여 자연 파괴를 중지하고 환경오염과 인구, 식량문제를 대비하며 살아갈 수 있게 하여 주옵소서.

그리고 세계는 하느님의 한 나라요, 또한 하느님이 지어 주신 형제자매의 사회라는 동류의식을 가지고 서로 사랑하고 호혜 협동하며 평화롭게 살아갈 수 있게 하여 주옵소서. 바로 그것이 하느님의 말씀에 의한 참되고 영원한 나라가 아니겠습니까.

인간들은 '그 인류사회를 향한 위대한 행진'의 대열에 서기를 원하고 있습니다. 진정한 하느님의 아들딸로서 보람과 가치를 느끼는 인간으로서 살아갈 것을 참마음으로 희구하고 있습니다.

주님! 주의 어지신 손길을 펴서 인간을 무지와 혼란과 악에서 구원해 주옵소서. 그리고 참되고 바른 본연의 인간이 될 수 있도록 인간 복권을 하게 하여 그들이 참마음으로 원하는 '하나의 인류사회', 즉 하느님의 제2의 천국을 이 세상에 재건케 하여 주옵소서. 아멘."

'천사의 기도문'은 무엇보다도 조 박사가 1994년 파국에 처한 인간세계를 보다 못해 천사가 인간을 대신하여 하느님에게 간곡하고도 애절한 기도를 드리는 형식으로 그의 심오한 의지와 뜻을 표현한 것이다.

이 기도문에서 그는 인간이 사회와 문명의 주인으로서 지역적·파벌적·계급적인 배타성과 이기심을 버리고, 자원을 아끼며 과학문명을 조정하여 자연 파괴를 중지하고 공해 오염과 인구, 식량문제에 대비하며 살아갈 수 있어야 함을 강조한다. 그러면서 인류가 공동의식을 가지고 서로 사랑하고 호혜 협동하며 평화롭게 살아가야 함을 역설하고 있다.

대학은 미래 사회의 지도자를 키우는 동시에 미래 사회를 예비하는 곳이다. 그는 대학이 이런 교육 목표를 이룰 때에 문화세계가 비로소 창조된다고 본 것이다. 이는 그가 정치 일선에서 인재 부족을 절감하고 교육입국에 뜻을 둔 것과 맥을 같이한다.

그렇다고 그가 마냥 학교 안에만 칩거한 상아탑의 주인공은 아니었다. 그는 당시 우리나라의 문맹률이 73% 가까이나 된다는 것을 알고 대대적인 문맹퇴치 운동을 거국적으로 벌였다. 국내에서 농촌 계몽사업을 제일 먼저 시작한 곳이 바로 경희대라는 사실은 그 시절 사람이면 누구나 익히 알고 있다.

당시는 6·25 전쟁으로 인해 우리나라 산림의 대부분이 황폐해 있었다. 일제의 수탈과 전란으로 인해 강토는 헐벗었고 사람들 역시 가난과 배고픔에 허덕이고 있었다. 이를 지켜본 그는 정부보다 앞서 그들의 삶 속으로 들어가 함께 고민하고 실천했다.

그 후, 60여 년이 흐른 바로 오늘 그의 이러한 노력은 그가 NGO 운동에 적극 참여하는 이론적 바탕을 이루는 데에 한몫하기도 했다. 대단한 시대적 선각자였던 셈이다.

그는 인류사회 재건을 위한 인간성 회복과 세계 평화를 위해 젊었을 때부터 오늘에 이르기까지 초지일관 외길을 걸어왔다. 그리고 늘 입버릇처럼 이렇게 말했다.

"유럽과 미국의 세계에서 아시아-태평양 중심의 세계로, 그리고 머지않아 동북아의 시대로 역사가 진전될 것으로 믿고 있습니다. 그런 시대에, 인도의 시인 타고르(1861~1941)의 말처럼 우리나라가 세계를 비추는 '동방의 불빛'이 되기 위해서는 지금부터 인간성 회복에 바탕한 평화운동에 다 같이 참여해야 할 것입니다. 그런 사회, 그런 나라를 만들어 나가는 데에 이번 '작은 불씨'가 되어주기를 바랍니다."

파테미(Fatemi) 박사는 경희대 출판국에서 발간한 《평화연구 (1983)》란 책 머리말에서 "조영식 박사는 친구를 찾아내어 자신의 철학을 공유하며 그 친구들에게 지혜와 친절 그리고 우아함과 최선의 배려를 베푼다. 그는 수많은 주제에 대해 학습하고 다양한 분야의 지식을 습득함으로써 고매한 인격을 완성시켰고 많은 영예와 수상을 할 만큼 고등교육 분야에서 최고의 지위를 획득했다. 그는 개인성을 초월하여 인종, 종교, 피부색, 언어, 문화와 국적에 관계없이 전 인류를 포용하고 자신을 모든 다른 사람들과 동일시한다. 그리고 그는 한 개인의 자아란 하나의 영혼이며 모든 사람들의 자아가 합쳐지면 신이 된다고 생각한다. 그의 말과 행동은 항상 타인의 행복과 번영, 평화를 위하고자 한다. 그것은 다시 그의 행복과 평화가 되어 되돌아온다."라며 아낌없이 극찬을 한 일이 있다.

공자(B.C 551~B.C 479)는 우리에게 "악의에 대해서 선으로나 악으로나 갚지 마라. 다만 공정하게 대하라."는 교훈을 남겼다. 위대한 지식의 거인이며 사회 개혁가이자 지구공동사회의 주창자인 그는 교육과 평화를 통해 인류와 평화에 해가 되는 전쟁과 기아, 자연 재해와 질병, 무지와 고난을 추방하기 위해 투쟁하고 있다. '지구협동사회 건설'이라는 그의 사상은 사회적으로는 정의롭고 조화로우며 도덕적으로는 상식적이며 인간적으로 보람 있는 세상을 의미한다.

　이렇듯 그는 인류의 지도자들 중의 지도자이며 그럴 만한 능력과 자질을 갖고 있다. 그는 임무를 다하고 인류의 번영과 평화 구축을 위한 가장 바람직한 계획과 실행의 방향으로 그들을 어떻게 인도하는지를 잘 알고 있는, 이 시대의 살아 있는 위대한 스승임에 틀림없다.

4
우리도
잘살 수 있다

조국의 근대화에 앞장서

"사람은 타인을 위해 존재한다. 즉 우리의 행복은 타인의 웃음과 복지에 달려 있다. 그리고 잘 모르는 타인들이지만 우리는 연민의 유대를 통해 그들과 같은 운명에 있을 수 있다.

나는 나의 모든 삶이 이미 죽었거나 살아 있는 타인의 노력 덕분에 가능한 것이고 내가 이미 받았고 지금도 받고 있는 것만큼 혜택을 타인에게 돌려주기 위해 노력해야 한다는 생각을 하루에도 수없이 한다.

나는 검소하게 생활하려고 부단히 노력하며 혹시라도 내가 타인들의 노동의 대가를 부당하게 빼앗고 있는 것은 아닌지 자문한다.

나는 계층 간의 차별은 부당한 것이며 결국에 가서는 무력에 의존하게 되는 것이라고 생각한다. 그리고 나는 소박하고 검소한 삶이 모든 사람들에게 정신적으로나 육체적으로 유익하다고 믿는다."

그는 매우 검소한 삶을 겸허하게 살아왔다. 재물에 크게 관심을 가져본 적이 없다. 그의 집은 한옥이라 여름에는 덥고 겨울에는 춥다. 서재 겸 응접실로 사용하고 있는 방 한쪽의 책상과 의자, 그리고 소파는 보잘것없을 뿐 아니라 천장에는 빗물이 샌 자국이 즐비하다. 그의 집을 방문했던 사람들의 일반화된 구전이다. 물론 필자도 이런 환경을 수차례에 걸쳐 직접 보았다.

하지만 비록 그의 삶이 검소하다 못해 가난할지언정 나라의 가난은 견딜 수 없었다. 그는 우리나라가 반만 년의 역사를 지니고 있으면서도 세계에서 가장 가난하게 살고 있다는 데에 관심을 갖게 된다. 왜 이렇게도 못살까. 이 가난을 벗어날 수는 없을까.

오늘날 우리나라는 세계 11위에 달하는 경제대국으로 발돋움함으로써 여러 개발도상국의 선망의 대상이자 모범으로 여겨지고 있다. 그러나 1960년대 전까지만 해도 우리나라 사회, 경제적 실상은 비참하기 그지없었다.

돌이켜 보면, 1950~60년대 우리 사회의 현실은 옷이 부족하여 추위에 떨어야 했고, 먹을거리가 부족하여 영양가 있는 음식물을 섭취하지 못한 채 겨우 목숨만 연명하는 사람들도 부지기수였다.

우리나라는 분명 농업국가임에도 불구하고 해마다 먹고살 식량이 모자라 적잖은 외국의 원조나 옥수숫가루, 밀가루, 우윳가루는 물론 구호미까지 받아들였고 보릿고개를 맞을 때마다 초근목피(풀뿌리나 나무껍질)로 연명하는 가정도 많았다.

전 국민의 70% 이상이 농업에 종사하던 당시, 긴긴 농한기 동안에 대부분의 농민들은 도박이나 비생산적인 생활을 하면서 소일했다. 우리나라에서 희망을 찾기란 참으로 어려운 현실이었다.

당시 한국 사회의 암담한 실상을 접하면서 청년 조영식은 조국을 가난과 무지로부터 해방시키는 일에 고심했다. 오랜 고심 끝에 조국의 경제적 자립과 근대화를 이룩하는 일이 무엇보다 시급하며, 이것은 교육에 의한 인재 양성을 통해서만 가능하다는 결의를 하게 된다.

그는 그 방법을 모색하기 위해 세계 58개국을 돌아보고 우리나라 여건과 하나하나 비교 분석하여 '우리라고 못살 이유가 없다' 는 신념을 갖게 된다. 그리고 그 결과물로 《우리도 잘살 수 있다》(1963)라는 저서를 출판하게 된다. 이 책이 세간의 이목을 집중시킬 줄이야 꿈에도 생각지 못했다.

이 책은 출판 3년 만에 무려 15만 부가 팔려 장기간 베스트셀러가 되었고, 박정희 전 대통령은 세 번이나 읽었다며 저자인 조영식 박사에게 감동의 편지를 보내온 적도 있다.

1948년 8월 15일 마침내 광복된 당시 우리나라의 1인당 국민소득은 일제의 갖은 수탈로 겨우 미화 35달러에 불과했으며 문맹률은

73% 이상, 그리고 전국의 모든 산은 거의 헐벗은 상태였다.

여기에다 설상가상으로 6·25가 터져 전 국토가 초토화되었다. 정전 후 유엔의 피해조사단의 총회 보고서는 "한국은 금세기 전에 경제적 자립이 불가능하다."며, 우리를 가리켜 국가 독립의 능력이 전무하여 일정 기간, 유엔이 '신탁통치'를 해야 한다고 주장했다.

조 박사는 《동아일보》에 '밖에서 본 한국'이란 주제로 3회(1965년 10월 26일과 28일, 11월 2일 연재)에 걸쳐 국민에게 잘살기 운동을 전개하자고 호소하기도 했다.

그는 기사를 통해 가난하면서도 절약하지 않고, 무식하면서도 배우려 하지 않고, 못살면서도 잘살아보려고 발버둥치지 않는, 후진성에서 오는 무기력하고 퇴영적인 정신 상태는 우리의 최대의 적이다. 잘살 수 있는 길은 먼저 우리도 잘살아보아야 하겠다는 굳은 의지와 신념을 갖는 데에 있다. 사회의 안정, 관민의 협동, 국가 건설을 위한 강한 정신력으로 한민족의 최대의 꿈은 이루어질 수 있다고 역설하여 독자들로부터 많은 호평을 받기도 했다.

이와 같은 가난과 빈곤에서 헤어나기 위해 그는 국내 최초로 농어촌봉사대를 조직하여 봉사활동을 전개하게 된다. 경희대 재학생들을 중심으로 1956년에 시작된 이 농어촌봉사대를 통해 학생들은 비지땀을 흘리면서 열심히 농어촌지역이나 산간벽지에 들어가서 문맹퇴치 운동, 조림녹화 사업, 정신계몽 활동을 펼치게 된다.

이 활동은 결국 대학생 농어촌 봉사활동의 효시가 되었다. '우리도 잘살 수 있다'는 철학을 바탕으로 가난을 극복하기 위한 '잘살기 운동'이 이때부터 전국적으로 전개되었다.

당시 박정희 대통령은 어느 날 청와대로 그를 초청했다. 박 대통령은 "조영식 총장의 저서를 세 번이나 읽었다."면서 "그동안 선진국을 방문해 보고 들은 얘기들, 그리고 우리나라가 어떻게 하면 잘살 수 있을지 생각을 들려달라."고 주문했다고 한다.

당시 박 대통령 테이블 위에는 녹음기가 한 대 놓여 있었다. 육영수 여사가 자리를 함께한 가운데 그는 꼬박 다섯 시간 동안이나 이야기를 풀어 나갔다.

박 대통령의 "어떻게 하면 국민 모두가 잘살 수 있겠느냐?"는 물

조 박사의 저서 《우리는 잘 살 수 있다》와 《한국 근대화의 제문제》

음에 그는 외국의 사례를 들어가며 자세히 설명했다. 그리고 "국민을 잘살게 하는 것이 정치의 첫 장이자 끝 장이 되어야 한다."고 하면서 정부 차원에서 잘살기 운동을 적극적으로 펼칠 것을 권유했었다.

그 만남이 바로 새마을 운동을 일으키는 바탕이 되었다. 박 대통령은 정부 각 부처에 그의 얘기를 축으로 한 근대화 실천계획을 세우도록 지시했다. 1972년 4월 26일 춘천에서 열린 '새마을 운동 촉진 대회'에서는 새마을 운동은 바로 '잘살기 운동'이라고 언급하기도 했다.

뿐만 아니라 1972년 5월 18일 조 박사를 청와대로 초청해 환담하는 자리에서 조 박사가 제창한 잘살기 운동이 새마을 운동의 효시가 된 활동이었다고 말하기도 했다. 박 대통령이 잘살기 운동이 새마을 운동에 지대한 영향을 미쳤다고 말했듯이 잘살기 운동은 한국 경제 발전의 출발점이 된 새마을 운동에 직접적으로 영향을 미쳤던 것이 사실이다.

이 새마을 운동은 '한강의 기적'을 이루었다는 평가도 받게 되었고, 그 뒤 한국은 '동아시아의 네 마리 용(龍)'들 중의 하나로 불리게 되었다. 그가 쓴 《우리도 잘살 수 있다》가 촉매제가 된 것이다.

우리나라의 새마을 운동의 성공적 사례와 또 그것을 촉발시킨 것이 '잘살기 운동'이었음을 전해 들은 말레이시아 마하티르(1925 ~) 총리는 조 박사가 말레이시아를 친선 방문했을 때, 그를 초대하게 된다.

장시간에 걸친 그의 자문을 받고 난 이후 마하티르 총리는 이 운동을 범국가적으로 전개할 것을 결심한다. 마하티르 총리는 1971년부터 말레이시아 동방정책(Look East)을 채택, 범국민 운동으로 펼친다.

이 'Look East' 정책은 지금까지 구미 일변도였던 경제 정책에서 벗어나 한국, 일본의 근대화를 모델로 말레이계 국민을 교육·훈련시킴으로써 진정한 실력을 배양토록 하는 것에 목적이 있었다.

오늘날 우리나라는 국가생산력에 있어서 세계 11위 그리고 정보화 기술 산업 분야에서는 세계 2위로 평가받고 있다. 이는 결국 그가 제창한 '잘살기 운동'이 오늘날 우리나라의 눈부신 경제 발전을 가능케 하는 데 큰 기여를 했다는 것을 보여준다. 뿐만 아니라 동남아 국가들의 국가 발전을 위한 모범적 사례가 되었다는 것도 보여준다.

새마을 운동에 불을 댕기다

그가 쓴 《우리도 잘살 수 있다》(1963)는 박정희 전 대통령이 각 부서 장관들은 물론 공무원들에게까지 모두 필독을 권유했다는 설이 당시에 파다했다.

이 책은 '왜 한국은 가난한 상태에 머물러 있고 선진국들은 번영하고 있는지'에 대한 이유를 밝히기 위해 그가 세계 58개국을 여행한 산물인데 그 후 곧바로 영어, 일어, 중국어, 불어, 독일어로 번역되어 출판되기도 했다.

그때가 1962년, 그는 경희대 캠퍼스 내에 '후진사회문제연구소'를 설립하여 농촌의 생활 개선과 국가 발전을 위한 학문적 연구와 실천적 방법에 대해 개혁적으로 연구했다. 그 후 1975년에는 그 연구소의 명칭을 '밝은사회연구소'로 바꾸어 다시 거듭나도록 했다.

그는 무슨 일이든 사상과 행동을 함께 하는 사람이다. 그의 사상은 바로 동사다. 그래서 선의를 얘기하면서 그것을 실천했고 다른 사람들에게도 그렇게 하도록 도움을 주었다. 노사문제와 학생운동으로 사회가 극단적으로 혼란했을 때에 '밝은사회 운동'을 전개하여 국민들에게 호응을 얻은 그는 종국에는 이 운동을 국민화합 운동으로 승화시켜 나간다.

또, 그는 이 시대의 사회상을 반영하는 민중 시인으로서 '잘살기 운동의 노래'와 '국민화합의 노래'를 직접 작사하기도 했다. 이는 성인 또는 위대한 지도자의 조언과도 동일하다. 국민화합 운동을 통해 국민들 사이의 우의를 다지는 민족 화해 운동은 우리 국민들로 하여금 화합·협동하도록 하는 데에 매우 효과적이었다.

그 무렵, 《새 한국 국민상의 모색》(1972)이라는 책을 또다시 발간하여 한국 국민의 정신적 자세를 규명하고 앞으로 나아갈 국민적 지표의 기반을 정립하여 건전한 인간사회로 가고자 하는 밝은사회 운동 전개에 역사적인 길잡이가 된다.

그 밖에도 금주·금연 운동, 도박 추방 운동, 일손 서로 돕기 운동으로 피폐된 농어촌에 새바람을 불어넣었다. 후일, 이것은 새마을 운동을 일으키는 촉매제가 되었다. 이때 《우리도 잘살 수 있다》라는 책이 새마을 교육의 주 교재로 활용되었으며 전국 방방곡곡에 새마을 운동 노래와 함께 그가 작사한 '우리도 잘살아보세' 라는 노래도 울려 퍼졌다.

> "앞을 보고 살아가자 내일 위해 살아가자
> 잘사는 것 못사는 것 누구를 원망하리
> 세상 일 알고 보면 모두가 내 탓인데
> 고운 마음 쓰는 이엔 축복이 온대요
> 노력하는 사람에겐 소원이 풀린대요
> 절약하는 살림에는 가난도 쫓긴대요
> 보다 나은 내일 없이 무슨 재미에 살리오
> 우리도 기 쓰고 일어서서 잘살아보세"

1971년 발족된 잘살기 운동 본부를 모태로 새마을 운동은 범국민의 절대적인 참여와 호응을 얻어 크게 발전되어갔다. 그러나 점차 '가진 자'와 '못 가진 자' 사이에 위화감이 조성되기 시작했다. 그는 가진 자의 물질적 타락과 퇴폐가 미풍양속을 붕괴시켜가는 것을 한탄하면서 마침내 잘살기 운동 '건전사회 운동'으로 전환하게 된다.

그는 새마을 운동이 지나치게 물질문명의 근대화 쪽으로 치우치자 더 이상 이래서는 안 되겠다는 생각을 한 나머지 1975년부터 경희대를 중심으로 본격적으로 '밝은사회 운동'을 또다시 펼쳐 나간다.

그러던 중 1975년 미국 보스턴에서 열린 제4차 '세계 대학 총장' 회의에서 그는 물질문명의 여파로 인해 도덕과 인간성이 타락하고 있는 현실에 대해 개탄하고 그러한 현실을 극복하기 위해 회의에 참석한 모든 회원 대학들이 함께 자국 내에서 '밝은사회 운동'을 전개하자고 제안하게 된다. 이 제안은 만장일치로 채택될 만큼 그의 영향력은 대단했다.

1976년 봄 또다시 청와대에 방문할 기회가 있었다. 박정희 전 대통령은 그에게 잘살기 운동에 관해 물었던 것처럼 '밝은사회 운동'에 대해서도 지대한 관심을 보였다.

결국 또다시 정부는 이 운동을 거울삼아 1977년 3월 16일 서울에서 '새마음 갖기 운동 범국민 대회'를 개최했다. 그 후 이 운동이 '새마음 운동'이라는 이름으로 전국적으로 시작되었다가 마침내는 '바르게 살기 운동'으로 바뀌어 오늘날까지 전개되고 있다.

그는 이것이 물질문명과 병행되어야 할 인간성·도덕성 회복 운동이라는 점을 강조하고 새마을 운동 역시 물질적 발전과 함께 인간성을 중시하는 쪽으로 진행되어야 할 것이라고 박정희 전 대통령께 서슴없이 제언했다.

그것은 곧바로 실천으로 확산되었다. 바로 '새마음 운동'이었다. '물질은 인간을 위해 존재한다', '역사에서는 어떤 단계에서든 인간성 회복을 위한 르네상스 운동이 필요하다'는 그의 생각은 곧바로 오늘날, 그러니까 지식정보화가 대세인 현대에까지도 그대로 적용된다.

"지금 정보화다 지식화다 하는 것도 마찬가지입니다. 벌써 그런 추세가 인간의 사생활과 인간성 자체를 침해하는 부작용이 심각해요. 정보의 부익부 빈익빈 문제도 큰 부작용 아닙니까. 그런 문제점들이 바로 '발전 논리', '개발 논리'만 중시하고 인간을 경시하는 데에서 오는 겁니다.

단추와 키보드로 모든 것을 해결하는 정보화사회라고 해도 결국 인간을 우선시하는 자세를 잃게 되면 세계는 오히려 걷잡을 수 없는 혼란과 갈등에 빠지게 될 것입니다."

이러한 자신의 생각을 그는 스스로 '인간중심주의(Human Centerism)'라고 부른다. 인간이 세계의 중심이며, 궁극적인 목적이라고 보는 세계관·종교적으로 신과 대립해 존재하며, 범신론적·우주론적 세계관이 아니라 지구 중심적 세계관과 밀접한 관계가 있다.

이와 함께 평화를 위해 필수 불가결한 또 하나의 '실질적인 힘'이 바로 NGO라고 믿고 있다. 개인과 국가, 세계의 평화를 이루기 위해서는 결국 '선한 동기'로 똘똘 뭉친 시민과 국민의 직접적인 힘이 필요한데 그것이 바로 NGO 운동이라는 것이다. 그가 편집한 《세계 평화 대백과사전》(1986)의 상당 부분도 이 운동에 관한 내용을 담고 있다.

밝은사회 운동의 주창자로 우뚝 서고

이렇듯, '밝은사회 운동'은 정신적으로 아름답고, 물질적으로 풍요하며, 인간적으로 보람 있는 사회를 건설하는 작업인 것이다. 밝은사회 운동의 역사는 1950년대의 농어촌 봉사활동, 문맹퇴치 사업과 1960년대의 잘살기 운동과 같은 계몽운동에서 시작되었다. 또, 이 운동은 1970년대 범국민 운동으로 전개된 새마을 운동에 직접적인 영향을 미쳤다.

밝은사회 운동의 이념은 지구공동사회와 세계시민사회 지향, 정신과 물질이 조화된 문화적 복지사회 창조, 인간의 주체적 지위와 존엄성을 재인식하는 인간 중심주의 시대 개척, 도덕과 인간성 상실 극복을 위한 사회평화 운동, 세계공동체 정신으로 세계 평화에 기여하는 것과 맥을 같이하고 있다.

그가 주도적으로 주창한 밝은사회 운동은 결국 1978년 세계대학 총장회가 이란의 수도 테헤란에서 개최되었을 때 그의 제안으로 범세계적으로 전개하게끔 만장일치로 채택되었다. 그 후 그는 각국의 저명인사 77인과 함께 '밝은사회 국제클럽'을 조직하여 이 운동을 범세계적인 운동으로 전개해 왔다.

어쨌든 밝은사회 운동이란 인간이 존중되는 인간중심사상에 입각하여 만민의 자유와 평등, 공영이 보장되는 보편적 민주사회를 지향하며, 대소국의 동권과 공존을 이루는 지구공동사회를 건설하여 궁극적으로는 정신적으로 아름답고, 물질적으로 풍요로우며, 인간적으로 보람 있는 사회를 건설하려는 실천적 사회운동인 것이다.

또, 밝은사회 운동 헌장은 밝은사회 운동의 방향을 설정하는 좌표에 해당한다. 그 내용은 인간의 존엄성과 선의·협동·봉사-기여의 3대 정신, 그리고 민족·국가 영역을 초월한 보편적 인류애와 평화사상을 골격으로 하고 있다.

첫째, 우리는 인간이 존엄하다는 것을 재확인하고 인간 복권에 기여한다.

둘째, 우리는 선의·협동·봉사-기여의 정신으로 아름답고 풍요하고 보람 있는 사회를 이룩한다.

셋째, 우리는 인간가족의 정신으로 내 조국을 사랑하고 인류 평화에 기여한다.

이런 방향 설정에 맞게, '밝은사회 국제클럽 한국본부'는 근 30여 년간 눈에 드러나지 않게 묵묵히 그늘진 곳을 찾아 도움의 손길을 펴고 있다. 불우가장 합동결혼식을 열어주는가 하면 체르노빌 원전 피해 아동 돕기, 남북이산가족 재회 촉구 인간 띠 잇기 대회, 전국 자연보호대회, 해외동포 모국 문화 체험단 초청, 중국 조선족 동포 돕기 등이 '밝은사회 국제클럽 한국본부'가 전개하고 있는 활동들이다.

또, 한 가정 한 그루 나무 심기 운동, 소년소녀 가장 돕기, 후진국 지원 사업, 불우이웃 돕기 등에도 꾸준히 동참해 왔다.

우리나라에서 시작된 '밝은사회 국제클럽'은 미국, 일본 등 20여 개국에 조직되어 활발한 활동을 전개하고 있다. 국내에는 무려 4백여 개의 단위 '밝은사회' 클럽에서 4만여 명의 회원들이 활동에 참여하고 있다.

그런데 '로터리 클럽(Rotary Club)'이나 1959년에 우리나라에 상륙한 '라이온스 클럽(International Association of Lions Clubs)'과 같은 국제클럽은 외국에서부터 시작되어 국내에 유입된 것임에 반해 '밝은사회' 클럽은 우리나라에서 태동되어 다른 나라로 전파된 것이 특징이다. 바로 우리나라의 토종 사회운동을 해외로 수출한 격이 된 셈이다.

어쨌든 우리는 과학이 발달하고 물질적으로 풍요해지면 살기 좋은 사회가 올 것이라고 믿었다. 그런데 오히려 인심은 각박해지고 인정은 메마르고 인류 전체가 투쟁하는 사회로 치닫고 있다.

그는 누군가가 나서서 잘못되어가는 사회 풍토를 바로잡고 인간이 살기 좋은 사회를 만들어야 한다고 강조하면서 그 뜻을 펴고자 밝은사회의 횃불을 들게 된 것이다.

이렇듯, 밝은사회 운동은 정신적으로 아름답고 물질적으로 풍요하고 인간적으로 보람 있는 사회를 지향한다. 물질적으로 아무리 풍족하더라도 정신적으로 근심, 걱정, 부정적 가치를 지니고 있다면 행복을 누릴 수 없다. 또, 정신적·물질적으로 부족함이 없더라도 인간으로서의 보람을 느끼지 못한다면 인간으로서의 가치를 다하고 있다고 볼 수는 없다.

밝은사회 운동은 개개인의 삶의 질을 높이고 밝은 가정, 건전한 사회를 건설하며 평화로운 인류사회를 건설하자는 운동이다. 이 운동의 태동은 1950년대 초로 거슬러 올라간다.

당시 우리나라는 6·25 전쟁으로 나라 전체가 폐허가 되고 가난과 질병에 시달리고 있었던 때였기에 그는 경희대 재학생들로 하여금 사회 계몽 활동을 전개하도록 권유했다.

여름과 겨울방학만 되면 대학생들이 농어촌으로 내려가 문맹 퇴치, 환경 개선, 무료 진료 활동, 농업기술 보급에 힘씀으로써 농어민들에게 새로운 희망을 안겨주었다. 이 농어촌계몽 운동은 결과적으로 전국의 대학으로 확산되어 전국의 어느 대학이든 대학생이라면 누구나 농어촌 봉사활동에 참여하는 것이 보편화되기도 했었다.

그는 인간이 잘살기 위해서는 자연환경이 복원되어야 한다는 사실에 기초를 두고 자연애호 운동도 병행했다. 우리나라는 6·25 전쟁을 치르면서 산은 벌거숭이가 되었고 간혹 자라나는 산림도 땔감으로 베어 갔기에 민둥산이 더욱 황폐해질 수밖에 없었다.

오늘날 경희대 캠퍼스가 자연 친환경적 조화를 이루어 세계 어느 대학에서도 그 유례를 찾아볼 수 없는 아름다운 배움의 터전으로 변모하게 된 것도 자연애호 운동을 경희대에서부터 실천한 사례라 할 수 있다. 이러한 자연애호 운동은 정부 차원의 국가 시책으로 전개한 자연보호 운동과 연계해 추진되어 왔다.

이렇듯, 밝은사회 운동은 물질문명의 타락으로 인한 인류문화의 붕괴 위기를 막고 전 세계적으로 팽배하고 있는 이기주의를 방지하며 날로 격화되어가는 국제간의 분쟁을 막아 영구평화를 실현하려는 데에서 시작되었다.

밝은사회 운동은 내 조국을 사랑하고 인류의 정의와 밝은 통로를 찾아 공존공영 하는 사회를 건설하고 건전한 인간사회를 재건하기 위해 발기되었다. 그가 이끌어 온 이 운동의 목표는 정신적으로 아름다운, 즉 윤리와 도덕을 지닌 사회를 건설하고, 물질적으로 풍요로운 사회를 건설하고, 인격과 인성을 갖춘 보람된 인간사회를 건설하자는 데에 있었다.

그는 이 목표에 관한 정확한 이념과 기본 철학을 갖고 이 운동을 성실하게 수행함으로써 위대한 포부를 완성시켜가고 있는 준 성직자이자 정치학자이자 교육가로 세인들의 칭송을 받고 있다. 그는 4대양 5대주를 동분서주하며 세계 각국 학계와 저명한 사회지도층 인사들을 규합하려 갖은 애를 써왔다.

뿐만 아니라 역할의 분담과 협력을 기함으로써 위대한 도덕을 빛내어 정신적으로 아름답고 물질적으로 풍요롭고 인간적으로 보람을 찾는 '오토피아'를 실현시킨 시대적 인물이다.

이 운동은 이미 인류 세계에서 크게 이채를 띠고 눈부시게 빛나고 있다. 그의 수많은 업적 중에서도 가장 값진 업적이라면 바로 '밝은 사회 운동과 세계 평화에의 기여'일 것이다.

세계는 1971년 필리핀 마닐라에서 개최된 세계대학총장회의 개막 기조연설에서 그가 발표한 '교육을 통한 세계 평화의 구현'에 전폭적인 지지를 보냈다.

그는 연설에서 "대학 교육은 국제간의 진정한 평화를 위해 공헌해야 하고 또한 국제 분쟁을 제거하는 데에 앞장서야 한다."고 강조했다. 평화는 인류 생존의 전제이며 사회생활의 기초이기 때문이다.

또, 평화가 없다면 인류는 안심하고 생활할 수 없으며 평화가 있을 때에만 서로 돕고 우애하고 존경하는 미덕을 발휘할 수 있기 때문이라고 강조하면서 평화교육에 대한 방안을 제시했었다.

"위대한 교육자는 위대한 사상가이자 풍부한 학술사상을 지니기 마련이다. 그는 평생을 시종일관 이지적 관찰력으로 지행합일(知行合一)을 실천해 온 이 시대의 '살아 있는 공자(孔子)'라 할 수 있다." 이 말은 바로 대만의 장개석(蔣介石) 전 총통의 둘째 아들인 4성 장군 장위국(蔣偉國) 박사가 한 말이다.

대학생들이 여름과 겨울방학을 이용, 농어촌 봉사활동에 참여하여 근로봉사, 의료봉사, 학습봉사, 생활 개선사업 등을 실시하고 있다.

장위국 장군 역시 인간이, 특히 정치적 지도자들이 미래의 세계를 투시하는 안목으로 세계의 평화와 인류 공존의 대동사회를 건설해간다면 진정한 의미에서의 인성(人性)을 실현할 수 있음을 강조했다. 즉 이를 통해 그 또한 인간의 존엄성이나 민중의 여론을 존중하는 인간중심주의의 대동사회 건설을 위해 고뇌하는 모습을 보여주었다.

이를 중도사상이라고 그는 말하고 있는데 넓은 의미에서는 조 박사가 주창한 밝은사회 운동의 기본이념과 중도(中道)사상이 불모이합(不謀而合), 즉 서로 상의한 바 없지만 일맥상통하고 있음을 볼 때에 그와의 인연이 우연만은 아닌 것 같다.

그는 잘살기 운동으로 조국 근대화로 가는 새마을 운동의 길을 닦았고 꽃길·꽃동네 가꾸기 운동으로 자연보호 운동의 선봉이 되기도 했다. 더 나아가 물질문명에 찌들어가는 인간성 회복을 위해 밝은사회 운동의 불길을 댕긴 종소리는 바로 지금 세계로 퍼져 세계를 진동시키고 있다. 뿐만 아니라 그는 한평생 자나 깨나 경희 사랑과 세계 평화 구현을 위해 살아가고 있다고 해도 과장된 표현은 아닐 성 싶다.

게다가 이러한 그의 사상의 이론적 전개 과정은 객관성, 체계성, 논리적 일관성이 있으며 일반화된 명제에 근거하고 있으며 타당성을 가지고 있다. 위대한 사상가란 이지력이 높고 관찰력이 정밀하며 계통적 관념을 자기 사상에 결합시킴으로써 사회 변동의 와중에도 인류사회의 재건을 위해 일관된 계획을 발전시켜 나가는 사람일 것이다. 바로 그가 그런 사람이다.

그가 주창한 밝은사회 운동은 건전사회 운동, 사회복지 운동, 자연보호 운동, 인간 복권 운동, 세계 평화 운동 등 인류사회 재건 운동이란 이름으로 전개되고 있다.

밝은사회 운동의 헌장에 나타난 밝은사회(GCS) 운동의 이념, 즉 선의·협동·봉사—기여의 정신은 국제화 시대를 맞아 지구대협동사회 건설 운동으로 눈부시게 확장, 전개되어가고 있다. 그가 작사한 '밝은사회 운동의 노래' 가사에서 그의 시대적 정신과 사상의 진모를 발견할 수 있다.

> "현대과학 물질문명 제일이라지만
> 우리는 인간 복권 기수가 될 터
> 웃으며 협동하여 사회 밝혀서
> 메마른 내 이웃에 인정을 심고
> 선의의 생활로 역사 창조하면서
> 푸른 하늘 바라보며 지구를 돌리련다
> 안녕, 안녕하세요, 해님이시여
> 우리는 지구마을 인간가족
> 아름답고 풍요하고 보람을 찾는
> 밝은사회 운동에 앞장서서
> 현세에 천국을 이루어보련다"

건전한 인류사회 건설과 인간을 존중하고 불신과 증오를 추방하고 화합하는 인간생활을 이루려는 목적으로 1975년에 국제 밝은사회 클럽을 설립한 것은 모든 인류에 대한 그의 관용을 보여주는 가장 좋은 예라 할 수 있다.

일찍이 1950년대 중반부터 대학의 교수와 학생들이 혼연일체가 되어 농어촌 봉사활동을 전개한 이후 그가 지속적으로 추진한 '잘살기 운동', '밝은사회 운동', '인류사회 재건 운동', '세계 평화 운동' 등은 대학의 기능에 학문 연구, 사회봉사 그리고 사회운동이 실천적으로 접목되도록 한 것으로 그의 혜안이 얼마나 높고 깊은지 이해하고도 남음이 있다.

5
꿈은 노력하는 자만이
이룰 수 있다

젊은이여 꽃을 던져라

한 사람의 능력에는 한계가 있기 마련이다. 그러나 조 박사는 그 한계를 넘어서고 있다. 그러기에 한가할 시간이 없다. 집필도 오고 가는 승용차 속에서 하는 경우가 대부분이다. 교통체증이 심한 서울 거리는 그에게 연구하고 글을 쓸 수 있는 시간을 제공하고 있는지도 모른다. 한 예로 승용차 안에서 독학으로 터득한 영어 실력은 자타가 인정할 만큼 유창하다.

그동안 그는 너무 많은 일을 했을 뿐 아니라 아직도 해야 할 일이 많다. 그러기에 편히 쉴 새도 없고 충분히 잠을 잘 시간이 없다. 몸이 불편해도 누울 시간조차 없으니 항상 건강하다. 많은 사람을 만나고 많은 정보 자료를 정리해야 하고 또 논문을 써야 하기에 젊은 이보다 강한 힘을 가져야 한다. 또, 남이 못 하는 일을 찾아서 행하려니 애로가 이만저만이 아니다.

누가 지도자의 길은 외롭다고 했던가. 그의 삶과 사상철학을 이해하는 일은 많은 시간을 필요로 한다. 그는 우리나라 대학교육의 현실과 장래를 내다볼 수 있는 눈이 뜨였고 귀가 열렸다. 그는 경희를 키우기 위해 잠재력을 총동원, 이미 200% 능력을 유감없이 발휘하고 있다.

경희대가 설립되던 초창기에 재정적으로 무척 어려웠을 때에 그는 부인에게 돈을 좀 빌려 오라고 하여 부인은 여자들의 푼돈을 모은 곗돈을 얻어다 주기도 했다. 그가 권력층이나 재력가의 힘을 빌리지 않고 이같이 어렵게 길을 닦아 와 오늘에 빛나는 경희대가 있는 것이 아닐까.

짧은 기간 동안 경희대를 국내 굴지의 종합대학으로 발전시켜놓은 그의 열정과 집념, 성실성과 능력을 볼 때에 그는 북에 두고 온 고향 평북 백벽산의 기개를 온몸으로 받았기 때문은 아닐까.

그는 지독히 소문난 효자다. 어머니 강국수 씨는 평소에 라디오 방송을 즐겨 들으셨다. 지금도 경기도 남양주시 조안면에 있는 묘소에는 모친이 살아 계실 때와 똑같이 라디오 소리가 끊이지 않는다. 모친이 살아 계실 때에 쓰시던 라디오를 묘지 옆에다 틀어 놓은 것이다. 물론 비가 오나 눈이 오나 라디오 소리는 밤낮으로 끊어지질 않는다.

　그뿐만 아니다. 그는 모친이 살아 계실 때와 다름없이 해외에 출국할 때에나 귀국 시에 반드시 경기도 남양주시 삼봉리에 있는 산소에 먼저 들러 인사를 올린다. 이것이 바로 현대판 '시묘살이'(부모님이 돌아가시면 묘소 옆에 움막을 짓고, 27개월, 3년상을 모시며 삼시 세 때 상식(喪食)을 올리고 곡을 하는 것)인 것이다.

　살아생전 어머니의 거처는 오래된 자택 한옥의 대청마루를 사이에 두고 있어 어머니 방을 지나 안방으로 가게 되어 있었다. 그는 언제나 어머니 방에 먼저 들러 문안과 큰절을 올렸다. 또, 식사할 때에도 부부가 같이 어머니와 한 밥상에서 식사를 했다. 부인은 홀어머니와 식사하는 그의 모습을 보며 생각에 잠기는 경우가 많았다. 며느리 노릇이 없어졌기 때문이다.

　어느 해 오페라 '토스카' 관람차 세종문화회관 대강당에 부부가 함께 간 일이 있었다. 그런데 급히 승용차를 타고 오는 바람에 공연장에 도착해서야 부인이 짝신발을 신고 나온 것을 알게 되었다. 부인이 창피하다며 전전긍긍하자 그는 그냥 입장하자고 하면서 "앞으로 그렇게 신는 것이 유행이 될지도 모른다. 또, 신발만 볼 사람이 어디 있느냐."고 했다는 일화도 있다.

　조 박사 부부는 경희의 아들, 딸들을 너무나 사랑한다. 졸업생이나 재학생들이 잘되기를 바라고 남에게 질세라 기가 죽을세라 운동시합 때면 꼭 가서 응원을 하곤 했다. 그래서 제자들은 그들을 진심으로 존경하며 따르곤 했다. 조 박사 부부는 경희의 '아버지', 경희의 '어머니'인 것이다.

이들은 경희대 교직원들 문병뿐만 아니라 애경사는 반드시 챙긴다. 그는 자상하고 인정이 많을 뿐 아니라 부인은 그의 제자들이 찾아오면 아기를 등에 업고 밥을 지어서 식사 대접을 하기까지 했다. 그 옛날 제자들이 지금도 삼삼오오 모이면 그 이야기를 자랑삼아 하곤 한다. 왜냐하면 두 사람 다 덕으로 모두를 감싸는 인품을 지니고 있었기 때문이다. 물론 젊은 시절의 품성은 지금까지도 변함이 없다.

학생운동이 한창이었을 때에는 과격한 학생도 있었다. 교수들은 그들을 퇴학시키는 쪽이 좋겠다고 주장했다. 그러나 조 박사는 최후까지 학생 측에 서서 교수들을 설득하며 학생들을 퇴학시키지 못하게 했다. 당시 많은 대학에서 학생과 대학 측이 대립하며 폭력사건이 일어났지만 경희대에서는 한 사람의 낙오자도 나오지 않았다.

오, 오 내 사랑 목련화야

목련(木蓮)이 내포하고 있는 깊은 뜻은 무엇보다도 그 빛깔이 백색인 데에 있다. 목련의 백색은 순결, 정직을 상징하며, 밝고 깨끗한 마음의 모습을 드러낸다. 하늘을 향해 피는 목련에서 인간은 보다 높은 차원을 요구하는 기상을 엿볼 수 있다.

그렇게 목련은 청년들이 청운의 웅지를 품고 난관을 헤치며 전진하는 기상으로 희망의 삶을 사는 모습을 상징한다. 그리고 그 향기로운 향기는 높은 품격을 지닌 이에게서 느낄 수 있는 인격의 감화에 비할 수 있지 않을까?

목련은 이른 봄 어느 꽃보다도 일찍 핀다. 이것은 선구자적 기개를 나타내는 것이며, 웅비하는 청년의 기상을 상징한다. 무엇보다도 목련은 군계 한다. 수많은 꽃봉오리가 붕괴하듯 터지며 함께 피는 데에서 일치단결해 협동하는 힘을 느낄 수 있으며, 약동하는 내일의 모습과 무궁무진한 발전을 감지할 수도 있다.

경희대 교정에 우뚝 서 있는 교시 탑의 동서 편에 커다란 목련나무 한 그루가 싱싱하게 자라고 있다. 꽃이 필 무렵에는 그 청초하고 우아하고 발랄한 모습이 캠퍼스를 더 아름답게 해준다. 그즈음이면 목련나무가 품은 꽃냄새가 그 일대에 넘쳐흐른다. 바로 그의 교육과 평화사상의 이념처럼 순결하고 향기롭다.

그는 누구보다도 자상한 애처가다. '목련화' 시를 지어 일생 동안 자신 때문에 고생한 부인 오정명에게 선물했다. 이 시는 1973년 봄 해외여행 중 대서양 상공에서 사랑하는 부인을 그리워하며 쓴 것이다. 결국 목련화는 경희대의 교화(校花)가 되었다. 이는 부인과 함께 이룬 오늘의 경희대를 함께 공유한다는 의미일 것이다. 그런데 이 시가 그 유명한 가곡 '목련화'가 되어 애창될 줄이야 누가 알았겠는가.

그 감미로운 가곡 목련화는 바로 조영식 작사, 김동진 작곡으로 테너 엄정행 씨가 불러 1970년대 국내 최고의 애창곡으로 불렸다. 가사의 내용은 학문과 기예의 전당인 경희대에 대한 애정을 지니고 목련처럼 순결하고 강인하면서도 우아하고 향기롭게 살면서 값진 인생을 개척하라는, 면학과 수련의 정신 및 애교심 함양을 의도한 대학 찬가가 되었다. 그러나 이러한 배경과는 상관없이 '목련화'는 순수하게 국민 가곡으로서 지금까지도 많은 이들이 애창하고 있다.

이 가곡은 고등학교 음악 교과서에도 실려 있다. 가곡 목련화가 교과서의 단원으로 설정된 이유는 우리나라 가곡으로서 청년들이 짊어지고 나갈 조국의 앞날을 매우 밝고 진취적이며 정열적으로 표현한 곡이기 때문이었다.

오 내 사랑 목련화야, 그대 내 사랑 목련화야
희고 순결한 그대 모습, 봄에 온 가인과 같고
추운 겨울 헤치고 온, 봄 길잡이 목련화는
새 시대의 선구자요, 배달의 얼이로다
오 내 사랑 목련화야, 그대 내 사랑 목련화야
오 내 사랑 목련화야, 그대 내 사랑 목련화야
그대처럼 순결하게, 그대처럼 강인하게
오늘도 내일도 영원히, 나 아름답게 살아가리.

오 내 사랑 목련화야, 그대 내 사랑 목련화야

내일을 바라보면서, 하늘 보고 웃음 짓고

함께 피고 함께 지니, 인생의 귀감이로다

그대 맑고 깨끗한 향기, 온 누리 적시네

오 내 사랑 목련화야, 그대 내 사랑 목련화야

오 내 사랑 목련화야, 그대 내 사랑 목련화야

그대처럼 우아하게, 그대처럼 향기롭게

오늘도 내일도 영원히, 나 값있게 살아가리

오 내 사랑 목련화야, 그대 내 사랑 목련화야

오늘도 내일도 영원히, 나 값있게 살아가리라.

부인 오정명 여사의 성품은 목련화처럼 온화하고 순박하다. 한평생 돈도 모르며 이상과 꿈, 잘살기 운동, 밝은사회 운동, 이산가족 돕기, 세계 평화를 부르짖었던 남편. 그리고 풀포기, 나무 한 그루 없는 폐허와 같은 산등성이에 오늘의 대 경희학원을 일구어내기까지 일밖에 모르던 그를 내조했다. 남편 조영식에게 그녀는 무엇일까.

그녀는 60여 년 전에 지은 낡은 한옥에서 살았다. 그래서인지 몰라도 재래식 부엌을 그대로 사용해 왔다. 여름에는 선풍기를 겨울에는 석유스토브를 지금까지도 사용한다. 세상에 아직까지도 연탄보일러를 때고 있다. 범인들로서는 도무지 이해할 수 없는 일들이다.

어쩌다 가끔 그의 고택을 들르면 여름에는 덥고 겨울에는 춥기가 짝이 없다. 너무나 검소하고 사치라고는 모른다. 그는 집에 오면 항상 서재에서 글을 쓰고 있을 때가 많다. 아주 추운 겨울날에는 담요를 발에 두르고 책과 씨름을 한다. 책상·의자가 경희대 교수들이 사용하고 있는 것보다 못함도 물론이다.

그러나 그는 경희대를 최고의 명문 대학으로 만들려고 최선을 다한다. 창경원 못지않은 아름다운 풍치의 경희 캠퍼스를 이룩해놓은 것을 보면 경이스러운 일이 아닐 수 없다.

이렇게 살 수밖에 없는 청렴결백한 교육자의 이상과 꿈, 오토피아 (Oughtopia)를 생각하고 세계 평화를 갈구하는 그는 자녀들의 권유에도 불구하고 회갑잔치마저도 거절했다.

그는 평소 생일날에는 집에 있지도 않고 손님을 만나지도 않는다. 평소 생일날 아침에는 두 아들 내외 손자손녀들과 아침식사를 간단히 끝내면 바로 경기도 남양주시 조안면 삼봉리에 있는 모친이 계신 산소로 간다. 자신의 생일로 타인들을 번거롭게 할 필요가 없다고 여기기 때문이다. 그의 성품이 너무나 깔끔하다면 부인은 목련화처럼 순결하다고 할까.

그의 부부애가 각별하다는 것은 자타가 공인하는 사실로 특히 경희대 내에는 입소문이 자자하다. 그 세대 우리나라의 남편들은 아내에게 감정의 표현을 자제하는 것을 미덕으로 치던 유교적 전통에 철저히 길들여진 세대라고 할 수 있다.

하지만 돌아가신 어머님에 대한 효도는 말할 것도 없거니와 부인에 대한 어질고 자상한 면모는 하도 각별하여 그를 무조건 만점짜리 남편으로 보이게 한다. 부부간의 금술은 한 사람의 일방적인 헌신에 의해서 좋아지는 게 아니라 서로가 똑같이 노력하고 양보해야 가능한 일이다.

1980년대 초 경희대 한 여교수가 그의 집을 방문한 이후에 흘러나온 이야깃거리다. 수수하게 장식된 안방에 앉아 있는데 동행한 여교수가 기겁을 하며 손가락질을 했다. 거기에는 개미군단이 유유히 노란 장판 위를 행진하고 있었다. 10여 분 뒤에 들어온 부인은 깔깔 웃으며 지은 지 워낙 오래된 집이라서 그렇다고 대수롭지 않게 말했다.

놀랄 일은 그뿐만이 아니었다. 응접실 천장에 붙인 바둑판 같은 나뭇조각은 곧 떨어질 것 같았고 부엌은 두 계단을 내려가야 하는 재래식이었다. 집이 너무 낡아 수리를 한다 해도 어디서부터 손대야 할지 모를 정도였다. 그런데도 그는 지금 사는 집이 손볼 데가 어디 있느냐? 집수리할 돈이 있으면 대학에 보태 쓰겠다고 말했다.

"그 양반은 살림이 어떻게 꾸려지는지 모르셔요. 교육자가 돈맛을 알면 안 된다는 게 그의 신념이에요. 지금도 내가 곗돈 탔다고 하면 학교 재단에 넣겠다고 하시는걸요."

부인 오정명 여사는 그러면서 이마 중간에 불거진 혹을 가리켰다. 경희대 설립 초 빚쟁이들에게 쫓겨 다니다가 전봇대에 부딪쳐 생긴

혹이라고 했다. 남편에 대한 부인의 헌신적인 내조와 일화들이 누에 고치 실이 풀리듯 거침없이 흘러나왔다.

그야말로 인고의 나날로 점철된 생애였다. 신촌에서 단칸 셋방에 살 적 남편이 처녀작인 《민주주의 자유론》(1948)을 집필할 때에 어린 큰딸을 업고 원고를 정서해주었던 얘기며, 부산 피난시절에 학교의 운영자금 조달을 위해 이북에서 갖고 나온 결혼 패물이며 옷가지, 하다못해 처녀 때에 틈틈이 뜬 커다란 탁자보까지 팔러 다녔던 얘기, 고황산에 경희대 터를 잡고 건축할 때에 빚 독촉에 하루에도 몇 번씩 다락방으로 숨었던 일 등등.

아무리 재능과 능력을 겸비했다 하더라도 부인 같은 내조자를 만나지 못했다면 그의 길은 어쩌면 가시덤불이지 않았을까. 그래서인지 몰라도 그는 입버릇처럼 부인에게, 사랑한다는 말을 아끼지 않으면서 살아왔다. 그는 부인의 가장 좋은 장신구는 황금이 아니라 훌륭한 행실이라고 생각했던 것이다.

그에게는 부인과 초등학교 시절부터 함께 즐겨 부르곤 하는 동요가 있다.

"바위고개 언덕을 혼자 넘자니
옛 님이 그리워 눈물이 납니다.
고개 위에 숨어서 기다리던 님 그리워,
그리워 눈물이 납니다.

바위고개 핀 진달래꽃은 우리 님이 즐겨,

즐겨 꺾어 주던 님은 가고 없어도 잘도 피었네.

님은 가고 없어도 잘도 피었네,

바위고개 언덕을 혼자 넘자니 옛 님이.”

바로 이 ‘바위고개’가 부부의 애창곡이다. 그들은 왜 이 노래를 자
주 불렀을까?

그는 평소에 어머니의 마음은 자신의 교실이라고 믿고 살았다. 그
래서 성실하고 검소하며 착한 아내를 가진 남편은 최고의 어머니를
가진 것과 같다고 서슴없이 이야기하곤 했다. 바로 그는 부인을, 그
렇게 항상 깊게 멀리 보며 한평생을 살아왔다. 그가 그렇게 고귀한
생각을 가졌었기 때문인지 몰라도 그는 결코 외롭지 않았다.

그런데 부인 오정명 여사는 2008년 5월 26일 오전 0시 5분 숙환
으로 그의 곁을 홀연히 떠나고 말았다. 향년 87세.

6
어쩔 수 없는
평화주의자

세계대학총장회를 한국에 유치하다

그가 신흥초급대학이란 간판만 물려받은 뒤 오늘의 거대한 경희
학원을 이루었고, 경희대를 세계적인 명문 대학과 겨눌 수 있는 수
준으로 끌어올리는 데에 심혈을 기울였다는 것은 이미 세상이 다 아
는 사실이다. 하지만 대학을 운영하면서 회의감에 빠져들 때가 한두
번이 아니었다. 서로 지식과 기술과 정보를 나누어야 할 대학들이
너무나도 폐쇄적으로 상아탑 속에만 갇혀 있음에 실망했기 때문이
었다.

결국, 그는 시야를 국내에서 바깥세상으로 돌리게 된다. 제일 먼
저 그는 여러 나라의 명문 대학 총장들을 만나 '세계대학총장회'를

발기할 것을 제의, 절대적인 지지를 받았다. 그는 그들에게 '세계대학총장회'의 결성에 대한 필요성을 강조했으며 그 결과 1968년에는 경희대에서 세계대학총장회 총회를 여는 영광을 갖게 된다.

1968년 6월 경희대 도서관에서 개최된 제2차 세계대학총장회는 총 34개국에서 154명을 헤아리는 세계적인 명문 대학 총장들이 대거 참석했다. 세계의 석학들은 '각국에서 덕망 있는 교육자들의 모임이 처음으로 아시아에서 열리게 된 것을 경하해 마지않는다' 는 축하의 메시지를 보내와 이 대회를 더욱 빛나게 해주었다.

또, 국내의 각계각층에서도 많은 격려와 축하가 쏟아졌다. 무엇보다도 국가에서도 주최하기 어려운 이러한 큰 국제회의를 건국 이래

제2차 세계대학총장회를 경희대 주관으로 개최(1968)

최초로 조영식 총장 단독의 힘으로 주관했다는 사실은 우리나라 대학 교육사상 획기적인 이정표가 되었다고 놀라워했다. 당시 정부는 1968년 10대 정부 업적 중의 하나로 세계대학총장회의 서울대회 개최를 꼽았다.

그뿐만 아니다. 5·16 혁명 이후 가난과 빈곤에 허덕이는 국민을 구하기 위해 정부가 총 매진하고 있을 때에 언론에서 '한국을 움직이는 3대 걸출'을 뽑았다.

그중 한 사람은 당시 국가 경제 건설을 주도한 장기영 국무총리, 두 번째 인물은 건설공사 불도저 김현옥 서울특별시장 그리고 나머지 한 사람이 국민 교육 혁신을 주도한 조영식 경희대 총장이었다.

지구촌 최고의 지성이 한자리에 모인 제2차 세계대학총장회의가 1968년 경희대 캠퍼스에서 거행되었다.

세계대학총장회 서울대회 개막식에 참석하여 축사까지 했던 박정희 대통령은 서신을 통해 "귀하께서 주동이 된 세계대학총장회가 발전을 거듭하여 교육을 통한 인류의 평화, 복지 그리고 안정을 이룩하는 데에 있어서뿐만 아니라 국민과 각국 회원들 간의 유대 강화에 이바지하고 있는 것을 경하해 마지않습니다. 이 기구를 통해 대한민국의 이미지 개선에 정진해 오신 귀하의 노고를 치하하면서 앞으로의 건승을 축원해 마지않습니다."라는 말로 그를 격려하기도 했다.

당시의 서울대 최문환(1916~1975) 총장은 "이 대회가 교육계의 새로운 지표를 마련하여 공동의 과제를 연구함으로써 상호 발전을 이룩하는 계기가 되었다."고 했다.

그리고 한국예술원장이었던 박종화(1901~1981) 원장은 이 대회를 우리나라에 유치한 경희대를 격찬하면서 "국가에서도 주최하기 어려운, 세계 석학인 대학 총장들의 모임을 조영식 총장 단독의 힘으로 주관했다는 것은 우리나라 대학 교육사상 획기적인 이정표가 된 사건"이라며 놀라워했다.

그 역사적인 사건이 있던 날은 1968년 6월 18일로 미국 옥스퍼드대에서 창립총회가 열린 다음, 두 번째로 경희대가 총회를 개최하는 영광을 누렸던 것이다.

세계대학총장회는 창설한 지 50여 년이 지난 오늘 1천2백여 개국 대학이 회원교로 참여하고 있다. 그는 회장직을 세 번에 걸쳐 9년간 맡았다. 지금은 영구 명예회장으로 추대되었고 세계대학총장회 '평화 대상' 첫 번째 수장자로 선정되기도 했다.

  이러한 일련의 사실들은 세계 여러 대학 총장들에게 그의 리더십
과 열정이 존경의 대상이었음을 보여준다. 동시에 그가 앞을 내다보
는 혜안이 있었다는 사실도 보여준다. 또, 세계대학총장회 결성은
경희대를 세계적인 수준으로 끌어올려놓기 위한 하나의 기초 작업
이 된다.

평화는 개선보다 귀하다

  세계대학총장회와 함께 '세계 평화의 날'과 '세계 평화의 해'가
유엔에서 제정된 것도 그의 정열적인 투지의 소산이었다. 여기에
는 1981년 코스타리카 산호세에서 열린 세계대학총장회 총회에서
그가 행한 "평화는 개선보다 귀하다"라는 기조연설이 그 시초가
되었다.

  당시는 강대국들이 인간을 위협하는 파괴적인 무기들을 생산하고
비축하기 위해 미친 듯이 경쟁하던 시대였다. 그리고 1980년대 중반
부터 선과 악의 전쟁이 일어나는 세계 최후의 날이 올 것이라는 예
언들이 나돌기 시작하면서 인간의 마음속에는 어떤 확실치 않은 근
심이 떠돌던 때였다.

  이는 핵무기를 모두 폐기한 이후 지금 우리가 누리고 있는 찬란한

과학적, 기술적인 시대와 인류가 과연 지구상에 살아남을 수 있는 지, 그리고 지금 살고 있는 생물들이 10년 후까지 생존해 나갈 수 있을지 하는 불확실성 때문이었다.

대부분의 사람들은 미래에 대해 낙담하고 있었다. 그러나 그만은 대부분의 사람들이 느끼고 있는 실망을 벗어나 세계 평화를 이룩하기 위해 세계대학총장회 활동을 벌이는 등 확실한 통찰력을 보여주었다.

매 3년마다 열리는 세계대학총장회 모임이 1981년 코스타리카에서 열렸을 때에, 의장이던 그가 세계 평화의 날이 시급하다는 선언문을 유엔 총회에 제안할 것을 참가자들에게 공식적으로 제의했다. 세계대학총장회에 참가한 6백여 대학 총장들은 그의 제안을 만장일치로 통과시켰다.

사실 많은 사람들이 의심했다. 유엔이 비록 세계적인 기구이긴 하지만 대학 총장 단체의 결의를 관심 있게 받아줄 것인가. 오랜 역사를 자랑하며 세계적으로 널리 알려진 다른 교육자들의 모임도 있었기 때문이다.

유엔의 참모들이 스스로 세계 평화의 해와 날에 관한 두 가지 선언을 바로 토의에 붙일 것인가. 그는 유엔 본부에 세계대학총장회 견해를 설명할 수 있는 유일한 대표였다. 1981년 가을만 하더라도 우리나라는 유엔 가입국이 아니었기에 그는 회원국들의 지지만을 바랐을 뿐이었다.

그러나 유엔에 제출된 어떤 선언도 유엔 총회에 상정되기 전에 최소한 3년은 심의해야 된다는 이야기를 전해 들었을 때 그는 가슴이 철렁했다. 하지만 그는 물러서지 않았으며 패배를 인정하지 않았다. 그는 그의 요청과 제안이 총회에서 토의될 수 있도록 계획이 잡힐 때까지 세계 평화의 날과 해를 유엔이 선언해야 하는 위급함과 필요성에 대해 유엔 참모들을 만날 때마다 거듭 강조했다.

어쨌든 우리나라는 유엔 회원국이 아니었다. 그래서 의안을 제출할 권한이 없었기에 할 수 없이 유엔 총회에 참석하는 코스타리카의 로드리고 카라조 대통령의 도움을 받을 수밖에 없었다. 그와는 인간적으로 끈끈한 교분이 있었기 때문이었다. 그는 아돌포 피자 에스카란테(Adolfo Piza Escalante) 주 유엔 코스타리카 대사와 함께 많은 어려움을 극복하고 백방으로 노력한 끝에 세계 평화의 날과 해 제정건을 유엔 총회 의안으로 제출하게 되었다.

그는 중남미 여러 국가들을 순방하며 많은 국가 지도자들에게 이 결의안이 유엔에서 반드시 통과될 수 있도록 협력해줄 것을 당부했다. 그리고 일생에 한 번 있는 회갑잔치까지도 포기한 채 유엔 본부가 있는 뉴욕에 1개월 이상 체류하면서 많은 대사들을 만나 함께 논의했다.

처음 만나 요청했을 때에 이들은 모두 좋다고 하더니 최종 단계에 이르자 자국의 입장을 내세워 이론을 제기했다. 그 바람에 그는 개별적으로 또는 집단적으로 이들을 설득해야 했다.

여기에 그치지 않고 그는 세계대학총장회 회원들과 전 세계의 유력인사들을 독려하여 유엔에 지지서신을 보내도록 하는 등 유엔 사무총장을 위시한 관계자들에게 서신을 통한 캠페인을 벌여 나갔다.

평화를 위해 비수를 가슴에 품고

이러한 우여곡절 끝에 1981년 11월 27일 동 결의안이 유엔 총회에 마침내 상정되었다. 유엔 총회 키타니(Kittani) 의장은 안건을 상정시켜놓고 서류 미비라는 이유를 들어 토론 일자를 30일로 연기시켜버렸다. 그 까닭은 몇몇 대사들이 이의를 제기하여 표결에 부칠 수밖에 없었기 때문이었다.

그는 세계 평화를 이루는 데에 있어 단 한 나라가 반대해도 전쟁은 일어나는 것이 아니냐, 그리고 평화는 우리의 절대명제이기에 단 한 나라의 반대가 있어도 표결로 통과시키는 것은 바람직하지 않다는 의견을 간곡히 전달했다. 그리하여 의안에 대한 결정이 3일 후인 1981년 11월 30일로 미루어지게 되었다.

그의 후일담에 의하면, 그 후의 3일간은 30년보다도 더 길고 어려운 시간이었다고 한다. 그는 만약 몇 나라들이 반대하여 전체 분위기를 바꾸어버린다면 인류의 내일이 어떻게 될까 하는 우려에서 밤잠을 이루지 못했다. 그는 피자 코스타리카 대사와 함께 다시 의안 결정의 문제를 점검해보았다. 그 후 반대해 왔던 대사들을 일일이 만나 다시 설명하고 협조를 당부했다.

그는 의안이 연기된 그날 밤을 새우며 하나님께 기도를 했다. 그
다음 날도 마찬가지로 기도드리고 생각하고 또 기도를 했다. 그러고
나서 일요일 저녁에 투숙하고 있는 유엔 플라자(UN Plaza) 호텔을 혼
자 조용히 나와 근처에 있는 잡화점으로 들어가서 인생의 최후를 결
정할 칼 한 자루를 사 가지고 다시 호텔로 돌아왔다.

그는 다시 숙연한 마음으로 다음과 같이 기도를 했다.

"예수님께서는 인류의 죄를 속죄하기 위해 십자가에 못 박히셨는데,
만약에 '세계 평화의 날'과 '세계 평화의 해'가 통과되지 못할 경우 핵
대전에 의한 인류사회의 파멸을 막을 수 없기에 저는 부득이 이 세상을
하직할 수밖에 없습니다. 자비로운 주님이시여! 굽어 살펴주시옵소서."

그후 그는 사랑하는 가족에게 남기는 최후의 유서를 썼다. 홀로
계시는 노모에게는 불효자를 용서해주세요, 가족에게는 나를 이해
해달라고 읍소하면서, 아내에게 가장을 대신하여 가족을 잘 보살펴
달라는 내용이었다.

대한제국의 이준(1859~1907) 열사가 네덜란드 헤이그에서 대한제
국의 일본 속국을 반대하면서 자결했던 것과 같이, 자신도 유엔 총
회장에서 의안이 부결될 때에는 "평화를 위해 이곳에 와 있는 여러
대사들마저도 평화를 버리고 있는데 우리 인류는 앞으로 누구를 믿

으란 말입니까?"라고 절규하면서 자결하겠다는 결심을 했던 것이다. 그러한 각오 아래 다음 날 아침 그는 의연한 마음으로 유엔 총회장으로 들어갔다.

유엔 총회장의 단상에 앉아 있던 키타니 의장은 다시 엄숙하게 개회를 선언하고 "지난 금요일에 상정되었던 '세계 평화의 날'과 '세계 평화의 해' 안건을 여기에 상정합니다. 아마도 이 평화 의안에 반대하는 나라는 없겠지요?"라고 깔깔한 목소리로 물었다. 그리고 2~3초를 기다리자마자 이때를 놓칠세라 "모두가 이의 없는 것으로 알고 본 안건을 통과시킵니다."라고 말하며 사회봉을 힘차게 땅땅땅 두들겼다. 그 사회봉은 인류를 살렸고 이 일에 생명을 건 그도 살렸다.

참으로 감격의 한순간, 그와 피자 대사, 또 함께 뛰었던 라졸라 파테미(Larzlora Fatemi) 박사와 뉴욕 주재 대한민국 김세진(金世鎭) 총영사는 서로 부둥켜안고 눈물을 흘리며 어찌할 바를 몰랐다. 기쁜 나머지 환호성을 지르며 펄쩍펄쩍 뛰기도 했다. 감격과 환희의 순간이었다.

그런데 웬일인가. 칼 한 자루와 흰 봉투를 땅바닥에서 발견한 김세진 총영사가 기절초풍한 것이다. 그들이 부둥켜안고 펄쩍펄쩍 뛸 때 조 박사의 호주머니에서 떨어진 것이었다.

흰 봉투는 유서였다. '만약 세계 평화의 날이 유엔에서 통과되지 않으면 자결한다'는 내용이었다. 너무 놀란 김 총영사는 곧 마음을 진정시키고 그를 밖으로 모시고 나와 자초지종을 자세히 물었다.

"네덜란드 헤이그에서 이준 열사가 국가와 민족을 위해 자결하지 않았는가. 그런 선열의 피를 받은 나로서 세계 평화를 위해 자결을 결심하고 참석했다."는 것이었다. 총영사는 만약 유엔 총회에서 '세계의 평화의 날'이 통과되지 않았다면 세계가 아찔해할 대사건이 일어났을 것이라고 직감했다.

그는 그가 썼던 유서와 유품을 오늘까지도 그대로 보관하고 있다. 자신이 이 세상을 떠난 뒤에 그것을 뜯어보라고 온 가족에게 유언으로 남겨두었다. 그를 일약 세계 평화 역사와 국제 외교 무대에 높이 세운 이 역사적 사건은 이와 같은 장엄한 뒷얘기를 안고 있다.

1970년대 말은 미·소 양 진영과 제3세계까지 예의 대립하며 극한적 대결과 대량살상 무기의 개발 및 양산을 일삼아, 인류는 3차 핵대전과 그에 따른 인류사회 절멸의 위기에 직면한 시기였다. 이때 그는 자신의 목숨을 바쳐서라도 이러한 위기로부터 조국과 인류를 구원해야겠다는 결심하에 유서를 남기며 유엔으로 하여금 '세계 평화의 날과 해'를 제정토록 열렬히 뛰었던 것이다.

세계 평화의 날이 제정되다

그는 믿고 있다. 그의 신념에는 변함이 없다. 만약 '세계 평화의 날'이 제정되지 않았다면 이 세상은 없어지고 말았을 것이다. 지금 그는 이렇게 믿고 있다.

당시에 우리나라 정부는 부질없는 행동이라며, 외교 채널을 통해야 한다면서 자제해줄 것을 간곡히 요청해왔지만 그는 의지를 굽히지 않았다. 그는 세계대학총장회 의장으로서 강대국의 대사 이상으로 맹렬히 뛰었다. 그가 세계 평화에 기여한 공헌은 이미 세계사에 기록되어 있다. 그가 '노벨평화상' 후보자로 매년 거론되고 있는 것도 이 업적이 높이 평가되고 있기 때문이다.

유엔 총회는 공식적으로 '세계 평화의 날'을, 유엔 총회의 발족 시기와 우연히도 일치하는 9월 셋째 주 화요일로 결정했다. 필자는 그의 노력과 수고에 대한 대가로 그가 가졌던 큰 보람과 만족을 개인적으로 대화할 수 있었던 특권을 가진 사람 중의 하나였다. 그가 당시, 유엔에서 세계 평화를 주장한 것은 단지 하나의 작은 물결에 불과했다.

그 물결은 전 세계로 퍼져 거대한 해일과 같이 모든 사람들에게 받아들여지게 되었다. 1986년 초 유엔이 '세계 평화의 해'를 선언했을 때에 미국의 레이건과 소련의 고르바초프는 서로 서로 세계 평화를 위한 선의와 안부를 교환했다.

그리고 아시아에서 있은 세계 평화를 위한 국제적인 모임과 핵무기 파괴와 군비축소에 대한 강대국들의 승인, 공산제도와 베를린 장벽의 붕괴가 뒤따라 일어났다.

이라크의 전쟁 도발로 인해 세계가 다시 동요되고 있을 때에 문화와 종교를 넘어선 다국적군들이 세계 평화를 되찾았다. 세계의 여러

나라가 세계 평화를 위한 보편적인 열망 아래에서 행진할 때에 그는 세계 평화를 지켜가는 지칠 줄 모르는 선구자였다.

그는 모든 이들의 친구로서 평화를 사랑하는 현대의 모든 사람들의 감사를 받아 왔다. 이는 그의 포기할 줄 모르는 헌신과 세계 평화 정착에 기여한 그의 업적 때문이다.

미국 의회에서는 1989년 8월 10일 세계 평화 구현에 기여한 공로를 인정하여 국회의사당에 그의 이름으로 성조기를 게양했다. 뿐만 아니라 레이건 미국 대통령은 조영식 박사가 유엔으로 하여금 세계 평화의 날과 해를 제정 공포케 한 것과, 미국이 '강력한 미국' (Strong America)만을 이룰 것이 아니라 세계 핵 대전으로부터 인류를 구원할 수 있는 '위대한 미국'(Great America)이 되어 달라는 조언을 포함하여 자신의 재임 기간 미국의 국제적 역할과 관련하여 많은 도움을 준 것에 대해 감사의 뜻을 표하며 임기 말 그에게 특별 감사장과 사신을 보내왔다.

이뿐만 아니다. '팍스 유엔(Pax UN)' 역시 그의 독창적인 사상이다. Pax는 로마어(라틴어)로 평화를 의미한다. 예를 들어, 팍스 로마나(Pax Romana)의 뜻은 전체적으로 보면 평화라는 뜻인데 더 깊게 설명하자면, '평화는 평화인데 완전한 평화'라는 말이다.

물론 로마 전체 역사에서 이런 완전한 평화는 약 2백 년간, 아우구스투스(Augustus) 황제로부터 마르쿠스 아우렐리우스(Marcus Aurelius Antonius) 정도까지 지속되었는데, 고대는 물론 현재에서도 찾아볼 수 없는 시대였으며, 아마 세계에서 가장 긴 평화를 누린 시대였을 것이다.

그가 주창하는 팍스 유엔(Pax UN)은 유엔에 의한 평화를 의미하는데 그는 이 이론을 계발하여 쟈비에(Javier) 유엔 사무총장에게 전달했다.

태국 방콕에서 개최된 세계대학총장회 제7차 총회에서 발표한 '유엔을 통한 세계 평화'라는 그의 기조연설이 팍스 유엔(Pax UN) 이론의 핵심이었다. 그는 세계 질서를 팍스 유엔(Pax UN)의 기치하에 두기 위해 유엔을 강화해야 한다는 내용의 방콕 결의문을 제안했고 그 결의문 역시 동 회의에서 만장일치로 채택되었다.

인류공동사회로 가는 전제조건은 평화다. 평화를 위한 노력 중 대표적인 것이 유엔의 '세계 평화의 날'과 '세계 평화의 해' 제정이다. 당시 우리나라는 유엔 회원국이 아니었기에 아무리 좋은 안이라 하더라도 제안할 수 없는 처지였다. 하지만 그렇다고 마냥 손을 놓고 있을 수만은 없었다.

그는 평소 절친히 지내던 코스타리카의 피자 주 유엔대사를 통해 '세계 평화의 날' 제정 결의안을 정식으로 유엔에 상정했고 회원국 전원 일치의 찬성으로 통과시켰던 것이다.

유엔은 이에 1986년 '세계 평화의 해'를 선포하고 전 세계에서 평화를 위한 각종 행사를 개최하면서 평화를 위한 국제적 노력을 기울이게 되었다. 이후 '세계 평화의 날' 기념식은 국제적으로 거행되고 있다. 우리나라도 경희대와 유엔 한국협회가 매년 공동으로 기념행사를 주최하고 있다.

그의 꾸준한 평화 활동이 세계를 냉전시대에서 화해와 협력의 시대로 유도했다. 특히 걸프전에서 모든 나라가 유엔을 중심으로 뭉쳐 전쟁의 희생을 줄일 수 있었던 것은 이러한 노력의 결과다.

그리고 서울에서 개최한 여러 차례의 국제평화세미나에서 팍스 유엔(Pax UN), 전쟁의 인도화, 제2의 적십자운동 등의 결의안이 채택되어 유엔을 위시한 세계 각국 정부와 언론 및 유관 기관에 전달되기도 했다. 이는 걸프전쟁 당시 바로 효력을 보이기도 했다.

전쟁의 인도화에서 주장한 대로 민간시설과 민간인을 공격하는 것을 삼가고 함부로 폭격하지 않아 시장에서 평화스럽게 상행위를 하는 데에 지장이 없었던 것은 사상 처음 있는 일이었으며, 이 전쟁을 계기로 팍스 유엔(Pax UN), 즉 유엔 중심의 세계 질서가 수립되게 한 것은 세계사에 엄청난 변화를 가져온 일이라고 할 수 있다.

구소련을 러시아 연방으로 변화시킨 연설

1990년 5월, 그는 소련과학자위원회의 의장이었던 러시아 오시푸안(Yuri A. Ossipyan)의 초청으로 모스크바에서 소련의 과학자, 고위 관리, 공산당 지도자 그리고 군 장성들이 모인 가운데 '제3 민주혁명과 신국제 질서'라는 특강을 한 적이 있다.

당시의 그의 연설문은 즉시 소련어로 번역되어 무려 35만 부가 인쇄되었다. 고르바초프 서기장의 최고 핵심 참모였던 샤탈린(Stanislav Shatalin)은 그 후 방한했을 때에 그 연설문 40권을 조 박사에게 선물로 가져왔다.

그 연설에서 그는 페레스트로이카(Perestroika, 낡은 체제를 새로 고쳐세운다는 뜻)와 글라스노스트(Glasnost, 정보 공개의 뜻)의 방향에 대한 조언을 서슴지 않고 했다.

당시 소련은 이 두 가지 정책을 채택하긴 했지만 무엇을 해야 할지 그리고 어떤 방향으로 추진해야 할지 모르고 있었다. 그는 그 연설을 통해 페레스트로이카의 올바른 정책 방향을 제시함으로써 구소련을 러시아 연방으로 변화시킨 숨은 공로자일 수 있다.

그렇게 결과는 돌이킬 수 없었다. 1985년 당 서기장에 취임한 이후 고르바초프는 소련체제 전반에 걸친 재구조화와 개혁을 의미하는 페레스트로이카를 추진하기 시작했다.

이를 통해 사회주의적 발전의 가속화와 심화가 강조되던 초기의 추세는 이후 경제개혁과 경제개혁의 보다 안정적인 추진을 보장해주는 조건들을 마련하는 것으로 변화해갔다. 당시 구소련의 GDP는 1988년 5.5%에서 1991년 -13%로 하락했으며, 자본 축적률도 1988년 0.9%에서 1991년 -23%로 급락했다. 반면 인플레이션은 1988년 11%에서 1991년 128%로 증가하여 이후의 초인플레이션 시대를 예고하고 있었다.

이런 상황에서 진행된 고르바초프의 경제개혁은 70여 년을 경과한 소련체제의 급진적인 변화를 위한 토양을 마련했고, 이후의 시장경제체제로의 이행을 위한 전 단계를 마련했다는 점에서 의미 있는 평가를 받을 수 있다.

그러나 결국 고르바초프의 경제개혁은 국민들로부터 인정받을 만큼의 가시적인 성과를 만들지 못한 채 1991년 8월의 쿠데타를 계기로 끝나고 말았다. 보다 적극적인 개혁을 요구했던 옐친의 급부상과 소연방의 해체는 소련체제의 공식적인 종말을 의미했다. 소연방이 해체된 1991년 12월 고르바초프는 사임했고, 이제 개혁은 독립된 각 공화국들의 책임하에 돌아가고 말았다.

어쨌든 페레스트로이카를 외치면서 발 빠르게 개혁과 개방의 길로 들어섰지만 그들의 체제는 변화와 개혁이 아닌 붕괴의 길로 가고 말았다.

지난 1991년 5월, 그는 세계 평화의 날 제정 제10주년 기념행사로 소련 모슬로에서 주변 4강과 남북한이 참여하는 2+4 국제평화회의를 개최했다. 경희대와 모스크바 국립대 그리고 소련과학자연합회가 공동으로 '21세기를 향한 한반도의 긴장 해소와 동북아의 안정을 통한 세계 평화'라는 주제로 회의를 개최했다.

여기서 그는 고르바초프 대통령의 환영사에 이어 첫 번째 기조 발표자로 나서 세계 공동체를 향한 '신국제 질서의 모색'이라는 주제의 연설을 한다. 이때 유엔을 통한 세계 영구평화 정착 결의안을 제의하여 만장일치로 채택케 했다.

그후 유엔에서 세계 평화의 날이 제정·공포된 지 꼭 10년 만에 남북한이 유엔에 동시 가입할 때에 경축 사절단의 일원으로 노태우 대통령과 함께 유엔으로 가서 경축 행사에 참가하며 활동했다.

평화의 횃불 봉송이 세계 일주를 하는 가운데 달리기 주자가 예정에도 없던 우리나라 서울을 방문하게 된다. 그 주자는 평화의 해 발의자가 한국인이므로 특히 그의 업적을 기려 경희대 광릉 캠퍼스에 있는 평화복지대학원까지 달려가 평화의 횃불 점화식을 갖는다. 지금 그 자리에는 평화의 해를 기념하는 탑과 봉화대가 건립되어 오가는 사람들에게 평화의 소중함을 깨우쳐주고 있다.

'2(한국, 북한)+4(미국, 소련, 일본, 중국)' 국제회의는 그가 동북아 지역의 평화와 안정을 위해 '2+4' 국제평화회의를 소련 정부에 제안해 이루어진 것이었다. 동 회의를 개최하기 위한 역할 분담으로 미국과 한국의 참가는 그가 책임을 졌고 소련, 중국, 일본, 북한의 참가는 소련 정부가 책임을 지기로 합의했다.

동 '2+4' 회의는 동북아 지역의 평화를 위해 역사상 최초로 개최된 국제회의였다. 더욱이 정부 차원에서 개최하려고 했지만 이루어내지 못했던 것을 민간 차원의 주도로 성공시켰다는 것은 큰 의의를 갖는다고 할 수 있다. 그러나 회의에 참석하기로 되어 있던 북한이 최종 단계에서 불참하는 아쉬움을 남기기도 했다.

또, 그는 아시아 태평양 지역 국가들의 협력을 위한 국제재단을 결성할 것을 소련 정부에 제안했다. 그는 이미 1990년에도 이런 제안을 한 적이 있다. 1991년 상기 기구의 공동 총재로 추대된 그는 동 기구의 결성을 위한 세부적인 프로그램을 마련했지만 불운하게도, 고르바초프 서기장의 실각과 구소련의 와해로 인해 그 모든 프로그램을 포기해야만 했다.

또, 유엔 본부에서 평화의 해 기념식을 거행할 때에 비회원국임에도 불구하고 그를 귀빈 연사로 특별 초청하여 성대히 환영하고 평화의 해 기념행사에서 '팍스 유엔(Pax UN)을 통한 세계 평화 건설'이라는 제목의 연설을 하게 했다.

여기서 특기할 만한 것은 평화의 해를 기념해 봉송하는 횃불이 유엔 본부를 떠날 때에 먼저 유니세프의 한 어린이가 횃불에 점화하여 케얄 유엔 사무총장에게 전달한 뒤 이어 안보리 의장에게 그리고 평화의 해 준비위원장에게로, 그리고 평화의 해를 처음 제안한 그에게 횃불이 옮겨졌다는 사실이다. 그의 손에 의해 첫 주자에게 건네진 횃불은 전 세계를 향해 출발했다.

냉전으로 화생방 무기와 핵무기에 의한 제3차 세계대전을 목전에 둔 상황에서, 어떻게 해서라도 인류 최종일이 될 전쟁만은 막아야겠다는 결의로 유엔으로 하여금 세계 평화의 날과 세계 평화의 해를 만장일치로 채택케 하는 데에 결정적인 기여를 한 그에게 박수를 보내는 것은 당연한 일일 것이다.

이후 그는 세계대학총장회 산하에 평화협의회(HCPF)를 조직한다.

그리고 의장으로서 평화애호, 평화수호 사상을 고취하기 위한 세계 평화 운동을 발기하여 오늘에 이르기까지 범세계적으로 전개해 왔다.

그는 그가 주창해 온 세계 평화 운동에 대해 아직까지도 '해야 할 일을 하고 있는가', 그것이 바로 중요한 과제라고 믿고 있다. 그의 인격은 그의 삶과 철학에 의해서 드러난다. 그래서 숨겨진 그의 고귀한 행동은 언제, 어디서든지 뛰어다니는 동사였다.

7

오토피아란
무엇인가

명상과 숙고를 통해 정립된 오토피아 사상

그는 무엇보다 '오토피아(Oughtopia)'라는 독창적인 사상을 가진 평화교육의 위대한 주창자다.

그는 오직 80여 생을 '인간으로서 어떻게 해야 참되고 보람 있는 삶을 살 수 있는가'에 대해 명상하고 숙고함으로써 오토피아의 개념 정립에 고심해 왔다. 그 결과 '오토피아'를 정신적으로 아름답고, 물질적으로 풍요하고 인간적으로 값있고 보람 있는 삶의 사회라는 개념으로 최종 정리하고 있다.

도대체 오토피아란 무엇인가? 선의, 협동, 봉사—기여의 정신과 '밝은사회 운동'은 또 어떤 운동인가. 밝은사회 운동의 주요 이론적 가치철학은 그의 주의생성론(主義生成論)과 전승화이론에서 출발한다.

주의생성론은 실(實)과 상(相)의 이원적 실제를 전제로 인정하며 동시에 그 양자의 상호작용인 생성관계(生成關係)가 이루어진다고 본다.

그러나 그것이 단순한 주체·객체의 생성작용이라고 보지 않고 주의, 즉 무기물에 있어서는 이치, 생물에 있어서는 지각, 동물에 있어서는 감각, 인간에 있어서는 감각과 이성의 정신작용이 주체 또는 주축이 되어 객체인 실과 상과 함께 삼이일(三而一) 원칙에 따라 통일적 유기체의 관계를 이룬다고 본다. 그리고 이 관계를 바탕으로 우주만물이 형성되고 소멸되는 운동을 한다고 보는 이론이라고 설명할 수 있다.

모든 사물은 특성과 속성을 가지고 있다. 주의생성의 원리는 실(實)과 상(相), 이(理), 즉 의지에 의해 통정(統整)된다. 그리고 의식적 지도에 의한 창조적 조화가 형성된다. 그래서 이 세상에는 까닭 없는 것, 홀로 있는 것, 영원불변한 것이 없으며, 처음도 없고 끝도 없다.

전승화이론(全乘和理論·전승화란 사물이 서로 관련되고 서로 작용해 합해져서 이루어진다는 뜻)은 심오한 우주의 실체와 변화하는 여러 현상의 원리와 인간관계를 연구하여 진리를 구명함으로써 우리의 생활을 뜻있고 풍성하게 하고, 또 마음을 수양하고 사리를 규명하여 내일에 의도적으로 대비함으로써 보다 값있고 보람 있고 행복한 삶을 영위할 수 있는 관건을 장악하기 위해 개발된 이론이라고 설명할 수 있다.

따라서 그것은 우주의 원리와 모든 현상의 질서 원칙, 세계와 인간 사회의 관계를 알게 해줄 뿐 아니라, 우리의 실생활에 원용되어 보다 나은 삶을 창조할 수 있는 우주의 공식을 제공해 준다.

전승화는 삼라만상이 서로 관련되고, 서로 작용된 것이 합해져서 이루어진다. 모든 것은 원인-결과, 결과-원인의 이론에 따라 규명해야 하고, 그 상호 관계는 어떤 이치와 원칙, 즉 주의정신을 근간으로 하여 이루어진다.

우주의 모든 만물과 현상은 연면히 계속되는 역사적 파동과 같이 원인이 결과를, 결과가 또 새로운 원인을 낳는 순환운동의 한 산물이라고 본다.

그와 같은 파동은 모든 사물의 특성과 속성이 유관한 가운데 일정한 이치에 따라 영원한 현재, 즉 역사적 현실 위에서 전개된다. 이를 4기체로 설명하고 있다.

그렇다면 4기체란 도대체 무엇을 말하는 것일까. 시간·공간·환류·실체라고 설명한다. 시간은 영속성을 가지고 있으며, 처음과 끝이 없다. 과거와 현재와 미래를 무한히 꿰뚫는 가운데에서 사물의 변화와 생멸을 성립케 하며, 유한에서 무한으로 흐른다.

공간은 장위성(場位性)을 가지고 동서남북, 상·중·하, 그리고 대소, 장단, 넓고 좁음을 구분하며, 사물과 현상의 존립과 변화의 터전을 이룬다. 환류(還流)는 환경적 여건성을 가지고 자연적·인위적·정신적 환경을 이루며, 모든 실체와 상호관계를 맺어 생성의 바탕을 이루게 한다.

실체는 존재성을 가지고 무한소와 무한대의 그리고 저차원에서 고차원의 형태로 자존 자립하며, 특성과 속성을 주축으로 하여 상호 유관한 가운데에서 이합집산 하며 생멸한다.

결국 전승화에 있어서 상관작용이란 4기체가 서로 관련을 짓고 또 상호작용인 +, −, ×, ÷, 0의 5작용을 행함을 말한다. 이러한 상관 관계하에서 우주만물의 현상이 이루어져 나간다고 그는 주장한다.

그렇다. '오토피아'는 인간으로서 마땅히 값있고, 보람 있고 행복 하게 살기 위해 설계된 목표를 가지고 이를 성취하도록 함께 대동단 결하자는 것이다.

전승화이론은 조 박사가 27세에 《민주주의 자유론》을 저술하면서 파악한 주의생성론의 철학 원리를 30여 년간에 걸쳐 사색하고 탐구 하면서 동서양의 주요 사상들과 비교, 검토한 끝에 정립한 것이다. 그것은 단지 학문적인 이론의 탐색만으로 체계화한 것이 아니라 수 십 차례의 세계 여행을 통한 역사·문화·종교 등의 발상지와 성지 들에 대한 식견의 확장, 세계적인 석학 또는 지도자들과의 대담, 많 은 학술회의의 참석을 통한 인식의 확장, 첨단 자연과학 지식 등의 광범위한 경험적 인식을 통해 집대성한 것이다.

2천5백 년 전, 사라나무(단단한 나무라는 뜻) 숲에서 붓다는 유언을 남겼다. "모든 형성된 것들은 무너지게 마련이다. 부지런히 정진하 라." 그의 유언은 간결했다. 마지막 호흡의 순간, 붓다는 아무것도 잡지 않았다. 오히려 담담하게 '우주의 이치'를 설파했다. 자신의 죽음조차 그 이치 속에서 바라보았다.

열반당 구석에 앉아 눈을 감았다. 붓다의 간절함이 밀려왔다. "모든 형성된 것들은 무너진다." 그건 붓다의 육신만 가리킨 게 아니었다. 우리의 몸, 우리의 마음을 겨냥한 외침이었다.

그러니 목숨이 살아 있을 때에 상(相)을 허물라는 메시지였다. 내가 있다는 생각, 나의 욕망이 있다는 생각, 그 욕망의 대상이 있다는 생각이 상(相)이다. 그걸 허물라고 했다. 이유는 간단하다. 우리가 죽을 힘을 다해 붙들고 있는 그 모든 상이 실은 '없는 상'이기 때문이다.

사람들은 불안에 떨며 되묻는다. "그럼 무엇이 남나?" "그럼 무엇으로 사나?" "행여 지독한 허무주의가 되는 건 아닌가?" 붓다의 대답은 달랐다. "그곳에 청정함이 있다."고 했다. 물들지 않는 삶, 충돌하지 않는 삶, 부족함이 없는 삶, 우주와 함께 흐르는 삶이 거기에 있다고 했다.

조 박사는 인도의 붓다 8대 성지에서 붓다의 생애를 좇아 자신을 발견하게 된다. 바로 그때 깨달음을 얻은 뒤 스스로 "이것이 나의 마지막 탄생"이라며 오토피아의 이론을 재정립하게 된다.

그의 저서 《오토피아》는 1984년 대만 중국문화대 대학원에서 교재로 채택되었고, 2002년부터는 중국 요녕대 대학원에서 오토피아 학과 석사과정을 개설하여 '조영식 철학사상'을 연구하고 있다.

결국, 오토피아 사상은 철학과 과학을 융합한 신과학 철학으로서 학계에서 각광을 받게 되며, 이 책이 한국어, 영어, 일어, 중국어, 에스파냐어, 러시아어 등 6개 국어로 번역 출판된 이후 오토피아즘에 대한 심층적 연구가 국내외에서 심도 있게 수행되어 왔다.

그는 '인간으로서 어떻게 해야 참되고 보람 있는 삶을 살 수 있을 것인가' 에 관해 오랜 기간에 걸쳐 명상과 숙고를 함으로써 이 '오토 피아'의 개념을 정립했던 것이다.

1977년 그는 미국 뉴욕에서 대서양을 건너 유럽으로 향하는 비행기 안에서 이 문제에 대해 깊이 생각하고 로마에 도착하여 비행장 근처에 있는 '원리의 뜰 (Parco del Principi)' 호텔에 투숙한 뒤에도 명상과 숙고를 계속했다. 그 결과, 1977년 1월 10일 밤 1시 10분에 '인간은 정신적으로 아름답고, 물질적으로 풍요하게 살아야 한다' 는 개념을 정립했다고 말했다.

그러나 그는 이 두 가지만으로는 인간이 완전한 삶을 살 수 없다고 생각했다. 귀국하는 비행기 안에서 그리고 일본 도쿄에 와서도 답을 얻지 못한 그는 다시 조용한 곳을 찾아 일본 시즈오까 현 하꼬네 지역의 야마나카 고 산중호(山中湖)에 있는 '후지 산 호텔' 에 투숙하여 더 깊은 명상을 하게 된다.

그리하여 1977년 1월 25일 밤 1시 15분에 드디어 '인간은 인간으로서 값있고 보람 있게 살아야 한다' 는 추가의 개념을 깨달음으로써, 즉 정신적으로 아름답고, 물질적으로 풍요하고, 인간적으로 값있고 보람 있는 삶의 사회를 이루어야 한다는 개념을 재정립하게 되었다.

국내에서는 경희대 부설 인류사회재건연구원에서 그의 사상을 주도적으로 연구해 왔다. 《오토피아》는 1985년부터 한국에서는 경희대, 한남대, 충북대, 동국대 대학원 등에서 교재로 활용되었다.

또, 외국에서는 대만 중국문화대, 중국 북경대, 일본 오사카상업대, 멕시코 콰다라자라대, 미국 컬럼비아대, 아메리카대, 페얼리 디킨슨대 등에서도 교재로 활용되었다. 아르헨티나 팔레르모대, 중국 북경대에서도 그의 평화철학에 관한 강좌가 개설되었다. 이와 같이 국내외적으로 오토피아 철학과 사상에 관한 강의와 연구가 활발하게 진행되고 있다.

특히, 중국 요녕대는 '조영식 오토피아 연구'를 위해 대학원 철학과에 오토피아 철학전공 석사·박사과정을 개설했으며 2002년 11월에는 '오토피아 연구소'도 개소하여 그의 오토피아 사상을 계획적으로 연구하고 있다. 이것을 보더라도 그의 사상이 세계인의 마음을 흔들고 있음을 확인할 수 있다.

인간성 회복을 위한 네오 르네상스 운동 펼쳐

그의 오토피아 사상은 중국의 홍중도(弘中道) 사상보다 10년이나 앞서 있다. 홍중도 연구에 한평생을 바친 대만의 4성 장군인 장위국(蔣偉國) 박사는 이렇게 오토피아 사상을 평가한 적이 있다.

"조영식 박사는 한국의 공자요, 선각자다. 우리는 인간과 인간의 만

남으로 시작하여 이제 오토피아와 홍중도의 만남과 사상적인 일치로 인해 더 깊은 우정을 쌓았다.

그의 따뜻하고 정감 있는 사랑과 깊은 학문적 성취 및 세계 평화와 인류 복지를 위해 쉴 틈 없이 하는 노력과 공헌에 대해 늘 존경심을 품고 있다.

힘을 합하여 중도를 행하고 평화를 제창함으로써 시대적 위기를 극복, 혼란의 근원을 제거하고 동방문화와 유가사상의 실천을 통해 인류 사회의 질서와 조화롭고 평화로운 안정된 대동사회, 즉 인류사회를 위한 재건을 다짐했다."

심지어 그는 조영식 박사에게 흠모의 시를 지어 보여준 적도 있다. 대만 장개석 총통의 차남이기도 한 그는 조 박사를 살아 있는 현대판 '공자', 또한 이 시대의 가장 위대한 '평화주의자'라고까지 칭송한 적이 있다.

"동서를 관통한 사상은 드높고 넓고도 고명하여라.
중흥을 행한 인도는 세계 평화 구현에 있고
봄 비바람에 융성한 옥서(玉書)는 서가에 넘치니
위대한 덕은 영원한 것 솔과 학처럼 천년토록 오래소서"

그는 지구공동사회의 조직이 밝고 건전한 인류사회를 건설하는 길이라고 강조했다. 지구공동사회는 사회의 난제를 극복하기 위해 한마음으로 함께 일하는 협동심을 고양하고, 조국을 사랑하고 안전하고 평화로운 세계를 건설함에 있어 선의와 협동, 봉사-기여의 정신으로 사회에 봉사하는 선구자가 되게 하여 '보편적 조화의 세계'와 '하나의 지구촌 인류가족'을 건설하는 것이다.

이뿐만 아니다. 그의 관용은 지속적인 평화를 위해 인간성을 회복하고 계발하려는 강렬한 열망에서도 드러난다. 이를 위해서 그는 여러 세계 지도자들과 함께 도덕적 인간성 회복을 위한 국제적 운동을 지원하는 '지구촌 운동(Global Initiative)'을 조직했다.

1995년 유엔 창립 50주년, 유엔 제정 관용의 해, 14주년 세계 평화의 날 기념 '관용, 도덕과 인간성 회복'을 위한 대 국제회의에서 그는 '관용, 도덕과 인간성 회복을 위한 서울 결의문'을 채택했다. 또, 동 회의에서 '지구촌 운동' 50명 공동 발기인 이름으로 '도덕과 인간성 회복을 위한 국제운동을 위한 호소문'을 제안하여 채택케 했다.

그리고 중국 산동성 곡부, 위대한 성인 공자(孔子) 탄생지에서 개최된 '공자 문화제' 행사의 일환으로 한국의 경희대와 중국의 북경대, 남개대, 복단대, 곡부 사법대가 공동으로 '21세기 사회윤리와 도덕'에 관한 국제회의를 주최하도록 했다. 그는 한국 대표단을 인솔하여 동 회의에 참석했다.

당시 중국 산동성 곡부에서 열린 공자 문화제에서 그와 한국 대표단 일행이었던 손재식 전 통일부 장관, 공영일 전 경희대 총장, 필자

등이 함께 이 세대 인류사회의 윤리와 도덕의 붕괴가 모든 교육자들의 책임임을 통감하고, 전 세계의 교육자들을 대신하여 무릎을 꿇고 인류사회에 '사죄의 큰절'을 올려 현지의 중국인들에게서 큰 박수갈채를 받았다. 물론 조 박사의 제의에 따라 우리 일행은 엉겁결에 삼배를 올리고 말았다.

그는 세계에서 가장 존경받는 50명의 지도자들인 노벨상 수상자, 전 현직 대통령과 부통령 및 총리들을 포함한 국가 지도자들, 기타 각계각층에서 뛰어난 업적을 이룬 인사들과 함께 인류사회 재건을 위한 네오 르네상스 운동을 지원하는 지구촌 운동을 발전시켰다.

관용의 이론과 실천에 관련된 그의 모든 활동들은 3백여 년 전의 체코 교육개혁가이자 종교지도자인 코메니우스(Comenius, 1592~1670)의 사상과 일맥상통하고 있다.

인류의 복지와 평화에 지대한 공헌을 한 인물을 꼽을 때에 빼놓을 수 없는 인물이 현대 교육의 창시자 코메니우스다.

그의 사상과 궤를 같이하는 조 박사 역시 이미 세계 평화를 위한 새로운 교육 사상을 재정립하여 인간 교육의 새 지평선을 열어 왔다.

"우리가 만일 인간성을 계발하려고 한다면 끊임없이 그 목표를 달성할 수 있는 방법을 찾아야 한다. 그 방법은 세 가지다.

첫째, 사람들은 무의미한 이유로 서로를 증오하는 짓이 전혀 가치가 없다는 것을 인지해야 한다. 그들은 과거의 다툼과 부정과 손해를 용서

해야 한다. 우리는 이것을 '과거 청산'이라고 부를 것이다.

둘째, 누구도 자신의 철학적, 이론적, 정치적 원칙을 타인에게 강요해서는 안 된다. 반대로 모든 사람은 타인들이 자신들의 견해를 주장하고 자신들의 견해를 평화롭게 음미할 수 있도록 해야 한다. 우리는 이것을 '상호 관용'이라고 부를 것이다.

그리고 셋째, 모든 사람은 함께 노력하여 최선의 행동규범을 찾아야 하고 자신의 생각, 열망 그리고 행동을 그러한 목적에 부합시켜야 한다. 우리는 이것을 '화해'라고 부를 것이다."

실제로 그는 모든 인간을 하나의 지구가족으로 포용하는 위대한 영혼의 소유자다. 그가 작사한 '경희인의 노래'에는 이런 구절이 있다. 그의 온유한 삶과 평화 사상의 뿌리를 엿볼 수 있는 노랫말이다.

우리는 인류가족 지구공동체
세계는 하나
지도자 중의 지도자인 우리 모두는
손에 손 맞잡고
세계 평화 인류복지 위해 노력하자
작은 영혼들은 묻는다. 이 사람은
우리 인종 아니면 우리 부족,
혹은 우리 가족에 속해 있는가요

그러나 넓은 마음을 가진 사람들은

모든 인류를 형제로 포용한다.

그가 경희대 설립자이자 경희학원장으로서 그동안 작사한 '경희대 교가', '경희학원 학원가', '경희인의 노래', '경희대 응원가', '경희대 졸업가', '경희 간호전문대 교가', '경희 호텔전문대 교가', '경희 남중고 교가', '경희 여중고 교가', '경희 초등학교 교가', '경희 유치원가', '평화복지대학원 원가' 및 '경희 삼정서현 현가' 등 다수의 아름다운 시(詩) 같은 노랫말에는 한결같이, 빠짐없이 '인류가족', '인류 복지', '세계 평화'란 말이 튀어나온다.

거기에는 바로 오토피아, 인류사회 공동지표인 네오 르네상스, 세계 평화 구현에 대한 그의 끈질긴 고뇌가 담겨 있음을 이해할 수 있다.

사실상 인류란 하나이며 분리될 수 없는 것이다. 인류의 통합에 관한 그의 비전은 우리의 신념들 중 가장 신성한 것이다. 지구는 세계의 시민이자 인류가족의 구성원인 모든 사람들의 고귀한 유산이다.

모든 사람들은 가정 그리고 특정 종류의 부족 사회의 일원으로 살아간다. 루소(Rousseau, 1712~1778)가 말한 '자식을 모르는' 외로운 야만인이란 교육받지 못한 자가 상상을 통해 생각할 수 있는 허구에 지나지 않는다.

우리는 인류를 위해 살고 생각하고 일하기 위해, 그리고 인류를 위해 죽기 위해 태어났다는 생각을 가지고 인종이나 국적과 상관없이 모든 인류의 발전과 행복을 증진시키고자 하는 그의 인간성 회복 운동에 유의해야 한다.

그가 지구공동사회, 즉 팍스 유엔을 가능케 할 기관으로 유엔에 대해 신념을 가지는 이유가 바로 여기에 있다. 이 팍스 유엔하에서 인류는 정신적으로 보람 있고 아름답고 가치 있는 영구평화와 공동 번영을 향유할 수 있을 것이다. 이것이 그가 말하는 바로 오토피아 세상인 것이다.

그는 "우리의 생존을 위한 유일한 길은 증오와 착취, 전쟁 없는 평화롭고 협동적인 인간사회, 즉 지구공동사회를 건설하는 것이다."라고 말한다. 그는 이 지구공동사회 건설을 실천하기 위한 방안으로 다음과 같은 제안을 했다.

"지구가족의 하나 됨에 근거한 인류가족이 되자. 인류의 하나 됨에 근거한 인류가족이 되자. 세계가 지향해야 할 바른길과 인간의 삶의 목적을 다시 찾자.

유엔 헌장과 유엔 활동을 지지하자. 언론을 통해 다양성이라는 것이 갈등의 원천이 아니라 지속적인 발전의 원천임을 모든 사람들이 이해하게 하자. 건설적인 경쟁과 그에 대해 상을 줌으로써 세계시민 정신을 고취하자. 밝은사회 운동을 세계 전역으로 확산시키자."

그는 저서 《인류사회 재건》(1975)에서 "이미 약육강식의 원칙에 근거한 배타적 국가주의 시대는 지나갔으며 지구공동사회 건설을 위한 세계화·민주화·인간화의 새 시대가 도래하고 있다."고 주장한다.

그는 맹목적인 기술발전 추구에 의한 인간성 상실과 소외와 같은 현대 물질문명의 한계 및 부작용을 극복하고 국제적 지도자, 학자, 노벨상 수상자, 그리고 대학 총장들의 협력하에 인류사회를 재건하기 위한 방안으로 네오 르네상스를 시작할 것을 구상했다.

그는 만민의 자유와 평등, 대소국의 공존과 공영 그리고 모든 국가들의 평등한 주권을 보장할 지구공동사회 건설을 위한 네오 르네상스 운동의 횃불을 높이 드는 국제적 주도를 이미 시작했다.

1979년에는 《오토피아》라는 저서를 통해 '전승화이론'을 창안하여 종합적 유기적 철학관을 세우고 인간의 당위적 요청사회 건설을 역설했다. 그 후 이 당위적 요청사회는 하나의 인류 세계, 하나의 인류 규범, 하나의 인류 과제로 설정되어 종합문명사회로, 다시 세계 공동체 건설로 유도된다.

"국제화나 민주화는 따로 말할 필요가 없을 겁니다. 문제는 인간화인데, 저는 예전부터 세상이 아무리 발전한다고 해도 그 중심에 인간이 있지 않으면 안 된다고 생각했습니다. 물질문명, 기계문명이 아무리 발달한다 해도 그것들이 인간을 위해 존재하지 않으면 무슨 소용이 있습니까. 그리되면 사회는 갈등에 빠지고 평화는 멀어집니다. 인간의 역사를 돌이켜 보면 끊임없이 발전을 해 나가다가도 어떤 단계에서는 반드시 '르네상스' 곧 인간성 회복을 위한 반성과 반전(反轉)이 나타납니다."

돌이켜 볼 때, 1980년대를 전후하여 국제분쟁은 예측할 수 없는 위험수위에 도달했다. 핵무기 개발은 절정을 이루어 핵전쟁을 수반하는 제3차 세계대전의 위기감이 감돌았다.

그는 1981년에 코스타리카의 산호세에서 개최된 세계대학총장회 개막 기조연설을 통해 미·소 양 대국이 보유하고 있는 핵무기의 수효를 통계학적으로 분석 제시했다. 그 가공할 만한 위력, 즉 전 인류를 예순 번 살상하고도 남을 정도라는 사실을 구체적인 숫자로 제시하면서 우리가 위기를 막지 못한다면 승자도 패자도 없는 인류의 파멸과 동시에 이 지구가 파괴될 것이라고 절규했다. 그것이 바로 '세계 평화의 날', '세계 평화의 달', '평화의 해'가 제정되는 기초가 되었던 것이다.

이에 자극받은 미·소 강대국 정상들은 그 후 레이캬백 정상회담을 위시하여 몰타 회담, 모스크바 회담 등을 통해 핵무기 확산금지 조약을 체결하고, 해외 주둔군 감축 등을 발표함으로써 일련의 실제적 평화 무드를 조성해갔다.

또, 유럽에서는 이미 EC, 즉 구주공동체를 들고 나와 1992년에는 유럽이 하나의 연합국가, 즉 '대 협동사회'의 구성을 눈앞에 두고 있었고 동남아에서도 아세안이란 연합체의 움직임이 일어나고 있었다.

또, 소련이 페레스트로이카를 선언해 급진적인 대변혁을 단행하자 일순간에 동구권 국가들이 몰락하는 사태로 이어졌다. 그는 이렇게 국제질서가 혼란되는 현상을 가리켜 '제3 민주혁명'이라고 명명했다. 이제 '새로운 국제질서'를 잡아가야 하는데 그의 궁극적인 목표가 '인류의 대 협동사회의 구성'이라고 천명했던 것이다.

눈을 들어 하늘을 보라, 땅을 보라

그는 이미 1979년에 쓴 저서 《오토피아》의 말미에서 인류의 '소망스러운 미래사회'인 'GCS(Great Cooperation Society)', 즉 인류의 '대 협동사회'를 제시했었다.

이렇듯, 세계 평화를 위해 기여한 그의 공적을 누가 감히 부정할 수 있으며 그에게 선각자적 식견과 판단력이 없었던들 어떻게 세계대학총장회를 구성할 수 있었겠는가. 투철한 이념적 철리를 지닌 교육가가 아니었던들 어떻게 세계대학총장회를 통해 세계 고등교육의 방향을 영도할 수 있었겠는가. 또, 초강대국 수뇌들에게 전쟁이 억제되어야 한다는 교훈과 걱정을 촉구시킬 수 있었겠는가.

그는 진정한 세계 평화뿐만 아니라, 인간이 가야 할 당위적 요청 사회 영구평화의 지상낙원의 실현, 즉 오토피아의 이론과 사상을 정립했고 평화에 관해 심오한 연구를 해 왔으며, 또 탁월한 추리력을

'유엔 세계 평화의 해'를 기념하여 유엔광장에서 연설하는 제안자 조영식 박사.

지니고 있는 성직자적 '평화의 사도(使徒)'임에 틀림없다.

그는 2003년 9월 필리핀 마닐라에서 개최된 '유엔 세계 평화의 날' 22주년 기념 '국제 평화 학술회의'에서 행한 '인류 역사의 종말이 오기 전에 네오 르네상스 횃불 들고 새천년 열자'라는 주제의 연설 중에 '눈을 들어 하늘을 보라, 땅을 보라'라는 시를 읊었다.

그는 먼저 우주 창조와 인류 역사를 개관한 다음 한계점에 도달한 현대문명에 대해 비판하고 미래에 대해 전망하면서 역사문명의 틀이 바뀌어야 함을 강조했다. 즉 당위적 요청 사회인 오토피아를 바라보며 지구공동사회를 이룩할 것을 역설했다.

또, 물질과 과학 중심이 아닌 인간중심의 사회 건설, 문화사관에 입각한 문화 규범의 정립, 모든 사람의 자유·평등·공존·공영이 보장되는 보편적 민주주의의 채택, 팍스 유엔을 통한 세계 평화와 지구공동사회 실현 등을 그 핵심적 결론으로 제시한 이 연설의 골자를 한 편의 시로 읊어, 당시 대회 참석자들로부터 큰 공감을 얻었다.

아! 시작이 없고 끝이 없는 덧없는 이 세상
이 세상에는 까닭 없는 것이 없다
이 세상에는 홀로 있는 것도 없다
이 세상 모든 사물에는 특성과 속성이 있다
이 세상 만물은 서로가 생성변화(生成變化) 일으킨다

아! 우주섭리(宇宙攝理)에 의해 이루어지는 대자연을 보라
삼라만상 속에 일어나는 변화무상함을 보라
변화 속의 불변화 불변 속의 또 새 변화
어디에 단 한 치 한 찰나의 어긋남이 있는가
주리생성(主理生成)원리ー 전승화(全乘和) 깨달아 참되게 살자

아! 우주는 살아 있는 유기적(有機的) 통일체(統一體)
우주관을 모르고 세상을 논하지 마라
세계관을 모르고 국가관 인생관을 말하지 마라

이 세상 우주원리에 따라 서로가 연동(連動)된다.

눈을 들어 하늘을 보라 땅을 보라

잘못된 인류사회 역사문명의 틀을 바꾸자

오! 인류여, 네오 르네상스(Neo-Renaissance) 횃불 들고 새천년 열자

인류사회 재건하여 문화세계 창조하자

아름답고 풍요하고 보람 있는 사회

인간적인 인간사회, 보편적인 민주사회

오토피아의 이상사회 바라보면서

지구촌 인류가족의 공동사회 이루자

조 박사의 시(詩)의 세계는 읽을 때마다 감미로운 우주관(宇宙觀)과 노래와 같은 가락이 있음을 느낄 수 있다. 시에는 자신이 살고 있는 사회와 시대의 모습이 반영되기도 한다. 그러나 시는 현실의 모습을 그대로 드러내기보다는 압축된 형식과 함축된 시어(詩語)를 통해 의미를 전달하므로 이렇게 전달하는 현실 사회를 이해하는 것이 필요하다.

그러므로 그의 삶에 깊은 영향을 주었던 우주관은 무엇이며, 그것들이 어떤 것으로 우리에게 각인되었는지를 살펴볼 필요가 있다.

8

세계 도처에서
피어난 무궁화

국제사회에 남긴 깊은 발자취

"타인에게 선을 행하고 해를 끼치지 마라. 그러면 각자 자신에게
선이 돌아오리라."

그는 사랑을 주의로 하고 질서를 기초로 하여 자신을 희생함으로
써 타인의 행복과 복리의 증가를 행위의 목적으로 생각하는 위대한
애타주의자(라틴어 alter는 '타자'를 의미한다)다.

그의 애타주의는 매우 창조적이며 현명하고 순수하다. 그는 진정
한 애타심을 소유한 창조적인 거인이다. 그러나 진정한 애타심은 말
이나 이데올로기로 표현되는 것이 아니라 명백한 언행일치로 나타

나는 것이다.

그래서 이기주의 또는 자기중심주의와 대조되는 말로서, 타인의 이익에 비이기적으로 관심을 가지는 것이다. 따라서 신학적 의미를 지닌 기독교인의 자비와 대조된다.

참된 애타주의는 순수한 동기에서 출발한다. 애타적 행동은 쾌락이나 실익과는 거리가 멀다. 실제로 진정한 애타적 행동은 어떤 고통이나 불이익이 초래될 때에도 계속된다. 진정한 애타심은 평화다. 정의는 평화의 모체이며, 사람들에게 그들의 정당한 몫을 나누어 주는 것이다.

특히 개인과 민족과 국가와 모든 인류에게 유익한 국제적 운동 중 하나이며 용서와 박애 그리고 보편적 화합의 원칙을 보여주는 '밝은 사회 운동'의 전개는 그의 애타주의를 보여주는 가장 훌륭한 예라고 할 수 있다. 이 운동의 목적은 자신보다는 타인을 이롭게 하는 것이고 타인과의 사회적 관계에서 적절한 행동을 하는 것이다.

그리고 타인을 도울 수 있는 나 자신을 만드는 것이고, 사람들의 복지에 대해 책임감을 갖는 것이다. 망설임 없이 정의를 추구하는 것이고, 또 보다 살기 좋고 밝은 사회를 만들기 위한 다양한 활동들을 실천하는 것이기 때문이다.

먼저 그가 애타주의를 실천하는 모습은 가난한 농어촌 사람들을 위해 1965년부터 시작한 경희대 학생들의 농어촌 계몽운동, 즉 문맹퇴치 사업, 조림녹화 사업, 국민계몽 사업을 한국 최초로 전국적으로 전개한 데에서 찾아볼 수 있다. 그 후 우리나라의 거의 모든 대학들이 이 운동에 동참하여 오늘에 이르기까지 '농활'이라는 이름으로 지속되고 있다.

뿐만 아니다. 경희의료원의 무료진료활동 그리고 1971년부터 아직까지도 지속되고 있는 일본 히로시마와 나가사키의 원폭 피해자에 대한 무료진료활동, 또 국내외의 계몽활동에서도 볼 수 있다. 특히 해외 무료의료봉사단을 파견하여 인도주의 정신을 고양시킨 그의 공헌을 인정하여 대한적십자사는 '박애상' 금장을 경희의료원에게 주었다.

다양한 형태의 구호활동 외에도 그는 여러 운동을 국내외에서 선도적으로 전개해 왔다. 주로 소외된 사람들을 위한 것이었다. 아울러 1천만 이산가족의 재회와 한반도의 통일을 위한 것이었고, 도덕과 인간성 회복을 위한 것이었다.

그리고 '팍스 유엔(Pax UN)' 이론을 창안하고 다른 평화 관련 운동을 전개함으로써 유엔의 지지도 받았다. 그리하여 인류 복지와 평화 운동에 대한 그의 공헌과 업적 그리고 사회봉사는 유수한 국제기구는 물론 정부들로부터도 인정받았다.

1997년 6월에 '세계 평화를 위한 교육자협의회'는 모든 인류의 복지와 평화를 위한 그의 헌신적이고 지속적인 봉사활동을 인정하여 그에게 세계 평화학술 '학위', 세계 평화 '대사', 특별 '고문' 인증서를 수여했다.

동년 인도 뭄바이에 있는 잠날랄 바자즈(Jamnalal Bajaj) 재단은 비폭력과 평화를 위한 교육에 그가 기여한 바를 인정하여 비폭력과 평화라는 간디의 사상과 철학을 고양시킨 사람에게 주는 '잠날랄 바자즈(Jamnalal Bajaj) 상'을 그에게 수여하기도 했다. 그는 그 상을 받을 자격이 충분했다. 그는 그 상의 상금인 20만 루피를 '인도 밝은사회 국가본부'의 활동기금으로 기부했다.

그뿐만 아니라 그는 국가 발전에 대한 공을 인정받아 우리나라 정부로부터 국가 최고 훈장인 '국민훈장 모란장'(1975)과 '동백장'(1987)도 받았다. '세계 평화를 위한 교육자협의회'는 또다시 그에게 '세계 평화를 위한 세계적 인물'(1999)이라는 영예를 주기도 했다.

또한 그는 경희의료원을 설립, 해마다 수많은 불우한 이웃들에게 무료 진료를 실시하여 그들에게 희망과 꿈을 심어주고 있다. 특히 아무도 돌보지 않았던 재일교포 원폭피해자를 20년 전부터 무료 진료하며 그들을 도와주고 있다. 1978년, 필리핀에 대홍수가 났을 때에는 대량의 구호품을 지원했고 1991년에 일어난 필리핀 피나르보 화산 폭발 시 2만 달러 상당의 구호의약품을 또다시 보내기도 했다.

대규모의 해외 무료 진료반을 조직하여 태국, 인도네시아에 각각 두 차례 파견했으며, 1992년 1월에는 세계에서 가장 기아민이 많고 질병이 만연된 아프리카의 수단에 의료진을 파견한 일도 있다. 그는 의료봉사를 통해 국적을 초월하여 온 세계에 온정을 펼쳤다.

'세계 평화의 해'(1986)를 맞아 경희대 음대와 독일의 쾰른 음대가 협력하여 서울에서 음악회를 개최, 약 4만 5천 달러의 평화기금을 유엔에 모금해 주기도 했다.

또, 현대 도예전을 미국의 롱 아일랜드대 예술대와 공동으로 개최, 미화 1만 5천 달러와 한화 5백만 원을 유니세프에 기부하기도 했다. '세계 평화의 날' 10주년에 아프리카 기아 아동 및 체르노빌 원전 피해 아동 구호금 모금을 위한 대 음악회를 연 2회 공연하여 5천5백21만 원을 유엔에 기부하기도 했다.

그뿐만 아니다. 미국 LA에서 갑작스레 일어난 한인과 흑인 간의 분규였던 'LA 흑인 폭동'(1990) 당시 마침 1천만 이산가족 재회추진 대표단을 이끌고 미국의 관련 인권단체를 친선 방문 중이던 그는 미국 뉴욕에서 뉴욕한인회 회장과 '주 뉴욕 대한민국 영사관'의 총영사로부터 분규의 심각성을 듣고 현지와 협의하여 한·흑 간 분규 화해를 위해 조력했다.

그후 소수민족 대표단 30여 명과 화해 차원에서 흑인으로 구성된 '우정의 사절단'을 서울로 초청하여 화해 무드를 조성하기도 했다.

또, '뉴욕한인협회'가 추천하는 흑인 대학생을 매년 20명씩, 5년간 1백 명에게 경희대에서 전액 장학금을 지급키로 약속했다. 이는 한·흑인 간의 화해를 위한 것이었다.

또, 그 당시 뉴욕시장을 방문하여 한·흑인 분규의 원만한 해결을 위해 협력해줄 것을 요청하여 쾌락을 받았다. 그리고 서울특별시와 뉴욕시의 자매결연을 주선하여 결국 성사시켰다.

또, 1천만에 달하는 남북한 이산가족 재회추진위원회를 결성하여 유엔난민위원회, 국제적십자위원회, 국제적십자연맹, 국제사면위원회, 세계인권연맹에 호소하는 등 국제적으로 맹활약했다. 결국 1985년에는 스웨덴에서 개최된 국제적십자연맹 총회 시(1985)에 드라마타(de la Mata) 총재로부터 남북한 이산가족 재회 촉구 결의와 지지를 얻어 내는 데에 성공하기도 했다.

그 후 분단된 지 40여 년 만에 처음으로 이산가족과 예술공연단 대표 151명의 남북한 상호방문이 이루어졌다. 실향민의 향수를 달래기 위해 '망향의 동산' 건립을 추진하여 경기도 임진 강변 오두산에 이르는 진입로를 만들 수 있도록 막후에서 역할을 담당하기도 했다. 또, 정부로 하여금 전망대를 세우게 한 것은 1992년 9월 8일의 일이었다.

그뿐만 아니었다. 1995년에는 '1천만 이산가족 재회 촉구를 위한 범세계 서명운동'을 전개하여 최다 국가, 최다 서명으로 세계 신기록을 세웠다. 무려 전 세계 153개국의 2천1백20만 명으로부터 서명을 받았다. 이는 북한의 총인구보다 약 10만 명이 많은 숫자였다. 그래서 세계기네스협회에서는 그의 공로를 인정 '인증서'를 수여하기도 했다. 그는 한반도의 분단이 한국 내부의 자체적 원인에 의한 것이 아니라 일본의 식민통치와 전승 연합국들의 일방적인 결정에 따라 야기된 것이라고 생각한다.

그래서 이 문제를 해결함에 있어서도 국제사회가 공동책임져야 한다고 생각하여 '남북 이산가족 재회 촉구 범세계 서명운동'을 발기하고 전 세계에 호소해 일궈낸 성과였다. 1천만 이산가족이 몽매에도 고향을 잊지 못하는 애타는 심정을 그가 직접 작사한 '꿈에 본 내 고향'은 모든 사람들의 심금을 울리기에 충분한 내용이다.

> "곧 돌아온다고 손짓을 하며
> 떠나서 나온 지 어제 같은데
> 세월은 벌써 흘러 이십육여 년
> 어느 때나 뵙게 되랴 부모처자들
> 간밤에 기러기 떼 날아들더니
> 소식 끊긴 고향 꿈에 베개 적셨네
> 언제나 만나랴 그리운 사람들
> 언제나 보게 되랴,
> 그리운 산천"

거슬러 올라가면 1984년 한반도 분단 이후 최초로 1천만 이산가족 재회추진위원회는 대한적십자사 그리고 한국방송공사(KBS)와 협력하여 거의 한 달 동안 매일 이산가족을 찾는 방송을 하여 1만여 남한 거주 이산가족이 극적인 대 상봉을 할 수 있었다.

이 만남을 배후에서 남몰래 숨어 성사시킨 장본인이 바로 조영식이었다는 사실은 아직까지도 세간에 알려지지 않고 있다. 그뿐만이 아니다.

1992년 9월에는 남북한 군사분계선 근처의 오두산 정상을 '통일 전망대' 부지로 물색하여 정부로 하여금 전망대를 건립케 하는 데 결정적인 역할을 하기도 했다. 또, 정부에 건의하여 월남한 이산가족들을 위한 망향의 동산에 '공동묘지'를 만들 수 있는 기틀도 마련했다.

방대한 업적을 성취한 그의 이름은 여러 나라에서 출판된 32종의 《세계 인명사전》과 《인명 연감》에 등재되어 있다. 그리고 그는 세계 각국의 여러 인명사전협회로부터 국제사회를 위해 뛰어난 지도력을 발휘하고 평화와 인도주의 및 학술문화교류에 기여한 공적을 인정받았다.

특히 영국 케임브리지에 있는 국제인명사전협회(International Biographical Center)에 의해 세계 평화와 평화교육 분야 20세기 '최고 공적 인물'로도 선정되었다. 이 상은 1세기에 한 번 수여하는 '인물상'인데 그가 받은 것이다.

그는 세계 평화 및 문화에 대한 공헌을 인정받았을 뿐 아니라, 고등교육 분야의 사회·경제적 협력 및 평화 학술문화교류 활동을 위해 모두 115여 차례의 해외여행을 통해 130여 개국을 방문했다. 또, 아직 그의 발걸음이 닿지 않는 곳에도 그의 평화사상은 전해져 있다.

심지어 1990년 이라크가 쿠웨이트를 침공함으로써 걸프전이 발발했을 때에 그는 부시 대통령과 유엔 사무총장에게 서신을 보내 걸프전 사태를 유엔의 주도하에 평화적으로 그리고 조속히 해결할 것을 강력히 요청하기도 했다.

특히 부시 대통령에게는 팍스 아메리카나(Pax Americana)가 아니라 '위대한 미국' 정책을 펼 것을 권유하여, 이후 미국이 외교정책에 있어 팍스 유엔 정책을 지지하도록 하는 데에 큰 역할을 하기도 했다.

뿐만 아니다. 김영삼 전 대통령과 김대중 전 대통령은 그에게 민주화, 남북한 이산가족의 재회 그리고 한반도의 평화통일에 관한 조언을 수차례 구하기도 했다.

그는 두 대통령에게 다가오는 동북아시아 시대에 위대한 지도자, 위대한 대통령이 될 것을 주문하기도 했다. 최근 이루어진 '한반도 정상회담(2000년 6월 13일)'은 이산가족의 재회와 한반도 통일을 위한 그동안의 그의 노력이 헛되지 않았음을 증명한 셈이다.

강한 미국이 아니라 위대한 미국이 돼라

1984년 대통령 선거에 나섰던 먼데일(Mondail) 미국 부통령이 그를 특별히 초청하여 각종 국제문제에 대한 자문을 구했다는 건 이미 널리 알려진 사실이다.

그는 먼데일 부통령에게도 '강한 미국'이 아니라 ' 위대한 미국'을 추구하라고 조언했다. 그러기 위해서는 팍스 유엔과 지구공동사회를 지향해야 한다는 필요성을 강조했다.

그는 미국 알래스카대 졸업식에서 발표했던 '다가오는 환태평양

시대에 있어서의 위대한 미국(1984)'이라는 연설문과 한 통의 서신을 레이건 미국 대통령에게 보낸 일도 있다.

이 서신에서 그는 미국이 '강한 미국' 정책을 버리고 '위대한 미국' 정책을 채택할 것을 주문했다. 그리고 그는 미국이 세계를 평화롭고 민주적이고 번영된 공동체로 만든 나라로 평가받기 위해서는 세계의 위대한 강대국이 되어야 한다고 덧붙였다.

그의 조언 이후 레이건 대통령의 외교정책은 상당히 달라졌다. 1985년에 냉전시대의 막이 내려졌으며, 세계 평화 구축의 가능한 방안을 모색하고 위기에 직면한 세계에 대한 의견을 나누기 위해 미·소 양 강대국 간에 제네바 정상회담이 성사되었다.

그것은 모든 인류의 행복, 건강, 복지 그리고 평화를 위한 것이었고 정신적으로나 사회적으로 증명된 활동으로 매우 현실적인 것이었다. '선의'와 관련하여 근대 계몽주의에 쟁점을 붙인 독일의 칸트(Cant, 1724~1804)는 "선의란 어떤 조건을 필요로 하지 않는 유일한 선이다."라고 말하지 않았던가.

그는 우리 모두가 지구가족의 일원이라는 인식을 가지고 선의와 정의의 삶, 사랑과 존경 그리고 감사와 봉사의 삶을 살자고 조언한다.

이렇듯, 그는 우리에게 불신과 적대를 뿌리 뽑고 세계시민 정신을 심는 건설적인 협력을 통해 오토피아의 실현이 가능하다는 확신을 주고 있다. 종(種)의 보존 그리고 개별 유기체의 보존을 위한 투쟁은 상호 원조 및 협력 그리고 또 다른 형태의 애타주의적 행동양식을 요구한다.

그는 가정에서부터 지구협동사회를 위한 운동을 시작하자고 강조한다. 가정에서의 화합 없이는 협동에 근간을 두는 건강한 사회가 존재할 수 없다고 믿기 때문이다. 더 나아가 가족 구성원들 간의 협동을 실천함으로써 우리 사회의 개선 및 진보에 공헌할 것을 요구한다.

그는 한마디로 격동, 혼란, 급변을 거듭해 온 우리 사회와 세계 속에서 일찍이 세상을 올바르게 내다보고 세운 신념과 주의주장을 조금도 변함없이 오늘날까지 일관되게 성공적으로 실천해 온 사람임이 분명하다.

《운명의 악몽》(1987)이란 수기에서 이미 그는 우리 민족이 일제의 억압 속에 있을 때에 독립을 위해 투쟁했고 조국이 분단의 비극을 맞았을 때에 민족주의와 자유민주주의를 신봉하고 독재를 배격했으며, 남하하여 대한민국의 민주주의 교육의 기틀을 확고히 하고 조국의 통일을 앞당기는 데에 전력을 다했다고 술회하고 있다.

그는 또 광복 이래 남한 사회가 혼란과 무질서에 빠졌을 때에 참다운 자유의 뜻을 정립하기 위해 《민주주의 자유론》(1948)을 저술했으며, 교육이 우리 사회를 민주화하고 한반도와 세계에 평화를 정착시키는 지름길이라는 것을 깨닫고 1951년 경희대를 설립, 민주시민 교육과 평화교육의 세계적 선구자가 되었다.

우리나라를 빈곤으로부터 해방하기 위해 《우리도 잘살 수 있다》(1963)라는 책을 집필했고, 잘살기 운동을 범국민운동으로 전개케 했다. 이는 정부가 성공적으로 추진한 새마을 운동의 초석이 되기도 했다.

1970년대에는 경제개발에 수반한 국민정신의 타락을 막기 위해 밝은사회 운동을 전국적으로 전개했다. 결국 이 운동은 선진국에까지 전파되어 '시민운동'으로까지 발전, 범세계적 운동으로 확산되기도 했다.

이러한 그의 빛나는 노력과 엄청난 업적은 고도의 통찰력, 불굴의 투지와 신념, 끊임없는 성찰과 사색, 끝없는 민족애와 인간애, 그리고 강인한 실천력에 기인한다. 인간으로서, 시민으로서, 지도자로서 그의 가치는 시간이 갈수록 더욱 세계 속에서 평가받고 있으며 그의 인격과 업적은 인류 공영의 든든한 밑거름이 되어 영원히 세계사에 기록될 것이다.

그는 1984년부터 오늘에 이르기까지 강력한 '노벨평화상' 후보로 매년 추천되고 있다. 교육자로서 숨어서 조용히 일해 온 그가, 더구나 국가 또는 정치단체의 강력한 후견과 일체의 로비 없이 매년 노벨상 후보 최종 결선까지 오른 것을 아는 사람은 그리 많지 않다.

그가 만약 노벨상 수상자가 된다면 이산가족의 재결합, 한반도의 평화와 통일, 세계의 영구평화 정착을 위해 얼마나 많은 일을 할 수 있을까.

코피아난(Kofianan) 전 유엔 사무총장은 "1989년에 유엔 평화군에 주어진 노벨평화상은 잘못 수상된 것으로 당연히 대한민국의 조영식 박사가 받았어야 했다."며 대단히 아쉬워했다고 한다. 평화를 위한 그의 잠재력이 국제사회에서 인정받고 있는 셈이다.

하지만 그의 절정에 달한 자기계발은 그에게 수많은 영예와 수상을 안겨 주었다. 그는 최근까지 국내외의 각 기관과 단체 그리고 재단들로부터 교육과 평화와 인권에 대한 공헌과 업적을 인정받았다.

유엔 평화공로 특별상(1996), 함마르셸드 상 문화대상(1983), 아인슈타인 국제재단 평화훈장(1990), 비폭력을 위한 마하트마 간디 상(1998) 등을 포함하여 총 85여 개의 상과 영예를 수여받았다. 세계 각국의 주요한 도시들로부터 명예 시민권, 행운의 열쇠 등도 기억할 수 없을 정도로 많이 받았다.

이제 그는 머릿결 위로 80여 성상이 쌓여 백발이 다 되었다. 참으로 긴 인생의 여정이었다. 하지만 교육자로 사상가로 나아가 민간 외교관으로까지 분주하게 살아온 그에게 그 세월은 결코 긴 것만은 아니었다.

누구보다 빈틈없이 살아온 그의 인생은 그의 백발만큼이나 눈부시게 아름답다. 그의 넓은 사상의 바다, 그 아름다움에 경탄하게 된다. 그의 국제적인 학술활동이 민간외교로서도 중요한 일임을 느낀다. 인자한 듯, 고요한 듯, 세상의 짐스러운 일에는 초연한 듯한 그의 얼굴 그것만으로도 평화가 아닐까.

9

평화를 풀무질하는
사상가

지칠 줄 모르는 평화의 실천주의자

조영식 박사는 평화 실천주의자다. 조국이 6·25 전쟁으로 인해 엄청난 대가를 치르는 것을 보며 전쟁이 모든 인류의 복지에 끼치는 위협을 통감한 그는 굽힐 줄 모르는 힘과 탁월한 조직력으로 평화를 위해 세계적 차원의 지원을 동원하는 데에 모든 정력을 바쳤다.

그의 이력은 경희대가 한 사람의 영도력하에 상대적으로 짧은 세월 동안 어떻게 세계적인 명문대로 발전하게 되었는지를 심오히 보여준다.

특히 경희대 평화복지대학원은 세계 도처의 학자들의 관심을 모으고 있다. 평화복지대학원은 우리나라 내 학자와 학생들에게 평화를 위해 필요한 것들을 연구할 수 있는 독특한 기회를 제공하도록 설립된 특수 대학원이다. 많은 청년들에게 현 세계의 욕구를 충족시키는 데 필요한 교육적 기회를 제공한 그의 헌신과 사랑과 놀라운 능력이 갈채를 받고 있다.

실천주의자인 그에게 평화는 단순히 추상적 개념이 아니다. 이는 이산가족을 재회시키기 위한 그의 지칠 줄 모르는 노력에서 더욱 명백하게 나타난다.

그는 이루어놓은 것에 대해 조용하고 겸손한 사람이다. 이산가족 재회를 위해 서울에 모인 수천 명의 군중집회에서 연설하는 것을 보았을 때 그의 인품과 인격의 힘은 대단했다. 작은 체구이지만 그의 인간애와 메시지의 긴박성은 모든 청중의 넋을 빼앗았다. 그의 인생은 비극과 전쟁뿐인 한국의 역사에 재생과 재건의 시간을 부여하는 것으로 점철되었다.

그는 이러한 한국 역사의 한 단편이자 서사시다. 청년들에게 최고 양질의 교육을 제공해 왔으며, 그들이 독립을 소중히 여길 수 있도록 민족의식 고취에 이바지해 왔다.

그가 오랫동안 끈질기게 추진해 온 평화에 대한 지원 업적들이 세인들에게 회자되는 지금 한국이 유엔의 정식 회원국이 된 것은 너무나 온당한 일이다. 한국은 하나의 국가가 아닌 두 개의 국가로서 유엔에 가입했다. 평생을 통해 이루어 온 화합과 자유의 정신은 분명히 오랫동안 추구되어 온 가족들의 화합뿐만 아니라 한국 민족의 화합까지 이루어냈다.

그는 문명을 발전시키기 위해 공헌하고 봉사와 헌신의 정신으로 문명을 후손들에게 전하는 것이 이 세상에 태어난 우리 모두의 책임이라고 강조하고 있다.

사실상 봉사란 인류애와 연관되는 것이고 사랑이라는 동기를 영광되게 하는 것이며 인간의 고통에 귀를 기울이는 것이다. 부처, 예수, 성인 프란시스, 간디는 인류애의 위대한 충복들이었고 그 인류애를 사랑했고 고통을 감내했다. 무한한 사랑이란 무한한 고통을 의미한다. 예수는 인류를 사랑하여 고통의 면류관을 썼지 않았던가.

봉사는 자신의 희생을 통해 타인을 돕는 행위를 의미한다. 희생이란 시간, 생각, 금전 그리고 삶 그 자체일 수도 있다. 외로운 사람들을 찾아보고, 도움이 필요한 사람들에게 위안을 주고 타인의 걱정을 인내심을 가지고 들어주고 자신에게 이득이 되지 않는 일을 자진해서 하는 것이 봉사다.

국가가 더 이상 병원을 짓지 않았을 때에 성인 바질(Basil)과 그의 제자들은 개인적 봉사라는 마술을 통해 병원들을 건립했다. 정부가 전쟁, 술 그리고 여자들을 탐닉했을 때에 이탈리아 수도사이자 성인인 베네딕트(Benedict, 480~543)와 그의 추종자들은 전 유럽에 걸쳐 고통받는 사람들을 위해 학교와 구호소를 건립했다.

바로 이 봉사의 정신으로 대학과 병원을 설립하고 세계 각국에서 온 유학생 전원에게 전액 장학금을 주는 평화복지대학원도 만들었다.

이 외에도 1978년 6월 서울에서 국제 밝은사회 클럽을 결성했다. 이 단체의 국제본부 총재로서 그는 세계 20개국에 밝은사회 운동을 전파시켰다.

현재 5백여 개의 지역 및 국가에 본부를 두고 인류의 더 나은 삶과 평화를 위해 봉사하고 있다. 지구협동사회(GCS) 정신하에 건전사회 운동, 잘살기 운동, 환경보호 운동, 인간성 회복 운동, 세계 평화 운동 등 다섯 가지의 위대한 운동들을 한평생 주도하고 있다.

그는 비민주적이기에 건전하지 못한 사회들 그리고 극소수가 민주적이거나 부분적으로 민주적인 사회들은 그들의 국민들에게 기본적인 필요를 충족시켜주지 못한다고 생각한다. 모든 사람들의 필요를 충족시키는 것은 이상적인 사회를 이루기 위한 필수적이고 기본적인 목표다. 이것이 지켜지지 않을 때에 그 사회는 비정상적인 사회가 되는 것이다.

이에 관해 인간의 심리와 사회의 상호작용을 깊이 탐구했던 에리히 프롬(Erich Fromm, 1900~1980)은 《건전한 사회(The Sane Society)》(1955)에서 다음과 같이 말했다.

"만약 인간이 자유, 자발성, 자아에 대한 고유의 표현을 잃는다면, 그는 심각한 결함을 가진 것으로 간주되어야 한다. 왜냐하면 우리는 자유와 자발성을 모든 인간이 획득해야 하는 객관적 목표라고 생각하기 때문이다.

해당 사회의 대다수가 그러한 목표를 획득하지 못한다면 우리는 사회적으로 형성된 어떤 결함의 현상들을 다루게 될 것이다."

그래서 그는 건전사회 운동을 주창했다.

인간을 사회적·문화적 동물로 간주하는 그는 우리에게 사랑과 인류애로 가득 찬 건전하고 인간적인 사회, 다시 말해 문화적 가치의 고양과 인간적 정서의 배양을 통한, 따뜻한 온정과 신뢰로 가득 찬, 건전하고 인간적인 사회를 건설하는 데에 지도적인 역할을 담당하자고 조언한다.

그는 우리에게 건전한 인간생활에 근거를 둔 인간적 가치와 행복을 추구하자고 제안하면서 건전한 사회를 건설하기 위한 다음의 원칙들을 제안한다.

▶ 선의의 정신으로 밝은 사회를 이룩하자.

▶ 매일 한 가지의 선행을 하자, 명상을 통해 매일 반성하자.

▶ 물질주의에 의해 억압받는 인권을 되살리자.

▶ 정의로움 속에서 창조적인 삶을 영위하자.

▶ 세속적인 삶을 초월하고 자연으로 돌아가 순수하고 자연적인 삶을 영위하자.

▶ 부패와 잘못된 관행을 타파하여 건전한 사회를 이루자.

▶ 정직하고 성실하고 부지런한 사람이 되자.

▶ 우리 사회에서 이기심을 몰아내고 인류애를 증진시키자.

▶ 타인에게 감사하고 이웃에게 친절하자.

▸ 불평하기보다는 건설적인 창조자가 되자.

▸ 부모를 공경하고 가족을 사랑하고, 국가를 사랑하고 조국에 충성하자.

평화의 시를 쓰는 신념과 끈기

고대의 베다(Veda, 672~735)는 그의 저서에서 이렇게 기도했다.

"하나나 둘 또는 셋이 되어서는 안 된다. 우리 모두 함께 일어나야 한다. 누구도 뒷전에 홀로 남아 있어서는 안 된다."

"모든 사람을 행복하게 하고 모든 사람을 질병으로부터 자유롭게 해주소서! 모든 사람이 복지를 누리게 하고 어떠한 사람도 슬픔 속에 남겨두지 마소서! 오! 평화! 평화! 그리고 또 평화!"

그는 억압받고 피해받는 사람들의 보다 나은 삶을 위한 생활개선운동을 시작했다. 국가, 인종 그리고 종교와 무관하게 모든 사람들의 삶은 중요하다. 모든 인류가 제대로 교육받고 먹고 보살펴지지 않는 한 어떠한 정치적 중요성도 의미가 없다. 세계 도처의 모든 인류에게 기본적인 삶의 조건이 갖추어지기 전에는 어떤 사람도 평화롭게 안주할 수 없다.

그는 세 가지 원칙을 준수하라고 제안한다. 그것은 우리의 삶의 조건을 향상시키기 위한 삼정행(三正行), 즉 바로 알고 바로 판단하고 바로 행동하는 것이다. 그는 우리 모두가 행복을 성취하기 위해 창조적인 생각을 하는 사람이 되어야 한다고 강조한다. 삶의 개선을 위해 다음의 원칙들을 제안한다.

> ▸ 창조와 인내로서 가난을 몰아내자.
> ▸ 서로 돕는 정신으로 자립적 삶을 육성하자.
> ▸ 근면과 저축으로 번영된 삶을 영위하자.
> ▸ 용기와 희망을 가지고 어려운 일에 도전하자.
> ▸ 국토 개발과 발전을 극대화하여 조국을 부강하게 만들기 위해 노력하자.
> ▸ 여가시간에 부업을 하여 소득을 증대하자.
> ▸ 가족생활의 계획을 실천하여 가정에서 가난을 몰아내자.

모든 인류에게 평화를 보장하는, 정신적으로 아름답고 물질적으로 풍요하고 인간적으로 보람 있는 사회를 건설하고자 하는 조 박사의 모든 사상은 평화와 관련된 시(詩)에 잘 표출되어 있다.

경희학원 산하에 있는 교육 기관들의 교가를 포함, 32편의 노래 내용만 살펴보더라도 그의 예술적 감각 또한 오직 평화, 평화만을 향해 있다는 것을 알 수 있다. 밝은사회 노래, 세계대학총장회 회가, 하나가 돼라, 새천년을 열자, 경희여 영원하라, 평화의 노래 등을 포함 그의 시들은 자연의 아름다움, 평화, 새로운 문화세계 창조 등 주제도 다양하다.

우리는 시가 수필이나 산문, 물리적인 힘보다 강한 것이며, 시인의 마음으로부터 나오는 것이기에 사람들의 마음에 위대한 인상을 남긴다는 것을 알고 있다.

시의 원천에 관해 예이츠(Yeats)와 워즈워드(Wordsworth)는 "우리는 타인과의 투쟁으로부터 수사학을 만들어내지만 우리들 스스로와의 투쟁으로부터는 시를 만들어낸다.", "시는 평온함 속에서 얻어진 강한 감정과 정서의 흘러넘쳐 내림이다."라고 말했다.

그래서 그의 대표작이라고 할 수 있는 《고난이여 역경이여 올테면 오라》(1956), 《꿈에 본 내 고향》(1970), 《하늘의 명상》(1983), 《평화의 새 아침》(1985), 《눈을 들어 하늘을 보라, 땅을 보라》(1991), 《조국이여 겨레여 인류여》(2000) 등의 작품 속에서 우리는 '네오 르네상스를 통한 지구공동사회' 건설을 위한 그의 이념과 철학이 함축되어 있음을 발견하게 된다.

이처럼 그는 보이지 않는 세계를 표출해주는 성직자이자 성스러운 창조자이며 평화의 시인이다. 그는 그가 속한 사회, 즉 지구협동사회의 모든 열망을 다양한 방법으로 표현하고 또 영감을 부여하는 예지자다.

그의 모든 시들은 사상, 주제, 문학 그리고 언어의 측면에서 높은 수준에 있다. 그러므로 천재적 시인들 중 한 사람으로 평가될 수 있다. 그의 시들은 흘러넘치는 황홀함, 편안함 속에 전해지는 본능, 매혹적인 빛남과 영광스러운 운율을 보여준다.

인도의 시인 칼리다스(Kalidas)는 인도의 정신을, 영국의 극작가 셰익스피어는 영국의 정신을, 미국의 사상가이자 시인인 에머슨은 미국의 정신을 보여준다. 그러나 그는 한국의 정신뿐만 아니라 세계 지구협동사회의 정신을 보여준다.

누구나 사람의 참모습을 알기 위해서는 여행을 함께 해보면 된다는 말이 있다. 아침부터 밤늦게까지 부지런하게 움직이면서 세심한 내용까지 손수 챙기는 그의 모습을 보면 한 치의 오차도 내지 않겠다는 신조가 몸에 밴 것을 알 수 있다. 수많은 국내외 회의가 대과 없이 진행될 수 있도록 진두지휘하는 능력과 완벽한 진행이 눈에 보이지 않는 그의 지도력과 근면한 노력 때문이라는 것을 뒤늦게 발견하게 된다.

그는 한마디로 말해서 신념과 끈기의 인물이다. 온화한 풍모와 인품을 지녔으면서도 근엄하고 강직한 성격을 가진 외유내강의 인물이다. 해박한 지식과 풍부한 경험을 토대로 대인관계가 부드럽고 원만하다.

더욱이 많은 저명 외국인들과의 교류로 국제적 에티켓이 몸에 밴 한국의 대표적 지성인이며 신사임을 부인할 사람은 없다. 끈기와 신념의 인물이기에 그는 외롭고 지루하고 험난할 뿐 아니라 남들이 별로 크게 알아주지도 않는 세계 평화의 길을 묵묵히 그리고 꾸준히 걷고 있는지 모른다.

10
평화는
개선보다 귀하다

평화 운동 위해 발 벗고 나서

"평화는 개선보다 귀하다. 정복으론 평화를 세울 수 없다." 이것은
세계적 명구요 잠언이다. 조 박사는 이 한마디로 평화에 대한 정의
를 내리고 있다.

20세기 후반부터 '평화학'이라는 독특한 학문 분야가 그의 손에
의해 새로 정립되고 세계에서 유일무이한 평화복지대학원이 경기도
광릉에 세워져 세계에서 모여든 젊은 학도들을 평화 지향적 국제지
도자로 길러내고 있다.

이 모든 것이 평화에의 끊임없는 연구와 평화 정착에의 그의 열망
이 빚어낸 것이다. 이를 위해 많은 책을 저술했는데 《평화의 연구,

평화의 제안》 등이 대표작이다.

다루고 있는 내용은 전쟁 없는 인류사회와 지구촌의 평화, 평화의 대 구상, 지구촌의 명제 등이다. 평화 사상, 평화 연구, 평화 활동이라는 세 가지 평화 영역 모두에 공헌한 그는 평생 인류복지를 위해 일해 왔다. 그는 스스로를 인류 모두와 동일시하여 인류에게 봉사하려는 내적 소망과 사명을 다하기 위해 일해 왔다.

저서 《세계평화백서》(1986)에서 평화애호는 물론, 평화수호 사상의 고취뿐만 아니라 전쟁의 인도화를 역설하며 제2의 적십자 운동을 제기한다. 결국 유엔으로 하여금 세계 평화의 날, 해를 제정 공포케 했고 그로부터 정확하게 10년 만에 우리나라의 유엔 가입 결정을 끌어내게 된 것도, 그가 숨어서 홀로 뚫어 온 평화에의 길고 외로운 행로와 어두운 터널이 있었기에 가능했다.

이러한 저술에 흐르고 있는 기조는 《문화세계의 창조》(1951)에 있는데 그 내용도 관념적인 것이 아니라 우리의 생활을 보다 낫게 하기 위한 가시적인 것들을 구체적으로 보여주는 방식으로 전개된다.

1981년 《평화는 개선보다 귀하다》라는 저서를 낸 뒤로 그는 세계 평화운동에 박차를 가하게 된다. 이 책에서는 전쟁에서 이겨 얻은 것보다 전쟁을 하지 않으면 얻는 것이 더 많다는 지론을 펴고 있다.

이 책을 집필하기에 앞서 세계전략문제연구소, 평화연구소 등을 직접 찾아보고 회의에 참가하고 브리핑을 듣는 한편 자료와 경험을 바탕으로 내용을 실증적으로 고증했다. 당시의 상황은 1980년 중반

에는 제3차 세계대전인 핵전쟁이 일어날 것이라는 관측이 전 세계
적으로 팽배해 있었다. 당시 정치가, 군인들이 입을 모아 핵전쟁이
일어날 것이라는 예언을 했었다.

일본에서는 《세계 핵 대전이 발발하다》라는 책과 함께 1984년 '핵
대전 발발함'이라는 영화까지 나왔다. 구미 각국에서는 '세계 제3차
핵 대전, 핵 대전 다음 날, 핵겨울'이라는 영화가 연속적으로 제작되
어 상영되었는데 이는 핵전쟁이 곧 일어날 것을 예상해서 만든 것이
었다.

1945년 8월 6일 일본의 히로시마에 2만 톤급의 원자탄이 떨어졌
을 때 36만의 사상자와 이재민이 발생했다. 1980년대 당시 상황으
로는 다음 핵전쟁이 일어날 곳을 짚어볼 때 그곳은 유럽이나 중동
지역이 아니라 동북아시아가 될 것이고 가장 위험한 곳이 한국이라
고 보았다. 한국에는 미국, 소련, 중국, 일본의 4강의 힘이 집결되어
있을뿐더러 미·소 양 체제의 최전방이 바로 한국이었기 때문이다.

이러한 위기를 극복하는 길은 세계전쟁을 방지하는 길이라 판단
한 그는 《평화는 개선보다 귀하다》(1981)란 책을 내고 세계 평화가 곧
우리나라를 멸망으로부터 구하는 길이라고 생각하여 평화 운동에
발 벗고 나서게 된다.

그리하여 그는 '세계 평화의 날'을 매년 9월 셋째 화요일(유엔 총회
개회일)로, 그리고 1986년을 '세계 평화의 해'로 선포케 하는 산파역
을 하게 된 것이다.

이 선포는 1986년 1월 첫날 아침 미국의 레이건과 소련의 고르바초프가 '올해는 유엔에서 제정한 세계 평화의 해이니 두 나라의 국민이 힘을 합해서 진정한 평화를 위해서 노력하자' 는 내용의 메시지를 상대방 국민에게 상호 전달하게 하는 효과를 가져왔다.

그해 아이슬란드의 수도인 레이캬비크에서 열린 '미·소 정상회담'에서 핵무기를 모두 폐기하자는 데에 원칙적인 합의를 보게 된다. 다음 해 제네바 워싱턴 군축회담에서는 중거리 핵미사일을 모두 폐기하자는 데에 합의하게 되었다.

또, 소련은 아프가니스탄에서 철군했고 미·소가 배후에서 협력하여 7년간 혈투해 온 이란, 이라크 전쟁을 종식시켰다. 또, 캄보디아와 아프리카에서, 사하라 그리고 앙카라 나미비아에서 쿠바군과 남아연방군을 철수하게 하여 지역분쟁을 거의 종식시키게 되었다.

뿐만 아니라 장거리 핵미사일을 폐기하는 데에 합의하고 통상무기의 감축과 병력 감축에도 합의, 더 나아가 소련이 일방적으로 50만을 감군하고 미군도 나토에서 22만 5천 명을 철수시키게 한다. 또, 앞으로 화학무기를 모두 폐기하기로 하는 데에 합의하게 하고 동서의 냉전시대를 걷어내고 제2의 데탕트 시대를 열게끔 한다.

이러한 동서의 냉전시대의 종식은 세계 전쟁의 위협을 사라지게 했고 아울러 이 평화의 바람은 자유의 바람으로, 민주의 바람으로 바뀌어 공산권의 붕괴를 가져왔다. 동독의 그 높고 높은 장벽을 하루아침에 무너뜨리고 동구권에 자유의 바람이 세차게 일어나게 했다. 이는 동서독의 장벽이 하루아침에 무너져 통일을 가져오는 결과를 빚었다.

이런 평화의 바람은 유엔의 평화의 해 선포가 계기가 되었다. 이 때문에 동서의 긴장이 풀리고 평화의 깃발이 나부끼게 되었다.

그는 어떠한 형태의 테러에도 반대한다. 1984년 그는 서유럽에서 정치적 보복을 위해 국가 주도의 테러를 자행했던 리비아를 주시했다. 많은 테러 피해 국가들이 어찌할 바를 모르고 있을 때에 그는 국제적 갈등의 원인이 되는 테러를 뿌리 뽑을 것을 제안했다. 그는 개별 국가 차원이 아닌 유엔 통제하의 주요 선진국들이 집단적으로 제재를 가하라고 조언하기도 했다.

조 박사는 테러 방지를 위해 이론적으로 제안만 한 것이 아니었다. 방콕에서 개최된 세계대학총장회 제7차 총회와 서울에서 개최된 제3차 세계 평화의 날 기념식에서 '반테러를 위한 결의문'을 제안하여 만장일치로 채택케 한 뒤 그 결의문을 유엔, 각국 정부, 언론 등에 보내 집단적 제재에 동참할 것을 호소했다.

그 결과 리비아의 테러행위는 현저하게 감소했으며 최근까지도 다시 테러를 자행하지 않고 있다. 이에 대한 평가 또한 그에게 돌려져야 할 것이다.

모든 인류의 평화에 대한 진솔한 주창자이며 그들의 갈등을 해소하고자 언제나 경계를 늦추지 않고 있는 그는 분쟁을 평화적으로 해결하고자 시도해 왔다.

1985년 유엔 세계 평화의 해를 맞으며 일시적으로나마 휴전을 하자고 호소했고, 1986년 5월 세계 평화의 해 기념식에서는 평화애호와 평화수호 사상을 고취하기 위한 방안의 하나로 세계 각지에서 벌어지고 있는 전쟁에 '잠정적인 휴전'을 호소하는 결의문을 제안했다. 이것은 만장일치로 채택되었고 그는 유엔, 각국 정부, 교황 요한 바오로(John Paul) 2세 그리고 세계 각국의 언론사 등에 결의문을 보내 그들의 지지와 협력을 호소했다.

많은 사람들이 이 '휴전을 위한 결의' 실현에 대해 회의를 느꼈다. 그러나 교황 요한 바오로 2세의 강력한 지지와 호소에 힘입어 남미의 니카라과와 엘살바도르에서는 2개월간의 휴전이 실현되어 그 지역에서는 더 이상 총성이 들리지 않았다.

이는 평화를 위한 조 박사의 또 하나의 업적이다. 하비에르 페레스 데 꾸에야르(Javier Perez de Cuellar) 당시 유엔 사무총장도 유엔 회원국들에게 세계 평화의 날과 세계 평화의 해 기념식과 같은 평화 활동에 적극 참여할 것을 독려하기도 했다.

그러한 와중에 자본주의적 민주주의와 사회주의적 민주주의는 서로 접근하기 시작한다. 소련 공산주의의 붕괴와 동구 개혁 후 현저하게 나타난 신세계 질서 개편의 지침과 일찍이 그가 예견했던 보편적 민주주의에로 가는 제3의 민주혁명이 밝고 희망찬 인류사회의 새로운 과제로 등장하게 된다.

이렇듯, '세계 평화의 해'를 기점으로 국제 정세가 급변하더니 그 다음 해인 1986년 고르바초프의 페레스트로이카(perestroyka)와 글라스노스트(glasnost) 정책, 즉 개혁과 개방의 물결이 동구 민주화 개혁으로 발전하고, 동서독의 통일 및 미국과 소련의 군축합의와 소련의 민주개혁으로 공산당이 해체되고 연방이 붕괴되기에 이른다.

또, 이라크의 쿠웨이트 침공에 의한 걸프전이 유엔의 이름으로 공동 제재되어 신세계 신질서 운동이 태동하게 됨으로써 온 세계에는 화해와 협력의 시대가 열린다. 특히 태국 방콕에서의 세계대학총장회 총회 때에 '팍스 유엔(Pax UN) 이론'을 개발, 연설하여 세계의 석학들을 감동케 하기도 했다.

조 박사는 '팍스 유엔(Pax UN)을 통한 세계 평화'라는 주제로 연설하고 결의안을 통과시켜 유엔을 지지했다. 또, 유엔 사무총장에게 특사를 보내줄 것을 요청하여 키부리아 유엔 사무차장이 파견되어 결의문이 수교 전달함으로써 그것이 곧 유엔 평화정책으로 채택되도록 하는 쾌거를 이루게 된다.

사실 세계 평화 운동은 그가 이미 전개해 온 밝은사회 운동의 기치 아래 전개한 5대 운동 중 하나다. 그는 평화를 인류가 생존하기 위해 풀어야 할 과제 중 하나로 간주한다.

평화가 모든 가치들 중 가장 고귀한 것이며 평화 없이는 인류가 지구상에 생존할 수 없기 때문이다. 그는 "우리가 살아남고 인간으로서 가치 있게 살아가기 위해서는 반드시 평화를 구축해야 한다."

고 말한다.

조 박사는 평화를 유엔과 동일한 것으로 생각한다. 그에게 있어 유엔은 평화와 같은 말이자 평화의 상징이다. 세계 평화를 이루지 않고 세계의 통합을 이야기하는 것은 어리석은 일이다.

개인적 차원에서의 평화를 이루지 않고 세계 평화에 대해 이야기하는 것은 더욱 어리석은 일이다. 한 인간이 올바로 서면 이 세상 또한 자연히 올바르게 될 것이다. 그리고 세계 전체를 바로 세우는 것보다 한 개인을 바로 세우는 것이 더 쉬울 것이다. 한 인간이 바로 설 때에야 세계가 바로 설 수 있는 가능성이 생기는 것이다.

조 박사는 위대한 지혜를 가진 천재다. 그는 놀라운 재능을 갖고 있다. 그는 생물 또는 무생물에 관한, 그리고 그것들을 위한 방대한 지식과 감정 그리고 행동을 보여준다. 특히 그러한 지식, 감정, 그리고 행동들이 인간에 미치는 영향력과 역동성을 잘 보여준다.

조 박사는 《민주주의 자유론》에서 《오토피아》까지 수많은 책을 저술하고 여기에서 그의 인생관과 철학을 근간으로 하여 인간이 인간답게 사는 방법과 인류사회가 지향해야 할 미래비전을 일관되게 발전시켜 나갔다.

그래서인지 인식, 정서 그리고 의욕이라고 하는 세 가지 영역에 있어서 그의 마음은 고도로 예리하고 풍부하다.

아주 특별한 평화의 사도

위대한 평화 교육자인 조 박사는 모든 사람이 하나의 지구가족에 속한다고 생각하며 인류의 보편적 형제애를 구현하고 있다. 교육을 통한 평화라는 개념은 우주적이고 모든 인류에게 유익한 것이다.

이러한 이유에서 그는 살아 있는 평화 기구다. 그는 '세계의 성인' 그리고 평화교육을 위한 '세계적 교육자'라고 불려야 한다. 정의와 이타주의를 설파하고 실천하는 그는 아주 특별한 '평화의 사도'다.

이는 조 박사가 설립한 경희대 교시인 '문화세계의 창조'의 이념의 발현이고 승리이며 한국의 승리인 것이다. 창조적인 노력과 진취적인 기상과 건설적인 협동정신의 경희 정신이 승리한 것이다. 특히 주목할 것은 유엔에서 선포한 '세계 평화의 해' 기념식을 유엔이 공식으로 인정하여 '세계 평화의 해' 주창자의 나라인 한국 서울에서도 열리게 했다는 사실이다.

일련의 평화 운동에 관한 《세계 평화대백과사전》(1986)을 영국 옥스퍼드의 프레가몬(Pregamon) 출판사에서 출판한 것도 평화분야 세계 최초의 일이었다.

조 박사가 전 세계에서 받은 명예 박사학위만도 34개나 된다. 이것만 보아도 그의 활동무대와 교육자로서, 학자로서의 국제적 인망을 엿볼 수 있다.

그는 아마 우리나라에서 가장 많은 학위를 가진 사람으로 꼽힐 것이다. 외국에서 받은 수상 경력도 50여 회나 되는데 '유엔 평화상', '함마르셸드 문학상', '아인슈타인 평화상'을 포함하여 키비탄 (Civitan) 국제클럽의 '세계 시민상'을 받았다. 그런데 이 상은 60여 년 역사 속에서 지금껏 수상자가 여섯 명밖에 안 된다.

첫 번째가 영국의 처칠 수상, 그 다음이 미국의 아이젠하워, 세 번째가 케네디 대통령의 누이가 탔는데 그녀는 국제 장애인 올림픽의 창시자로 받은 것이다. 네 번째는 미사일을 발명한 과학자가 탔고 그 다음은 태평양의 조류를 통해 대륙 간의 항로 개척을 탐사하는 배에 탔던 선원 중 마지막 생존자인 노르웨이인이고 여섯 번째가 조영식 박사로, 평화 운동으로 '세계 시민상'을 받은 것이다. 동양인으로서는 최초의 수상자였다.

그는 집필한 저서만 해도 무려 50여 권이나 된다. 그의 저서의 특징은 대부분 앞으로 어떻게 될 것이라는 예견과 그렇게 되기 전에 이렇게 해야 한다는 방법론을 구체적으로 제시하고 있다는 점이다.

평화의 이론으로는 어느 한 나라의 지배를 받는 어느 한편을 위한 평화가 아니라 전 인류의 평화, 즉 팍스 유엔(Pax UN)의 이상을 구체화하는 이론을 제기했다.

제2의 적십자 운동도 새로운 이론이다. 제3의 민주혁명, 종합문명 사회론, 보편적 민주주의론, 지역협동사회(RCS:Regional Cooperative Organizations), 지구협동사회(GCS), 동서의학의 협력을 통한 제3의 학의 창출이 모두 그가 창시한 새로운 이론들이다. 이는 그가 저술가로서도 새로운 안목을 가진 학자로서도 세계적인 주목을 받는 계기가 되었다.

1991년 소련 모스코바(Moscow)에서 개최된 '2+4(미국, 소련, 일본, 중국, 한국, 북한) 국제회의'에서 "팍스 유엔(Pax UN)을 통한 세계 영구평화 정착 결의문"을 제안, 채택케 해 세계의 이목을 집중적으로 받았다.

이 결의문은 같은 해 아일랜드 리머릭(Limerick)에서 개최된 세계대학총장회 이사회와 에스파냐 바야돌리드(Valladolid)에서 개최된 제9차 세계대학총장회 총회에서 다시 제안되어 만장일치로 추인되었다.

조 박사는 이 결의문을 유엔에 보내고, 유엔 창립 50주년에 즈음하여 세계 평화 대선언으로 결의해줄 것을 강력히 요청했다. 이에 유엔 사무총장 사무실의 워시번(John L. Washburn) 실장은, 동 결의문이 유엔 사무총장의 안보리 보고서를 작성하는 사무실로 보내져 검토되고 있음을 알려왔다.

또, 그는 이 결의문을 세계 각국의 국가수반들에게도 보내 많은 지지와 격려를 받았다. 그중 대표적인 예로 윌리엄 임브리(William Imbrie) 미국 국무성 유엔 정치문제 담당 사무국장은 세계 영구평화 정착을 위한 그의 노고에 대해 감사하는 미국 정부의 서신을 보내왔다.

또, 소렌슨(Gillian Martin Sorensen) 유엔 사무차장은 이 결의문이 유엔 창립 50주년 기념식준비위원회의 책임을 맡고 있는 리처드 버터(Richard Buter) 주 유엔 오스트레일리아 대사에게 보내져 긍정적으로 검토되고 있다는 소식을 전해왔다.

이후 그는 이 결의문이 부트로스 갈리(Boutros Boutros-Ghali) 유엔 사무총장의 안보리 보고서에 대폭 반영되어 유엔 안보리 정상회담에서 '평화의 의제'라는 제하로 채택되었다는 소식을 듣게 된다.

이 결의문에 대한 유엔의 이러한 전폭적인 지지에 대한 감사의 표시로, 1993년 그는 '평화의 의제'를 한국어로 번역하고 서문을 써서 출판하여 부트로스 갈리 유엔 사무총장에게 증정하기도 했다.

또, 1998년에는 유엔 세계 평화의 날 17주년 기념 국제 학술회의에서 새천년 지구공동사회 대헌장에 관한 '서울 선언문'을 제안하여 채택케 한다. 동 선언문에 대한 인류의 평가를 받기 위해 1만 부를 인쇄하여 세계 각국 저명 지도자들에게 배포하여 좋은 반응을 얻었다.

이후 인류의 재평가를 받는 것이 옳다고 생각하여 1만 5천3백 부를 추가로 인쇄하여 세계 각국의 유관단체에 배포하여 추가의 의견을 요청했다. 현재까지 유엔 사무총장을 비롯한 많은 국가 최고 지도자들, 유엔 고위 간부들, 그리고 저명 학자들로부터 절대적 지지와 격려의 서신을 받았으며 단 한 건의 이의 제기도 없었다.

그리고 조 박사는 1998년 유엔 새천년 정상회담 개최를 즈음하여, 이 '지구공동사회 대헌장'의 정신을 유엔 새천년 정상회담 결의문에 반영하여 지구공동사회를 이룩함에 있어 주도적인 역할을 해달라는 내용의 서신을 세계 모든 국가수반들에게 보내 큰 호응을 얻었다.

특히 교황 요한 바오로 2세와 영국 엘리자베스(Elizabeth) 여왕이 격려의 서신을 보내왔다. 코피 아난(Kofi Annan) 유엔 사무총장, 장 쩌민(江澤民) 중국 주석, 와히드(Wahid) 인도네시아 대통령, 고랜 퍼 슨(Goran Persosn) 스웨덴 총리, 장 크레티앙(Jean Chretien) 캐나다 총리, 페르난두 엔리케 카르도수(Fernando Henrique Cardoso) 브라 질 대통령, 에두아르도 프레이(Eduardo Frei) 칠레 대통령, 벤저민 윌리엄 음카파(Benjamin William Mkapa) 탄자니아 대통령 등등의 인 사들은 그의 그러한 요청을 실현시키기 위해 주도적으로 앞장설 것 을 약속하면서 '지구공동사회 대헌장'에 대한 전폭적인 지지를 보 내왔다.

그뿐만 아니다. 2001년 유엔 '세계 평화의 날' 20주년과 문명 간 대화의 해 기념 학술회의에서 그는 '새천년 인류 공동사회 대선언' 을 또 다시 제안하여 국제사회를 놀라게 했다. 직접 작성한 '인류공 동사회 대선언'을 보면 그의 평화 사상과 깊고 깊은 철학의 바다를 건널 수 있다.

▶ 새천년을 맞아 원대한 인류 이상 당위적 요청 사회 바라보며 국제 화, 민주화, 정보화, 인간화의 시대정신에 따라 아름답고 풍요하고 보람 있는 사회를 이룩한다.

▶ 물질만능 과학기술 지상주의에서 오는 모든 부조리를 거두어내고 인간중심의 지식기반 사회 이루어 인간적인 인간사회 문화적인 복

지사회를 이룩한다.

▶ 인간이 역사문명의 주체로서 공존공영 하며 자유와 평등을 함께 보장받는 진정한 민주주의 보편적 민주사회를 이루어 문화인답게 사는 사회를 이룩한다.

▶ 약육강식하는 자연규범에서 벗어나 인격적 인간으로 문화 규범사회 이루어 배타적, 패권적 이기주의를 버리고 호혜 협동하는 지구 공동사회를 이룩한다.

▶ 우리 인류는 밝은 내일을 기약하며 새천년의 역사적 소명을 안고 네오 르네상스(Neo Renaissance) 운동에 함께 나서서 팍스 로마나 (Pax Romana)가 아닌 만국주권에 의한 팍스 유엔(Pax UN)의 영구 평화사회를 이룩한다.

조 박사는 행동에 앞서 먼저 이론과 철학을 정립하고 그 바탕 위에서 행동해 왔다. 그를 이해하려면 겉으로 드러난 행동도 중요하지만 그 행동의 바탕이 되고 있는 그의 사상과 철학을 이해하는 것이 더 중요하다. 그는 이렇게 교육자로서, 사회운동가로서, 평화운동가로서 조국의 평화적인 통일과 세계 평화와 복지사회 건설을 위해 온몸을 바쳐 온 내일을 여는 개척자인 동시에 미래지향적이고 창조적인 인간이다.

그의 사상적 최대의 목표는 정신적으로 아름다운 사회, 물질적으

로 풍요로운 사회, 인간적인 사회를 건설하자는 오토피아(Oughtopia)
의 사상이며 이 최대의 목표를 위해 모든 철학과 교육과 행동이 집
약된다고 할 수 있다.

선비는 자신을 알아주는 사람을 위해 목숨을 바친다

조 박사는 위대한 교육자로서의 면모를 갖춘 사람이다. 경희대를
설립한 그의 강인한 의지는 우리나라 고등교육계의 규범이다. 또 그
는 훌륭한 시민운동가로서 활동했던 사람이다.

남북 1천만 이산가족 재회추진위원장으로서, 밝은사회 운동 주창자
로서 헌신한 그의 모습은 이 땅, 이 겨레에 대한 값진 애정의 투영이
다. 또 하나는 세계무대에서 활약하는 국제적 인물로서의 풍모다.

그의 세계성과 역사성은 능히 짐작할 만하다. 무릇 '선비는 자신
을 알아주는 사람을 위해 목숨을 바친다' 는 옛말처럼, 오늘날 많은
경희대 출신뿐만 아니라 각국의 저명인사는 물론 유엔 사무총장 같
은 내로라하는 외교사절까지도 그를 칭송하고 추종하고 있다. 그의
인격이나 덕망 또는 능력 때문이기도 하겠지만 보다 근본적으로는
그의 따뜻한 인상과 자상한 배려에 그 까닭이 있다.

많은 사람들이 경희대를 거쳐 갔다. 그들은 경희대의 뛰어난 수준
의 교육적·자연친화적 환경에 감동되었을 것이다. 그것은 그의 열

렬한 학문적 생애와 잘 맞아떨어진다. 그는 학자적 그리고 연구자적 정열로 인해 세계의 명문 대학들로부터 34여 개가 넘는 명예박사학위를 받았다.

국제회의에서도 그의 음성은 언제나 지도적이며 계몽적이었다. 그는 사상은 특별한 것이 아닌, 보편적 감성 안에서 실천하고 있는 종교적인 신념과 인생의 생활철학에 근거하고 있다. 저서나 논문에서 보여주는 다른 종교에 대한 견해는 언제나 놀랍다.

성 오거스틴(Saint Augustin)의 고백과 신의 도시(그의 우주적 비전에 근거하여 정확하게 통합된)와 루터교의 개혁에 대한 그의 분석은 우주 속에서 인류의 역할을 강조하는 기초로서 도움이 되었다. 인간중심주의 사상은 그의 신념의 핵심이다.

인류는 인간을 단지 형체로서만 인정해 경멸하는, 비인간적인 과학과 기술에 의해 지배되는 사회에 대해 투쟁하는 주체로서 정의된다. '개별적인 개성 없이' 대량화된 인간들은 결국 물질화된다.

반대로 그의 이론에서 인간은 사회의 주체이지 객체가 아니다. 조박사는 이 이론이 인본주의와는 완전히 다르다고 강조한다. 왜냐하면 그것은 사람들을 위해 제정되었고, 사람들 내에 집중되며, 사람들에 의해 지배되기 때문이다. 그것은 왜곡되고 파괴된 사회계급으로 되돌아가는 것이다.

그는 창의력 있는 교육을 수행했다. 어떻게 사고하고, 어떻게 질문하며, 선과 악을 어떻게 구별하는지, 한마디로 지적으로 질문하는 방법을 가르치는 교육에 관심이 있다. 단지 지식만을 전달하며, 기본적·인간적·도덕적인 것을 가르치는 것을 간과하는 교육을 반대한다. 과학교육과 도덕교육 사이에 불균형적으로 연결되어져 있는 교육에 대해 혁명할 것을 강조한다.

이러한 급진적 변화의 이정표는 가족과 세계 평화에 대한 인식에서 출발했다. 인류의 문화사와 민주주의가 학생들 사이에서 어떻게 인식되고 있는가를 화두로 삼고 있다.

다수의 독재가 없는 진정한 민주주의는 사람들 사이의 이해, 창조와 질서를 진정으로 수호하는 자유와 평등의 힘에 기초한다. 전체주의를 완전히 거부하는 것은 생각하는 개인이 존재할 수 있는 상태를 의미한다.

교육가들은 자유와 권리가 없는 인생은 아무런 의미가 없다는 젊은이들의 생각에 책임을 져야 한다. 그에게는 선악 사이의 모호함에 대한 구별이 있을 때에, 자유와 권리에 대한 명확한 이해가 있을 때에 민주주의는 더욱 가까워진다는 확실한 신념이 있다.

그는 자국의 이익을 위해 전쟁을 일으키고 대량학살을 일삼는 국가주의에서 탈피하여 인류에게 고귀한 삶을 보장하고, 자국의 이익을 떠나서 인류애에 기반을 둔 이상적 사회의 모델을 제시하고 있다.

따라서 조 박사는 이상적인 인류사회를 만들기 위해 사상을 추구한다. 대중매체는 우리가 그를 좀 더 가까이에서 만날 수 있게 했으며 평화에 대한 그의 끊임없는 헌신과 새로운 사회 건설을 위한 그의 노력에 감사와 찬사를 보내게 만든다. 이제 그의 모든 사상과 사업들은 남미뿐만 아니라 전 세계로 퍼져 나갈 것이다.

그의 저서들은 좀 더 가치 있게 전문적으로 인생을 살아가는 방법을 제시해주고 있다. 오토피아의 세계는 자신의 이상을 추구하는 동시에 실제적 목표가 공존하는 이상적이면서도 현실적인 인류사회의 모델을 제시한다.

보편적인 조화와 연결된 세계의 현실과 지역적 현실을 인식할 때에 그는 변화하는 세계에 대한 시대적 인식을 갖고 인류의 잠재력을 이용하자고 주창한다. 시간과 공간 속의 오토피아라는 새로운 사회를 건설하는 것이다. 그는 정말로 역사를 만든다. 이것이 바로 사람들이 그를 존경하는 이유다.

조 박사와의 대화는 주로 오늘의 심각한 교육문제를 비롯하여 갈등과 혼란과 악순환을 거듭하고 있는 우리의 정치상황, 그리고 남북문제, 격변하는 세계정세, 나아가 온 인류의 궁극적 과제인 평화의 문제에 이르기까지 실로 광범위하게 이어질 때가 많다.

그는 다방면에 걸쳐 매우 해박하고 말의 논리가 합리적이며 정연할 뿐 아니라 문제의 본질과 방향을 정확하게 꿰뚫어 볼 줄 알고 특히 미래를 멀리 내다보는 혜안을 가진 사람이다.

조 박사는 한마디로 이론과 실천력을 두루 갖추고 있는 우리 주변에서 흔치 않는 몇몇 지도자 중의 한 사람이며, 무엇보다 탁월한 경륜을 지닌 교육자다.

특히 그는 우리 사회가 앓고 있는 가장 심각한 문제인 동서 지역 간의 화해와 분단 조국의 평화적 통일을 위해 심혈을 기울이고 있다. 뿐만 아니라 전 인류적 차원에서 지구촌의 평화 구축을 위해 정열적인 저술활동과 함께 관직 없는 민간외교활동을 헌신적으로 전개하여 눈부신 업적을 수없이 이룩한, 명실공히 '평화의 사도'다.

조 박사는 한마디로 인류의 평화를 위해 태어났고 인류의 평화를 위해 생애를 바친 '평화의 화신'이다. 그것은 세계 평화를 위한 그간의 그의 뛰어난 저서와 제안에서 뿐만 아니라 평화와 관련한 눈부신 실천적 활동과 평화교육의 뚜렷한 발자취에서 여실히 증명된다.

《오토피아》를 비롯한 수많은 저술과 연설문은 평화와 인류애의 철학과 방법론으로 가득 차 있다. 그가 창립한 세계대학총장회 그리고 밝은사회 국제조직의 활동은 모두 평화롭고도 복된 인류사회의 실현을 그 핵심적 목표로 삼고 있다는 점에서 주목된다.

경희대 설립이념과 '1천만 이산가족 재회추진위원회' 설립 목적까지도 높은 차원의 평화와 한 연결고리를 이루고 있음을 알 수 있다.

게다가 조그만 분단국가의 교육자로서 세계 최고 지성들의 모임인 세계대학총장회의 회장을 3회에 걸쳐 9년이나 역임하고 다시 영구 명예회장으로 추대된 점이나 국제 라이온스 클럽과 국제 로터리 클럽과 같은 외래조직이 아닌, 우리나라가 발상지가 되고 그 국제본부가 되는 밝은사회 조직을 창립하여 이미 20여 개국에 국가본부를 설치하기에 이른 것은 한국인의 기상과 민족적 자존심을 드높이는 자랑스러운 일이다.

무엇이 조 박사로 하여금 적수공권으로 시작하여 오늘의 경희대를 있게 하고 세계 평화와 인류복지를 위해 빛나는 업적을 쌓을 수 있게 했는가.

무엇보다도 훌륭한 비전의 힘(Power)이다. 조 박사는 비전의 인물이고 높은 이상의 소유자다. 그는 높고 큰 비전을 지녔다. 문화세계라는 비전, 평화세계라는 비전, 인류공동체 건설이라는 비전과 같이 원대한 비전을 가졌기에 그와 같은 큰일을 해낼 수 있었다.

또, 이같은 비전 실현의 방략에 그 비밀이 있다. 아무리 비전이 옳고 크다고 하더라도 이를 이루기 위한 방도가 제시되지 않으면 한낱 몽상이나 공론에 그치고 만다. 그의 비전은 구체적 방안과 실천이 수반된 현실성 있는 것이었기에 많은 사람들에게 희망과 자신감을 심어줄 수 있었다.

그리고 탁월한 지도력이 그 힘이 되었다. 권력이나 금력이 미치지 않는 상대에게 지도력을 발휘하기는 쉽지 않다. 그러나 그는 이러한 힘을 지녔다. 그 원천은 높은 경륜과 인격에 있는 것으로 보인다. 비범한 통찰력과 강한 설득력과 추진력, 그리고 뛰어난 용인술(用人術)은 그의 리더십의 핵심을 이룬다. 국내외를 막론하고 그를 따르는 사람이 많은 이유는 바로 여기에 있다.

끝으로 불타는 정열과 사명감이다. 조 박사로 하여금 나라와 겨레를 위해, 또한 세계와 인류를 위해 불철주야 분투노력할 수 있게 하는 원동력은 바로 그의 뜨거운 정열과 깊은 사명감이다.

불모지 허허벌판에서 오늘의 경희대를 이룬 저력, 평화를 위해 세운 찬연한 업적은 모두 이와 같은 그의 정신적 담금질에서 비롯된다. 이 세상에서 존경이란 말은 흔히 쓰이지만 진실로 존경할 만한 사람을 찾기는 어렵다는 말이 있다.

그러나 그는 존경이라는 표현에 전혀 손색이 없는 훌륭한 교육자요 경세가인 동시에 한국, 아니 세계가 인정하고 있는 지도자임에 틀림없다. 바로 그가 작사한 '평화의 노래'에서 그의 평화의 사상과 그 깊은 철학을 발견하게 된다.

"우리는 지구마을 인류 한 가족
서로 돕고 신뢰하여 밝음을 찾아
영원한 평화세계 바라보면서
전쟁 없는 인류세계 함께 이루자
이방인도 사랑하면 한 가족 되고
한겨레도 미워하면 원수가 된다
바로 살고 함께 가면 낙토가 되고
서로 밀고 밟고 가면 고해가 된다
전쟁으론 평화를 세울 수 없어
정복으론 낙원을 이룰 수 없어
인간이 전쟁을 정복 못하면

전쟁이 인간을 정복할 거야
온 인류 일어서서 합창을 하자
유엔이 평화의 해 선포했다
두 손을 높이 들고 다짐을 하자
나와 너 모두 나서 평화 이루자."

11
백 년을 준비하려면
사람을 가르쳐라

한국에서 태어난 세계의 거목

'1년을 준비하려면 곡식을 심고, 10년을 준비하려면 나무를 심어라. 그러나 백 년을 준비하려거든 사람을 가르쳐라' 라는 말이 있다.

조 박사는 영원한 평화를 이룩하기 위한 첫 단계는 다음 세대의 마음속에 평화애호 사상을 심어주는 것이라고 생각했다. 즉 교육이야말로 이것을 실현하는 수단이라고 생각했다. 불굴의 평화운동가인 그는 확실한 신념을 가지고 지구의 영원한 평화가 인류의 지척에 와 있음을 예견하고 확신하고 있다.

그는 험난한 근대사의 굴곡 가운데 교육을 통해서만이 이 나라와 민족을 올바르게 인도할 수 있다고 보고 일평생을 교육사업에 헌신해 왔으며 교육계는 물론 각 분야로부터 많은 존경을 받고 있다.

그는 교육을 통해서만이 내일의 주역인 우리의 청소년들이 건전하고 경쟁력 있게 성장할 수 있으며, 자라나는 이들을 잘 가르치고 보살핌으로써 세계 곳곳에서 우리의 자녀들이 훌륭한 지도자로 성장해 나갈 수 있고 또한 우리나라를 선진국으로 발전시킬 수 있다고 믿는다. 그의 저력은 교육의 힘에 대한 확고한 주관과 변함없이 나라를 아끼고 사랑하는 정신에서 비롯되었다.

세계 평화가 어떻게 성취될 수 있을까. 과거의 역사에서 볼 수 있는 전쟁을 통해 성취될 것인가 아니면 예수, 간디, 마틴 루서 킹 같은 사람들의 희생에 의해 성취될 것인가. 또는 강력한 현대과학에 의한 무력이나 각종 협정과 조약에 의한 힘의 균형을 통해서 성취될 것인가.

그는 그 많은 방법들 중에 교육과 평화교육을 선택했다. 평화교육이 다양한 반평화적 병폐들을 치유하고 전 세계의 모든 인류에게 항구적인 평화를 안겨줄 수 있는 최상의 처방이라 생각한 것이다.

따라서 그의 위대성은 경희대로 상징화될 수 있다. 그의 생각과 평화의 실천은 평화 연구에 있어 최상의 내용이 될 수 있다. '인간 조영식'이라는 말은 '평화'라는 단어의 유사어이기도 하며, 오토피아, 즉 당위적 요청 사회의 개념이기도 하다.

그는 지구공동사회를 건설하는 세계적 인물들 중 한 명이며 '인류사회 재건을 위한 네오 르네상스' 운동의 상징이기도 하다. 그는 지역 및 세계 사회 그리고 인류사회의 발전을 위해 많은 평화 운동 및 캠페인을 벌여 왔다. 그는 선의, 협동, 봉사를 포함하는 기여의 정신 그 자체다.

그는 석가모니, 예수, 성 프란체스코, 소크라테스, 간디와 같은 위대한 평화의 사도다. 평화에 대한 그의 개념은 보다 창의적이고 사회적인 것으로서 정의와 평등, 비폭력, 관용, 신뢰, 애타심을 포함하는 국제적인 것이다.

그가 설립한 경희대 평화복지대학원은 평화 연구에 대한 공로로 교육기관으로서는 역사상 최초로 유네스코 평화 교육상을 받았다. 그는 상금 전액을 유네스코의 평화교육 프로그램을 위해 기부하기도 했다.

그는 한국에서 태어났지만 세계인이다. 그의 사상과 업적은 세계 모든 사람들의 가슴에 메아리치고 있다. 모든 인류의 복지와 인류애를 이루려는 그의 염원은 모든 종교, 모든 국가의 국민들에 의해 공유된다. 그의 이름은 유엔의 평화 운동, 그리고 유엔 강화의 역사에 있어 최고의 자리에 새겨진다.

그는 현대사회가 정신적으로 타락하고 물질적으로 부패했으며 인간성을 상실함으로써 점차 비인간화되어 간다고 지적했다. 에리히 프롬은 이런 현상을 '정상성(正常性)의 병리학'이라 불렀다. 문명의 복지와 완전한 회복을 위해서는 이러한 현상에 대해 아주 포괄적인, 즉 생물학적·심리학적·사회적·문화적·정치적인 진단이 필요하다는 것이다.

이러한 이유로 그는 경희대 캠퍼스 내에 인류사회재건연구원을 설립하기도 했다. 세계대학총장회 부설기관이기도 한 이 연구원은 인류사회 재건과 관련된 연구활동, 국제회의 및 다양한 출판활동을 전개해 왔다.

"문예사조에도 부흥이 있고, 종교에도 개혁이 있어 왔듯이 현재야 말로 물질문명의 여폐와 인간 경시 및 인간 부재 시대에서 벗어날 때가 되었다. 온갖 부조리와 부정과 무질서가 팽배해가고 환경 파괴가 끊임없는, 전쟁에 대한 불안과 배타적 국가주의가 횡행하는 이 시대로부터 구제될 때가 왔다. 과학기술문명의 자기증식과 물질만 능주의 및 배금사상, 그리고 집단적 이기주의에서 탈피하여 인간이 중심이 되고 존중되는 인간복권의 시대가 와야 한다."고 하며 그는 혼연히 일어섰다.

그것이 바로 온 세계에 메아리치고 있는 밝은사회 운동-인류사회 재건 운동이다. 이대로 두면 인류문명은 빗나가 인간이 역사의 주인 공이 될 수 없다는 것이 그의 오랜 지론이다.

세계 지성인의 학술문화교류와 협력을 위해, 영구평화와 세계의 신질서를 담당하기 위해 그의 손에 의해 세계대학총장회가 창설되고 3년마다 그 총회가 열린다.

그동안 20여 회에 걸쳐 세계와 미래를 지향하는 각종 결의문과 선언문이 채택되고 세계 최초로 《세계 시민 교과서》(1986)가 영문판으로 발간되기에 이른다.

그는 누차에 걸쳐 국제 신질서의 문제와 오늘의 세계적인 대개혁이 일부의 변혁이 아니라 제3의 민주혁명이 되어야 하며 인류 공존 공영의 길을 모색해야 한다고 역설했다. 그는 보편적 민주주의와 종합문명사회를 지향하고 세계공동체를 이루어야 한다고 강조한다. '정신적으로 아름답고, 물질적으로 풍요하고, 인간적으로 보람 있는 사회'를 만들자는 것이다.

1987년 120학병 동지회에서 발행한 《120학병(學兵) 사기(史記)》의 조선인 학도병들의 실록수기 《운명의 악몽》(1987)을 보면 그가 직접 체험한 육성기록 '학도병 의거사건'이 있다.

여기에서 우리는 그가 일본제국주의의 압제에 조금도 굴하지 않고 조국에 대한 절의와 동지들에 대한 의리를 지키며 그 고통스런 고문과 감옥 생활을 강인한 의지로 이겨낸 실상을 엿볼 수 있다.

그는 이때 감옥에서 사용하던 대나무 젓가락을 지금까지 간직하고 있으며 그 어려웠던 시절을 반추하면서 자신을 가다듬는 정표로 삼고 있다. 또, 그는 이 극한의 상황 속에서 우주와 삼라만상의 변화와 인간의 삶을 명상하고 사색하는 가운데 통합과 조화를 통한 유기적 통일체의 3차원적 우주관을 확립했다. 그리고 그로부터 밝은사회 운동과 인류사회재건 운동의 이론적 토대가 되는 근거를 세우기도 했다.

미래를 선도하는 지도자

교육자로서 또 국제평화 지도자로서 그가 이룩한 모든 업적은 인간이 극복하기 어려운 한계 상황을 불굴의 정신력으로 극복한 인간 의지의 개가다.

1천만 이산가족 재회추진위원회 위원장으로서의 그의 지도자적 활동 또한 그것에 다름 아니다. 분단의 고통은 평북 운산이 고향인 그처럼 실향민이 아니고서는 실감할 수 없는 일이다. 이 운동은 남북 간의 자유로운 상호 방문의 실현과 나아가 통일에 대한 간절한 염원에서 비롯된 것이다.

그는 미래를 선도해 나가는 지도자다. 1960년대 초반에는 잘살기 운동으로 '농어촌개발 운동'을, 1970년대에는 '밝은사회 운동'을 제안했으며 또 국제적으로는 세계 평화 운동을, 그리고 궁극적으로는 우리 인류가 지향해 나가야 할 길을 제시했다. 뿐만 아니라 일생을 통해 일관되게 추구하고 있는 인간중심주의 및 인류애의 철학은 현대 물질문명 세계를 살아가는 우리들에게 깊은 경종을 울린다.

그는 항상 소탈하고 이웃에 대해 친절하다. 누구에게나 소박하고 자상했으며 살고 있는 자택은 외형은 큰 데 비해 살림살이는 소박하고 검소하다. 경희대를 설립할 당시에는 경제적으로 무척 어려운 때도 있었지만 끈기와 투지력으로 이를 극복해 나갔다.

그리고 가정환경이 어려운 영재들에게 폭넓은 장학제도를 베풀고 특히 한의학, 체육 분야 등에서 탁월한 인재들을 양성하여 우리 사회에 크게 기여해 왔다.

많은 사람들이 즐겨 사색을 하지만 그러한 사색으로 여과한 자신의 의견을 실천으로 옮기는 데에까지 이르는 사람은 그리 흔치 않다. 지식인은 많아도 참된 지성인이 흔하지 않은 까닭이다.

예를 들어, 하나의 뚜렷한 철학을 가지고 그것을 자기 나름대로 체계적으로 내세우면서 다른 지성인들을 창조적으로 조직화하고 이것을 국제적 차원으로 승화시킨 이른바 '창의적 지성인'이라고 부를 수 있는 사람은 드물다. 고작 나라 울타리 안에서 학문적인 연조를 토대로 한 권위의식에 자족하는 이들이 많다.

그러나 그는 예외적 존재였다. 국제회의를 개최하는 것은 국내에서도 매우 어려운 일인데, 외국에서 이런 것을 주관한다는 것은 지극히 어려운 큰일이었다.

우리나라 사람들은 국제회의라면 대부분 '참가하는 데에 의미가 있다'는 정도의 감각을 가진 경우가 많았다. 이런 환경에서 자기 자신의 사상과 철학을 기초로 당당하게 논문을 발표한다거나 사회를 본다거나 하는 것은 상상하기도 어려운 일이었다.

그는 세계적 차원에서 행동하고 있기에 세계정세에 극히 밝고 깊이가 있으며 정확한 조예를 가지고 있었다. 그 조예를 바탕으로 역사·철학을 확립하고 세계 평화와 복지라는 철학을 품었다.

그는 잠시도 쉬지 않고 행동하는 사람이다. 그 행동의 범위는 경희대 그리고 대한민국의 교육계 전반에 이를 뿐 아니라 넓게는 이른바 이데올로기 또는 국가체제를 초월하여 진실로 전 세계의 교육에 걸쳐 있다. 그러면서도 이러한 행동의 전부가 모두 굉장한 성과를 거두고 있다.

그는 스케일(scale)이 큰 지성인이다. 그의 이런 거대한 지성적 지도력은 어떻게 발휘되는 것일까. 그것은 깊은 사색과 지속적인 저작을 통한 꾸준한 정신적 노력, 치밀한 사전계획과 인간적 접촉을 위한 무수한 시간의 경주에서 오는 것이다. 또, 그것은 국내외 석학들과의 폭넓은 교류와 그들을 움직일 수 있는 섬세한 관심과 성실한 노력에서 오는 것이다.

그러한 지성을 체계적으로 다듬어서 여러 사람들을 창도하여 공감을 얻고 널리 내외에서 실천에 옮겨지도록 이끌어 나간다는 것은 더욱 귀한 일이다. 이는 투철한 신념, 강인한 의지와 더불어 일관성 있는 추진력을 요하는 일이며 탁월한 리더십이 필요한 일이다.

인간중심사상을 철학의 실마리로 삼아

그의 주된 사상은 바로 평화 또는 인간사회에서의 완전한 복지(Welfare)다. 인간에게 본질적으로 상충된다는 점에 있어서도 평화는 문서의 형식이 아니라 삶의 형식이다. 영원한 의지란 상충되는 두

극을 조화시키는 것이며 반대되는 그런 것들을 같게 만드는 것이다.

평화의 길은 우리의 마음에서부터 먼저 시작된다. 그 평화의 힘은 우리들이 내면의 싸움에서 승리할 때에 배가되는 것이고, 그럼으로써 도덕적인 진실과 함께 우리를 조화시키는 것이다.

한계를 뛰어넘어 인간세상을 더 좋아지게 하고 완벽하게 만들기 위해서는 결정을 해야만 한다. 인간은 한쪽 자유의 주인이고 그 자유란 그가 생을 영위하는 동안 많은 결정을 하도록 하는 것인데 그것을 그는 '의지의 선택'이라고 명했다.

인간사회는 모든 이상의 세계와 만나게 되고 특히 모든 선과 만나게 된다는 것이다. 그는 현대문명에 대해 의도적으로 비평을 하게 되는데, 현대문명은 그것의 실추와 인간의 무관심으로부터 나온 종잡을 수 없는 행위에 묶여 있다는 것이다.

그 문명의 오점이란 종교사상의 망각, 새로운 자기 편리주의와 편견의 결과이며 물질숭배 및 인간성을 상실한 기계화의 결과이기도 하다.

문제는 인간이 양심을 상실하고 만물의 영장으로서 자신에게 내재하는 책임을 망각할뿐더러 세상의 모든 존재들과 조화롭고 평화롭게 사는 것을 망각했다는 것이다.

가장 큰 문제는 복지와 안전, 자유와 평화를 수호하기 위해 인간이 해야 하는 일들을 망각했다는 사실이다. 그의 중요한 철학의 실마리는 인간중심사상이다. 이는 인간이 중심이 되는 사회를 만들어야 된다는 것이고 여기서는 인간존중이 가장 중요한 규범이다.

인권만큼 가치 있는 것은 없다. 그리고 모든 법이나 정치행위에 의한 조직과 기구들이 이런 인간존중의 하부에 위치해야 한다. 인간의 양심과 인류를 통치하는 데에 따르는 책임감을 만들기 위해서 교육이란 피할 수 없는 것이다. 현실에 대한 인식을 피하지 않은 새 교육의 논리적 특징은 현실 앞에 있는 인간적인 행위의 태도인 것이다.

그러므로 교육은 어떤 지침이어야 하고 새 사회도 교육과 같이 그러한 지침이 되어야 하므로 평화대학의 최고의 목적이 생기게 되었다. 그것은 평화를 위한 연구계획과 인류의 역사문화 분야에 대한 연구, 세계를 하나로 묶는 사상, 그리고 비교적인 분석, 외국어와 그밖의 다른 것들을 연구하는 것이다.

'어진 사람은 산을 좋아하고, 지혜 있는 사람은 물을 좋아한다.' 경희학원에 아름다운 산은 있는데 흐르는 물이 없음을 안타까워한 그는 물의 맥을 찾았다.

수려한 고황산에 물이 같이한다면 경희대는 비상하리라! 고황산은 이렇게 하여 물을 맞이했다. 산의 한 줄기가 펼쳐져 있는 골을 막아 인공호수를 만들기로 작정한 것이다. 자매 부대의 지원과 지역사회 유지 및 졸업생들의 정성으로 1969년 개교 20주년 기념물로 탄생하게 되었다.

1969년에는 인공폭포를 만들어 시동식을 가졌는데 그야말로 학이

날개를 얻은 듯한 아름다움과 비상의 환상이 캠퍼스를 장식했다. 북쪽 암석 사이에 호수의 물을 높이 30미터로 끌어 올려 세 줄기 무지개를 그리면서 하강하게 한 미적 구상은 경희의 무궁한 발전과 영광의 창조를 찬양하면서 힘차게 뻗어 내리고 있다.

호수의 수심은 1.7미터에서 3미터가 되며, 앞뜰에는 7백 년 묵은 향나무가 은은한 향을 내뿜으며 그 자태를 뽐내고 있다. 또, 수천 마리의 황금 잉어가 노니는 수궁은 그야말로 아름다운 경희의 명소가 되었다.

선도원이 선인들이 선비들을 불러내어 그네들이 지닌 진선미 심성을 현세인들에게 심어주기 위한 토론의 장이자 교육의 장소라면 서울 캠퍼스 남쪽의 이 따뜻하고 편안한 선동호(仙洞湖)는 유유자적하는 선인들의 쉼터라 할 수 있다.

이곳에 아침 안개가 걷힐 무렵이면 어린이들은 꿈을 가꾸려고 이곳을 지난다. 선인들에게 동자들이 새벽 예를 올리고 가르침을 배우듯이 그곳이야말로 누구든지 꿈을 꾸며 배움을 갈망하는 자연스런 배움터다.

이 아름다운 선동호는 산성폭포를 포함하여 1970년대 국내 최초로 만들어진 인공호다. 이곳은 경희대 인근에서 살고 있는 지역 주민들이 사시사철 산책 공간으로 활용하고 있다.

'자연을 사랑하자, 자연에서 배우자, 자연에서 살자.' 정서교육에 일찍이 큰 비중을 두었던 그의 선견지명과 교육적 배려가 교육자의 참모습을 보여준다. 교실이 따로 필요 없는 학교, 자연이 스승인 학교, 선동호를 학교 창가에서 언제나 바라볼 수 있다는 것은 커다란 축복이자 영광이다.

기계문명에 쫓기는 현대인의 마음속에, 교과서 속에 파묻혀 배움의 종이 되고 있는 어린 학생들에게 선동호는 경희정신으로 살아 호연지기(浩然之氣)를 키우는 선구자적 기질을 마음껏 느낄 수 있도록 언제나 푸르게 하늘을 향해 열려 있다.

그는 평소 호연지기라는 고사성어를 자주 인용한다. 이 말은 도덕적인 왕도(王道)를 주장한 맹자의 〈공손축편(公孫丑編)〉에 나온다. 물론 해석은 하늘과 땅 사이에 가득 찬 높고도 큰 원기(元氣), 도의(道義)에 뿌리를 박고 공명정대하여 조금도 부끄러울 바 없는 도덕적 용기라든가 사물에서 해방된 자유롭고 즐거운 마음으로 설명된다.

그는 한평생 이러한 호연지기의 생활을 몸소 실천해 온 사람이다. 그의 인성이 그렇고 생활 자체도 그러할 뿐 아니라 가치와 철학도 시종일관 정대지기(正大之氣)의 삶을 살고 있다.

경희 칸타타 선인송(仙人頌)에 나오는 노래처럼 선동호는 햇볕이 따사로운 곳, 하늘 깃 한 자락이 살짝 잡히는 곳, 아름다운 대학 캠퍼스의 가장 깊은 곳에 자리 잡고 있다.

그의 교육관 가운데 '인간의 모든 것은 자연 속에서 배운다'는 높은 이상의 진수를 이곳 선동호에서 찾아볼 수 있다. '참된 진리를 탐구하는 인간들이 사는 동네' 그 선동호는 서울 한가운데 배움의 큰 터로서 목마른 사람들에게 삶과 교육의 갈증을 적셔주며 언제나 기쁨의 향기를 풍기고 있다.

그를 생각하면 제일 먼저 경희대, 경희 가족, 밝은 사회, 인류 평화, 복지사회, 국제교류 등의 단어와 심취되어 유창하게 열변하는 웅변가의 모습이 떠오른다.

그는 아무리 어려운 일에 부닥쳐도 의연하고 침착하고 냉철하게 대처해 나간다. 학생들의 젊은 정기를 이해해주고 설득하고 사랑으로 감싸주며 교육한다. 그리고 그들의 주장에서 옳은 것은 수용하여 그들이 바르게 성장할 수 있도록 성심성의껏 도와준다.

또, 수십 년간 하루같이 하는 말이 있다.

▶ 경희 가족은 진정한 마음으로 서로 사랑하자.

▶ 남의 허물을 덮어주고 칭찬을 아끼지 말자.

▶ 우리 스스로가 먼저 협동하고 봉사하여 이 땅에 지상의 낙원을 만들자.

▶ 모든 생활은 민주적으로 해야 한다.

▶ 땀은 거짓말하지 않는다.

거기에는 팔순에 다다르기까지 온갖 풍상과 역경·고난을 헤치고 온 그의 경희를 위한 간절한 기도와 지구촌의 평화를 향한 위대한 외침이 담겨 있어 사람들의 마음을 숙연하게 만든다.

아내를 사랑하는 남편에서 인자한 아버지, 단정한 용모와 온화하면서도 부드러운 화술, 몸에 밴 신사적인 매너, 범상치 않은 포부와 남성적인 기개. 그뿐인가. 오늘을 이룩한 위대한 업적들이 그것들을 수긍하게 한다. 특히 그는 섬세하고 자상한 일면을 지니고 있는 사람이다. 작은 일도 크게 고마워하고 감사할 줄 아는 사람, 그 사람이 바로 미원 조영식 박사다.

요즘은 많은 인물들이 지도자를 자처하고 나왔다가 퇴장하는 일이 비일비재하다. 또, 참다운 지도자, 참다운 스승이 없었던 것이 우리 한국 사회의 실상이었으며 민족의 구심점이 될 수 있는 지도자상, 사상이 없었다. 그는 이를 이룰 수 있는 유일한 사람이 되었다.

뿐만 아니라, 그는 제3의학의 발흥자다. 제3의학의 목표는 지구촌의 인류 모두가 한 가족이 되어 보다 잘살 수 있는 보람찬 사회를 건설하려는 경희의 염원을 이룰 수 있도록 인류 공동의 적인 질병을 영원히 예방하고 몰아내기 위한 새로운 의학을 개척하는 데에 있다.

그것은 가난과 질고에서 허덕이는 이 땅의 많은 병약자를 위한 성스러운 노력이요, 봉사다. 여기서 새로운 의학이라 함은 일찍이 세계 의학계에서 생각지도 못했던, 또 각각 팽팽하게 대치해 왔던 동서의학의 조화와 발전을 이루려는 일대 혁신운동이다.

이에 경희대는 이미 의과대학과 함께 한의과대학(1966)을 설치하고 경희의료원 내에 부속병원, 치과병원과 더불어 한방병원을 개설했다. 동서의학을 갖춘 의료원은 고금을 통해 아마도 경희대가 최초였다.

경희의료원(1971)은 교육·연구·진료라는 3대 목표를 갖고 날로 새롭게 발전해가고 있는 현대의학과 동양 고대의 한방의학을 함께 연구함으로써 양·한방을 가미한 새로운 동서 의학기술의 개발에서 큰 발전을 이루었다. 다시 말하면 세계 최초로 동서의약 협진제도를 통한 제3의학을 개발한 것이다.

결국 그의 특별한 습관은 끈질긴 지구력이라고 말할 수 있다. 대부분의 CEO들은 성공 비결로 머리(전략), 가슴(인간관계), 배(인내와 추진력) 가운데 어느 요인이 가장 중요하냐는 질문에 '배포'라고 말한다. 그도 "나의 강력한 성공 DNA는 시작하면 끝을 보고자 했던 자세"라고 말한다.

이 밖에도 준비가 행운을 만든다는 인식, 새로운 것을 겁내지 않는 태도, 비위를 맞추기보다는 원칙을 맞추려는 자세, 장애물이야말로 뜀틀이 된다는 생각 등이 그의 습관이었다. 그래서 당대에 세계에서 그 유례를 찾아볼 수 없는 '세계로 웅비하는 경희'라는 교육 천국을 세운 것이다.

12

미래의 등불은
켜져 있는가

세계적인 한국인이 돼라

그는 지금 미래를 바라보며 일을 하고 있다. 보통사람으로서는 할
수 없는 많은 일을 하고 있다. 그는 모든 일을 종합적으로 분석하고
전체적 입장에서 부분을 본다.

그는 매사를 즉흥적으로 결정하지 않고 심사숙고한다. 삼정행(三正
行)의 이론을 실천하고 있는 것이다. 전체적·입체적으로 보고 유기
적 관련성을 중시하고 깊이 생각하는 데에서 미래를 투시하고 사회
문제에 대해 올바른 처방을 내리는 지혜를 얻는지 모른다.

깊이 생각하는 삶이야말로 현대인에게 꼭 필요한 것이다. 오늘날 많
은 사람들이 생각하고 행동에 옮기는 것이 아니라 즉흥적인 판단에 따

라 되는 대로 삶을 사는 듯하다. 범죄와 비리와 부정, 청소년의 탈선과 성인의 무질서를 보면서 생각하는 삶의 필요성을 절감하게 된다.

그는 지구촌의 인류가족이라는 용어를 자주 사용한다. 교통통신의 발달로 이웃나라를 이웃마을 다니는 기분으로 손쉽게 왕래할 수 있게 되었고 정보와 상품의 교환, 이민, 국제회의 등으로 이제는 어느 나라도 고립해서는 살 수 없는 시대가 되었다. 우리나라는 하나의 세계, 인류가족을 향해 달리고 있다.

그가 《세계 시민 교과서》(1986)를 영문으로 작성해 출판하게 된 것도 우연한 일이 아니다. 인류는 지구공동사회로 가고 있는데 아직도 지구 곳곳에서는 국수주의의 아집을 버리지 못하고 자기 민족만 잘 살려고, 자기 민족이 아니면 마구 죽여도 된다는 식으로 테러와 전쟁이 일어난다.

젊은 시절 잠시 중학교에서 체육교사도 했던 그는 자신의 활동 기반이 건전한 체력과 건강에 있다고 생각하는 사람이며 우리나라 체육 발전과 진흥에 남달리 공적이 많았다.

지금 세계 정상을 꿈꾸고 있는 탁구, 사격, 대학 야구, 농구, 대학 축구, 아이스하키 등을 국제적 수준에 올려놓은 것도 그런 실적의 하나라고 할 수 있다. 몇 해 전만 하더라도 우리나라 체육계에서는 경희대 체대 출신들이 지도자로서 대단히 활발하게 활동했다.

그는 어제도 오늘도 내일도 오직 한마음 '지구도 하나', '인류도 하나', '규범도 하나', '과제도 하나' 라는 자세로 살아간다. 이미 그는 인류는 한 가족, 세계는 우리 모두의 조국이라는 일편단심을 갖고 있다.

태어나면서부터 한평생, 몸과 마음을 바쳐 고등교육 사업, 사회계몽 사업, 인도주의 사업, 평화 사업, 국제 신질서 운동, 인류사회재건 운동을 펼치며 동서를 누비고 붕정만리를 날며 미개지에 이르기까지 발이 안 닿은 곳 없이 오고 갔다.

특히 우리나라가 한때 전두환, 노태우 군사정권 시절로 들어서면서 극도로 한국 사회가 혼란스러울 때에 안타까운 심정에서 그는 손수 '국민화합의 노래'를 만들어 온 국민이 제창케 했다.

한 겨레가 불신이란 웬 말인가
한 동포에 미움이란 웬 말인가
아, 5천 년의 기나긴 세월
한 핏줄로 이어 온 우리가 아닌가
나만을 앞세우면 불화가 오고
우리를 함께 보면 화목이 온다
불신타파 앞장서서 사회 안정 이루고
무질서 추방하여 국민화합 이루자
온 겨레 함께 나서 오늘의 난제 풀어
밝아오는 동아시아의 샛별이 되자.

그는 위대한 비전을 가진 미래지향적인 지도자다. 그는 핵폭탄과 화생방 무기를 동원한 현대의 전쟁이 막대한 수의 군인과 민간인들을 살상할 것이며, 그들뿐만 아니라 인류 모두를 한순간에 몰살시켜 의료 및 구호활동마저 필요 없게 될 것이라고 예견했다.

그는 엔리케 드 라마타(Enrique de Lamata) 국제 적십자사 총재를 만나 오늘의 적십자 운동이 단순히 전후 구호활동에만 치중하고 있는데 전쟁을 사전에 예방하는 방안을 동시에 강구해야 한다고 이야기했다. 그 후 그는 직접 제2 적십자 운동에 나섰다.

그리고 그는 제4차 세계 평화의 날 기념식(1985)에서 '제2 적십자 운동을 위한 호소'라는 연설을 통해 '전쟁의 인도화'에 관한 결의문을 제안했고 이후 멕시코 과달라하라에서 개최된 세계대학총장회 제8차 총회(1987)에서도 제2 적십자 운동의 필요성을 '멕시코 결의문'이라는 이름으로 채택케 했다.

그가 전쟁의 방지와 인도화를 위한 이 제2 적십자 운동을 주창한 이유는 모든 인류의 가슴에 평화애호와 평화수호 사상을 불어넣기 위함이었다. 그는 세계 각국의 정부·언론·기타 유관 국제기구들에게 이 운동에 참여할 것을 호소하고 세계대학총장회 회원들에게도 이 고귀한 대의를 위해 함께 협력할 것을 간절히 요청했다.

그의 목적은 전쟁 없는 인류사회를 건설하는 것이다. 그와 국제적십자사 총재는 대량살상 무기의 사용을 금지하기 위한 이 운동에 협력하기로 합의했다.

교육계는 물론 정치·경제·사회·문화 등 모든 면에서 선구자적인 사명감과 위치에서 헌신하는 것을 보면 어디서 그런 지혜와 정력이 솟구치는지 놀랍기만 하다.

이상은 천국을 낳고 협동은 기적을 낳는다

우리 생애에 있어 자성의 시간을 가지며 삶의 심오한 철학을 뿌리내리게 해주고 뜨거운 감동을 불사르게 해준 고마운 이들과의 만남은 너무나 소중하다.

"이상은 천국을 낳고 협동은 기적을 낳는다."고 역설하며 누구보다 조국과 민족의 미래를 걱정하던 미원(美源). 약관 29세에 경희대의 총장으로 황량한 돌산에 '등용문'과 '문화세계 창조'의 교시 탑을 세우며 교육을 통한 구국을 위해 온몸 바쳐 온 그는 불후의 업적과 공로를 한 생애를 바쳐 묵묵히 쌓아가는 큰 거목임이 틀림없다.

그는 전후의 초토 위에 기적처럼 세계 속의 대학인 경희대를 건립하고 특히 한의학과 체육 분야에서 획기적 육성 발전을 기했다. 그리고 한결같이 후학들에게 애국애족 하며 밝고 성실한 사회의 시민이 되어줄 것을 당부해 왔다.

"20대에 하지 않으면 안 되는 것은 20대가 아니면 할 수 없는 것들이다. 20대에 열심히 달린 사람에게만 눈부시게 멋진 인생이 찾아오는 법이다. 20대야말로 가장 한심하고 가장 찬란한 인생의 소중한 순간이다."

그가 직접 담당한 '민주시민 강좌(1951)' 시간에 학생들에게 한 그의 이야기는 지금까지도 명언으로 남아 있다. 그는 건강한 철학과 종교적 신앙을 부단히 일깨우며 희생과 불굴의 인내를 통한 개척의 정신이 얼마나 가치 있는 것인가를 몸소 입증해 주었다.

오래전부터 인류사회의 정신혁명을 통한 문화세계의 창조만이, 새로운 '교육을 통한 세계의 건설'만이 인류가 선택해야 할 유일의 길이라고 그가 해 온 가르침에 깊이 매료된다. 경희대 평화복지대학원의 창설자로서 그의 눈부신 국제 활동은 지성외교의 큰 별로서 특별할 수밖에 없다.

사람은 자신의 흔적을 남기는 존재다. 그가 한국 지성인으로서 국제사회에 미친 영향이나 기여도는 남다르다.

1965년 6월 세계대학총장회 설립이사로 활약하면서 1972년에 회장에 당선되고 1981년 세계대학총장회에서 의결을 얻은 '세계 평화의 날'과 '해'가 유엔 총회 정식 의안으로 채택된 일이나 1979년 6월 그가 주창한 밝은사회 국제클럽이 발기되어 세계적인 시민운동으로 확산된 일은 충격적인 감동이었다.

당시 밝은사회 운동 국제 공동 발기인으로는 윤보선 전 대통령, 로드리고 카라조 오디오(Rodrigo Carazo Odio) 코스타리카 대통령, 피델 산체스(Fidel Sanchez) 엘살바도르 대통령, 레오니드 쿠츠마(Leonid

Kuchma) 우크라이나 대통령, 찰스 허긴스(Charles Huggins, 미국) 노벨상 수상자(1966), 군나 뮈르달(Gunnar Myrdal, 스웨덴) 노벨상 수상자(1974), 헨리 킹 스탠포드(Henry King Stanford, 미국) 마이애미대 총장, 메로트라(Mehrotra, 인도) 델리대 총장 등 세계 지도자와 석학들이 참여했다.

1975년에는 잘살기 운동이 밝은사회 운동으로 전환된다. 이 운동을 전개한 동기가 매우 인상적이다. 하루는 고속도로 도로변에서 사냥을 하다가 어떤 농가에 잠시 앉아 쉬면서 동네 사람들과 이야기를 나누던 가운데 그가 "고속도로가 뚫리고 차가 오고 가는 것을 보니 얼마나 좋습니까?"라고 했더니 "우리는 좋은 것이 하나도 없다. 도리어 고속도로를 달리는 버스와 자가용을 볼 때마다 좋게 보이지 않는다."는 말을 듣고 매우 충격을 받았다. 이를 계기로 삼고 밝은사회 운동을 결심하게 되었다.

경희대는 세계의 많은 대학들과 연결망을 갖고 상호 의존성을 높여 왔다. 그는 자신의 학교 교직원은 물론 다른 모든 교직에 종사하는 세계인들에게 창조적으로 생각하고 지적이며 개선적인 프로그래밍을 하도록 고양하고 있다.

그는 정말 경이로운 사람이다. 그의 에너지, 그의 강철 같은 굳은 마음은 변화를 유발하며 그의 따뜻하고도 자애로운 친절성은 우리 모두가 쉽게 감지할 수 있다.

경희대의 교문을 들어서면 우뚝 서 있는 교시 탑의 '문화세계의 창조'로부터 시작해서 젊은이들은 끊임없이 그로부터 "세계적인 한국인이 돼라."는 격려를 받았다.

그는 무(無)에서 유(有)를 창조하고 불굴의 투지를 본인의 삶으로써 실천한 사람이다. 세계를 무대로 뛸 수 있다는 청운의 꿈과 이를 성취하고자 하는 불굴의 투지, 이 값비싼 교훈은 그에게서 받은 가장 귀한 인생의 선물이다. 그는 1960년대에 이미 2000년대를 내다보았던 게 확실하다.

그는 또한 "인간의 의지는 역경을 뚫고 협동은 기적을 낳는다."는 의지력을 자주 얘기했다. 그리고 "인생에는 희망이 있다. 희망이 있는 가운데 살아가는 것이 인생이다"라고 말해 왔다.

오늘 내가 괴로움과 시련으로 희망을 버린다면 사람이기를 저버리는 것이다. 태어났기에 죽는 것이고, 만났기에 헤어지듯이 세상에 태어났기에 시련과 고통이 있는 것이다. 그는 이렇게 자신을 믿고 살아왔다.

밝은사회 운동의 이념적 근거는 그의 저서 《인류사회 재건》(1974) 속에 자세히 설명되어 있다. 그는 여기에서 문명세계에 대한 비평으로 시작하여 인류 역사를 회고하고 앞을 전망하며 문명사회의 미래를 예측하는 미래학적 입장에서 새로운 인간관을 제시한다. 그리고 이를 실천하기 위한 운동을 전개할 것을 제안한다.

그는 그 분야의 전공학자가 아니라 해도 대등하게 소신을 펼 수 있는 아주 희귀한 존재다. 저서 가운데 많은 부분이 꼭 우주 개벽부터 기필하는 것을 보면 확고한 우주관을 지닌 사람이라는 사실을 발견하게 된다.

뿐만 아니라 "우주를 모르고는 철학은 물론 과학·사회·경제·정치·문학도 종교도 논하지 마라. 하물며 인생을 어찌 운운한단 말인가."라는 말은 그의 소신과 지도이념을 말해준다.

그도 그럴 것이, 우리들 전부는 우주의 소산이다. 인간 영위의 궁극을 추구하던 희랍시대 때부터 오늘날까지 철학도 우주의 근원을 바로 보는 데에서부터 출발한다. 현재의 인간 활동의 모든 것은 겨우 지구 위에서만 이루어지고 있을 뿐으로 지구운동은 우주의 미미한 구성요소의 하나일 뿐이다.

그의 환경보호 운동은, 유엔 환경프로그램에 의해 제정된 세계 환경의 날 25주년을 기념한 '지구상의 생명을 위하여'라는 제하의 연설로 큰 영향을 주기도 했다. 이는 지구의 생명을 유지시켜주는 생태계와 종의 보존에 초점을 둔 것이었다.

또, 모든 생명체가 조화 속에서 공존해야 함을 인식, 환경의 중요성 그리고 이를 위한 지구적 차원의 협력 및 책임의 공유에 대한 자각을 일깨우기 위해 환경윤리에 관한 서울 선언문이 채택되기도 했다.

그는 우리의 삶의 근간이 되는 자연과 조화롭게 살아가고 우리의 후손들을 위해 자연과 그 속의 생명들을 보존해야 한다고 주장한다. 자연을 우리의 보물이자 삶의 근간으로 간주하고 우리가 애정을 가지고 보호해야 하는 대상이라고 생각한다.

- ▶ 자연을 파괴하지 마라.

- ▶ 오염을 제거하여 우리의 삶의 보고로 보존하자.

- ▶ 아름다운 자연환경 속에서 모든 국가에서 삶의 질을 개선하자.

- ▶ 자연애호 사상의 고취를 통해 내 마을 내 조국을 사랑하는 마음을
  기르자.

- ▶ 우리의 사회를 환경오염으로부터 보호하자.

너 자신을 알라, 그리고 바르게 살자

자신의 인생을 개척해 나가는 의욕에 불타는 자라면 손자병법의 '적을 알고 나를 알면 백전백승'이란 구절을 알고 있듯이 우주를 알고 나를 알면 스스로의 존재 가치관을 세울 수 있다는 것이 그의 소신이다.

그가 항상 강조하는 "너 자신을 알라, 그리고 바르게 살자."는 말을 보면 나, 인간이란 무엇인지를 알아야 내가 어떻게 해야만 바르게 살 수 있는지 또한 자신의 사명을 깨달을 수 있을 터인데, 그러려면 우선 인간의 뿌리를 찾아야 하고 따라서 지구, 태양계, 은하계 그리고 이 우주의 뿌리를 파악해야 한다.

그의 우주론 체계는 조지 가모브(George Gamow)가 창설하고 에드윈 허블(Edwin Hubble)이 내놓은 빅뱅(Big Bang)설에서 출발한다. 이 설에 의하면 자유중성자가 엄청난 고온에서 아일렘(ylem)을 형성하

고 있다가 대폭발로부터 우주 원년의 시간이 작동되기 시작한다. 그리고 양성자, 전자가 다시 자유중성자와 합하여 베터 붕괴의 과정을 거치면서 원소 형성의 역사를 만든다.

1965년 이전에도 빅뱅설(대폭발설)에 대한 많은 라이벌 설들이 백가쟁명(百家爭鳴, 누구든지 자신의 의견을 피력할 수 있다는 뜻으로 쓰인 중국의 정치구호) 하고 있었지만 그는 오로지 빅뱅설에 따르는 기원론만을 고수했다.

인간 생성론엔 창조론 아닌 진화론 측에 있으면서 논진을 편다. 증명의 노력 없이 불가침의 믿음만으로는 그의 우주 인간관에 하등의 설득력을 발휘하지 못한다.

다만 고난의 과학적 연구·탐구 끝에도 인지가 아직도 못 미치는 영역은 그의 철학관인 주의생성론에 의한 전승화이론으로 풀린다고 확언한다.

이것은 과학적 우주론과 지난 3천 년간 제창되었던 동서철학을 통합, 조화시킨 해답이다. 순환론적 물질세계의 변증은 물(物)과 성(性)의 교호작용을 통해 올바른 우주만물의 변화와 발전을 촉진시킨다는 것이 그의 지론이다.

그는 남달리 우주, 인간관에 대해 명쾌한 탁견을 갖고 또한 적극적인 인식철학으로 이끈다. 이는 이루 헤아릴 수 없을 만큼 많은 한국의 젊은이들에게 밝은 지혜와 희망, 그리고 굳건한 신념과 용기를 심어준 우리나라의 선각자 상을, 오늘의 한국이 세계 속에 존재하기까지 누구보다 애국적 공헌을 아끼지 않은, 나라에 큰 보탬을 준 진정한 애국자 상을 연상케 한다.

굳건한 신념은 나라와 민족을 향한 불변의 애국심이 바탕이 되어졌을 때에 더욱 굳세어지기 마련이다. 그리고 용기를 갖는 데는 그 사람이 타고난 선천적인 면도 중요한 몫을 차지한다.

그는 진정으로 이 나라와 겨레를 사랑하고 있으며 타고난 남다른 불굴의 의지와 용기도 함께 지니고 있는 특출한 사람이다. 맨손으로 시작하여 오늘의 위대한 경희학원을 건설한 것은 결코 우연한 결과가 아니다.

그는 실향민의 입장에서 늘 고향을 그리워하는 전체 실향민과 아픔을 함께 나누면서 그들의 외로운 마음을 달래주고 꿈과 희망을 버리지 않고 소중히 간직할 수 있도록 앞장서서 뛰어왔다.

우리나라가 선진국 대열에 끼어들 수 있기까지가 밑거름의 전부였다면 앞으로 창조될 그의 공적은 조국의 평화적 통일을 실현해 나가는 데에 필수인, 전 민족적 역량을 집적하는 지도자로서의 능력 발휘일 것이다.

그는 깊은 사색과 아이디어의 산실이다. 그의 탁월한 행동의 실적은 뛰어난 자질의 발현이다. 그러나 자질이 아무리 뛰어나도 '보석은 갈고 닦지 않으면 빛이 안 난다' 는 속담처럼 자질만으로는 결코 훌륭한 실적이 실현되지 않는다. 그의 명예롭고 뛰어난 실적은 충만한 아이디어의 소지자라는 자질에 덧붙여 깊은 사색에서 얻어지고 발현된 것이다.

　그는 세계 평화복지 철학을 기본으로 경희대 내에 평화복지대학원을 세계 최초로 개설했다. 그리고 여기에 전 세계를 망라한 학생들을 입학시켜 평화복지의 철학에 기초를 둔 교육 실천을 도모하고 있다. 이는 궁극적으로 교육자의 귀감이 되는 행동으로 그가 마음으로부터 존경받고 있는 소치다.

　그의 화제는 늘 세계의 평화와 복지에 관한 것이다. 그리고 그때마다 그가 토해내는 세계 평화와 복지 지향의 높은 이상은 자신의 철학에 기본을 둔 정열의 소산이다.

　한 자리에서 자본주의 체제와 사회주의 체제가 화제에 올랐을 때에 우리와 동석한 사람 중 하나가 "일반론으로 양 체제를 분류하는 표준을, 생산재의 사유를 인정하느냐 인정하지 않느냐에서 구하고 있지만 법률제도상으로는 자유법제와 통제법제 중 어느 쪽을 기초로 할 것인가를 양자의 분류표준으로 해야 하지 않을까. 그리고 자유법제의 제 국가는 필요에 응해 통제법제를 채용해 오고 있으며 또 통제법제의 제 국가도 수차로 자유법제를 취입하고 있는 것이 현하의 세계적 추세라고 말할 수 있다. 따라서 법률제도상 양 체제는 실제상 접근하고 있다고 말할 수 있지 않을까. 이 파악에 의하면 체제가 다른 국가라도 서로 세계적 평화와 복지를 추구하는 동일 테이블에 앉을 수 있게 되지 않을까."라고 의견을 피력한 적이 있다. 그는 그 자리에서 그 의견을 이해하여 화제를 앞으로 전개시켰다.

앞의 의견을 피력한 사람은 물론 참석자 전원이 그의 견식과 이해의 깊이에 당황했다. 그의 이해는 늘 제창하고 있던 극동아시아의 일체적 경제권 구상 과정과 이에 대한 충분한 사색을 바탕으로 한 것이었음을 우리는 알고 있다.

1990년 경희대와 일본대에서는 '동서 정치 시스템의 변모와 동북아시아의 역할'이란 주제로 공동연구를 한 적이 있다. '국제질서의 변화와 동북아의 정세'에 대해 연구한 내용을 담은 이 강연은 프랑스 혁명을 제1차 민주혁명, 러시아 혁명을 제2차 민주혁명이라 주장하고 이제야말로 제3차 민주혁명을 실현할 것을 강조했다.

그는 믿음의 크리스천이다. 또, 동양의 윤리를 중시하는 실천자이기도 하다. 또, 대한민국의 교육계와 나아가 전 세계의 대학 간에 있어서도 뛰어난 지도자임에 틀림없다.

세계 평화를 위해 그가 해 온 일과 특히 국제평화연구소(1987), 평화복지대학원(1984) 및 오토피아 평화재단(1989)의 창설자로서 우리 지구의 안녕을 위해 봉사한다는 것은 그 기관들이 일상 임무를 성공적으로 수행하는 것 이상을 의미한다. 한국이 이룬 국가적, 또는 국제적 사업 중에는 그가 기여한 공이 큰 것이 많다.

우리는 국가 간에 서로가 문화적인 큰 차이로 인해 격리되어 있다고 생각한다. 그러나 그는 이러한 사실이 얼마나 추상적인 감상인가를 알게 해준다.

그는 국적과 배경을 막론하고 어떤 사람에게도 친근한 사람이며,

더욱 행복하고 보람 있는 세계질서 구현에 기초가 될 수 있는 평화와 상호 이해와 상호 존중의 증진을 위해 평생을 걸어온 사람이다.

인간의 본성은 선하며 불멸하는 것이다

누구보다도 믿음이 두터운 기독교인인 그는 또한 공의가 우선하는 진보된 통치의 동양문화도 열성적으로 신봉하는 사람이다. 특별히 '세계는 모든 사람을 위한 것'이라든지 '보편적 조화의 세계' 등과 같은, 국가에 대한 충성심을 가르치는 유교적 교훈과 한 인간의 숙명에 관한 이 위대한 교훈도 중시한다.

일찍이 오랫동안 그는 재능을 키울 수 있는 훈련과 이해적인 사고와 엄격한 행동을 공히 아우르는 자가 되기 위해 민주적이고 친근감이 있으며 평화적인 사람으로서 가져야 하는 순수와 정직을 축적하기 위해 전념했다. 바쁘게 일할 때에도 그는 그가 과거에 어떻게 타인이 추종할 만한 참을성과 힘 있는 노력으로 배움과 연구를 이루어왔던가를 잊지 않았다.

인간의 본성은 선(善)하며 불멸하는 것이다. 우리는 의무를 준수하고 개인적 도덕성을 수립하며, 도움을 받는 대신 남에게 베풀며 적절하게 행동하고 사회적 관심을 타인에게도 돌려서 타인을 돕는 자아를 성장시키고 국민복지에 관해 책임을 져야 한다.

또, 정신적 가치를 증진시키고 사회의 밝은 면을 더욱 증가시키고 미래를 기대하며 책임을 질 줄 알고 내일은 더 나을 것이라는 확신을 갖고 용기를 북돋우며 앞을 향해 곧바로 행진해 나가야 한다.

이는 사회가 더 나아지고 좋아지게 하는 데에 도움이 되는 일들을 많이 하며 예절 준수와 준법정신을 재건하여 질서 있는 사회가 건설되기를 간절히 바라는 그의 마음이었던 것이다.

또, 그의 품성은 정직하고 순수하다. 그는 소박한 생활을 즐긴다. 그는 자기훈련에는 엄격하지만 타인에게는 관대하다. 그는 타인의 선행을 고무하는 선한 일을 하면서 영재교육에 헌신해 왔다.

그의 놀랄 만큼 생산적인 삶과 많은 활동, 그간의 업적을 아는 사람들은 아무리 그가 정력적이고 뛰어난 재능을 가진 사람이라고 할지라도 한 사람이 그토록 많은 분야의 일을 훌륭히 이루어낼 수 있는가에 대해 경이로움을 느끼지 않을 수 없을 것이다.

그는 많은 교육기관을 세운, 놀랄 만큼 창조적이면서도 비전을 지닌 인물이며, 인간적으로도 멋있다. 그를 한 시대가 낳은 위대한 국제주의자 중의 한 명이라고 표현해도 좋을 듯하다.

그동안 1백여 개의 나라를 여행했으며, 숱한 국제회의에 참석하고 이 회의들을 직접 주재하면서 헤아릴 수 없이 많은 연설을 했고, 그때마다 선언문을 채택하여 세계의 주목을 받기도 했다. 어디에서 그런 참신한 아이디어와 정열이 샘물처럼 솟아났을까.

그가 세계정세의 흐름에 끼친 영향도 말로 다 표현할 수 없다. 그는 국제 교육과 세계 평화 분야에서 많은 사상적·행동적 지도자들은 물론 온 세계인들을 고무시켰다. 그가 국제적으로 기여할 수 있었던 바탕 중의 하나가 세계대학총장회다.

경희대는 유엔과 관련한 많은 것을 연상시키는 고등교육 기관이다. 그는 국제관련 분야 사전에 오토피아·팍스 유엔·지구협동사회(GCS)라는 신조어를 창출, 등재하기도 했다.

그는 이상주의자이지만 언제나 대안을 가진 사람으로 신념과 함께 실천력을 지니고 있다. 그는 인류 역사에 있어서 고난에 찬 이 시대가 처한 문제의 실상과 그 심각성을 잘 알고 있을 뿐 아니라 많은 비관적 실상에도 불구하고 낙관적인 전망을 가진 실천주의자다.

신념과 비전을 가지고 인류가 추구해야 할 보다 행복한 미래를 확신하고, 보다 행복하고 건전한 세계의 건설을 도울 수 있는 그런 헌신적인 지도자로 각인되어 있다.

미래를 통찰하는 지도자

그는 사상적으로나 여러 방면에서 이룩한 업적이 어느 누구보다도 뛰어난 '시대의 선구자'로서 역할을 수행해 왔다.

그는 우리의 참 스승이다. 또, 경희대 역사 속에서 그는 평생토록 투철한 교육철학과 지극한 교육애로써 제자들을 교육해 왔다. 국내외를 막론하고 그의 사상과 교훈은 수많은 경희인들의 마음속에서 살아 움직이고 있으며 인생의 길잡이가 되고 있다.

교육현장에서 학교를 경영하며 학생들을 교육하는 가운데에 늘 좋은 지혜와 격려의 원천이 되고 있는, 말 없는 인도자가 바로 조영식 박사다. 그는 숭고한 교육관을 갖고 교육자로서 모범적인 삶을 살며 경희학원 건설을 위해 지극한 정성을 들였으며, 경희학원의 돌 하나, 풀 한 포기까지도 그의 교육애와 철학과 혼이 담기지 않은 것이 없다.

그가 지금까지 이룩한 모든 것들을 바라볼 때 그는 참 스승으로서 세인들에게 깊은 감동과 교훈을 주고 있다. 그는 그저 시대의 선구자, 참 스승으로 그치지 않으며, 평화의 사도, 미래를 통찰하는 지도자라 서슴없이 이야기해도 부끄러움이 없는 사람이다.

그 근거는 그의 삶 자체에 있다. 그를 평화의 사도라고 말할 때에 지금까지 그가 자신의 생을 바쳐 평화 운동을 해 왔다는 데에 그 평가의 근거가 있는 것만은 아니다. 평화를 이 땅 위에 이룩하기 위한 그의 집념과 노력은 세계대학총장회를 비롯한 각종 국제회의를 통해 결실을 맺고 있으며, 그가 그런 회의들을 통해 세계평화를 실현하려 하는 호소와 노력이 전 인류의 공감을 얻고 있기 때문이다.

그리고 마침내는 유엔에서 '세계 평화의 해'와 '세계 평화의 날'을 제정, 선포케했다. 아울러 이 같은 평화의 정신이 확산되어 급기야는 세계 어느 전략가도, 예언자들도 예측하지 못했던 세계의 냉전관계를 화해와 공영의 관계로 급변시키는 촉매제가 되기도 했다.

또, 그를 '미래를 통찰하는 지도자' 라고 말할 수 있는 것은 6·25 전쟁으로 우리나라 국토가 폐허가 되고 오랜 기간 동안 가난과 사회적 혼란 속에 국민들 모두가 호구지책에 급급하고 있을 때에 그는 《우리도 잘살 수 있다》(1963)라는 저서를 펴내 그 글을 읽는 모두에게 깊은 감명을 주었을 뿐 아니라 실의와 절망에 빠진 국민들에게 희망과 용기를 일깨워주었기 때문이다.

그와 같은 국민의식개혁 및 생활개선 운동은 새마을 운동을 성공적으로 이끈 밑거름이 되었다고 할 수 있다. 그는 분명 오늘날 우리나라가 이처럼 발전할 수 있다는 것을 이미 수십 년 전에 예견하고 있었음이 확실하다.

특히 오늘날 우리나라는 주변정세의 변화로 환태평양 시대의 도래와 더불어 그 역할이 강조되고 있다. 그는 수십 년 전부터 기회가 있을 때마다 환태평양 시대가 우리 앞에 전개될 것을 강조해 왔다.

그 당시 그의 지론을 듣는 사람들은 너무 현실 비약적인 예견이라고 생각했었다. 그러나 오늘날 그의 미래에 대한 예견이 우리 주변의 현실로 이루어지고 있음을 보아 그를 가리켜 '미래를 통찰하는 지도자' 라고 하는 것이다.

경희대 캠퍼스 내 모든 건물, 모든 조형물에는 그의 의지와 혼이 진하게 담겨 있다. 그중 경희금강(慶熙金剛)은 한국의 자연미를 인위

적으로 창작한 최초의 한국식 입체 석조정원이며 경희 정신과 한국
민족의 긍지와 주체의식을 표상화한 대 창작품이다.

이와 같은 구상을 바탕으로 경희대 학생회관 앞 광장에 금강산,
설악산을 만들려고 했는데 이는 주위 여건상 가능보다는 불가능이
더 컸었다. 지금 경희대 정문 안에 심겨 있는 산수유나무는 돌 때문
에 경기도 가평군 송추에 들렀을 때 그가 직접 사 온 것이다. 산수유
꽃은 이른 봄 제일 먼저 피는 선구자적인 기질이 있다 하여 그는 등
용문 안에 이 나무를 심고 학생들에게 산수유와 같은 선구자가 되라
는 교훈을 주었다.

본관과 평화의 전당, 중앙도서관, 교수회관이 한눈에 들어오는 아름다운 서울 캠퍼스 전경.

이런 일화가 있다. 당시 서울 캠퍼스의 조경 공사를 맡은 조경 디자이너 김 모 사장은 자기 나름대로 몇 개의 수석을 정성을 다해 놓았으나 그의 뜻대로가 아니어서 그는 다시 놓도록 했고 그 다음 날 또 시정하고 이와 같은 일들을 약 1개월가량 반복했지만 경희금강의 면모가 드러나지 않았다.

공사 중 난공사였다. 보통 공사는 도면도 있고 규격화한 건축자재, 많은 자료들을 참고할 수 있으나 이 경희금강은 오로지 그의 구상에 의존했기에 제삼자가 그 구상을 만족스럽게 표현한다는 것은 대단히 어려운 일이었다.

김 모 사장도 나름대로 작품을 만든다는 고집이 대단한 사람인데 돌을 놓으면 다시 뜯고 하는 일이 여러 번 반복되다 보니까 지칠 대로 지쳐 있었다. 나중에는 공사를 못하겠다고 불평을 늘어놓았다. 그래서 그는 보다보다 못해 직접 지휘해야겠다며 웃옷을 벗고 공사를 지휘했다. 하지만 다음 날부터 인부들이 나오지 않았다.

김 모 사장은 "일확천금을 준다고 해도 경희대 일은 앞으로 절대 하지 않겠다."고 화가 난 듯한 어투로 말했다.

또, "돌을 거꾸로 놓는 법이 어디에 있느냐. 아무리 돈 받고 공사를 한다 해도 남의 인격을 이렇게 모독할 수 있느냐. 돌도 아래위가 있는 법이다. 평생 조경을 했어도 돌을 거꾸로 놓은 적은 없었다. 당신을 거꾸로 세워 놓으면 어떻겠는가."라며 신경질을 부리고 화를 내기도 했다.

이에 조 박사가 "우리 대학 본관 앞 가로등을 보았느냐. 전주를 거꾸로 세워서 가로등을 설치하니까 바로 세운 것보다 좀 더 멋있는 분위기가 연출되지 않았느냐. 돌도 환경에 따라 자연미를 창출하는 데 그 형태를 변화시키기 위해 가로세로 어느 방향이든 놓을 수 있는 것"이라고 말한 것은 유명한 일화다.

맨 꼭대기의 천장봉 돌을 놓기 위해 그 밑돌 하나를 놓는 데에 하루가 거의 걸렸다. 지금 그 돌을 보면 그리 크지도 않은 돌이지만 그 돌을 놓음으로써 그 정상 봉을 올려놓을 수 있기에 중요한 부분이었다.

이 경희금강의 구상은 어느 누구도 표현할 수 없는데다, 같은 돌이지만 방향에 따라 그 아름다운 자연미가 조형되므로 그리 크지 않은 돌이더라도 발붙이기가 어려운 위치에 돌을 놓으려 하니 십여 번을 고쳐 놓아야 했다.

이 돌을 놓을 때마다 그는 동서남북 위아래로 동산을 오르내리며 때로는 와이어 줄에 매달린 돌을 붙들고 진두지휘해야 했다. 그것을 지켜본 수많은 교직원과 학생들은 "위험합니다. 큰일 납니다." 하고 고함을 지르며 내려오라고 했다. 하지만 그는 "고작해야 죽기밖에 더하겠느냐, 죽음이 무서워서 어떻게 일을 하겠느냐."고 도리어 야단을 치곤 했다.

결국 그는 일을 해내고 말았다. "하면 되지 않는가, 일도 하기 전에 겁부터 내면 일을 못하는 법이야."라고 말하며 멋진 경희금강이 되었다고 만족해했다. 이는 모든 일에 임하는 그의 기백과 성격을 엿볼 수 있게 해준다. 학생들이 지도자 중의 지도자가 될 수 있는 꿈을 이루는 데에 일익을 담당할 경희금강은 6개월여 만에 완성되었다.

경희대 정문에 들어서서 '문화세계의 창조'라고 새겨져 있는 교시탑과 웅대한 석조본관을 비롯하여 여러 건물과 함께 경희금강에 관한 그의 설명을 들으니 과연 소문대로 그릇이 큰 인물이구나 하는 생각이 들 뿐 아니라 원대한 꿈이 있는 사람이라는 것을 직감할 수 있다.

그는 한번 손을 대면 남보다 뛰어나게 하는 그러한 창의적인 노력가다. 민간외교가로서 보통사람이 할 수 없는 성과를 거두고 있는 것도 그것을 입증한다.

그는 교육자와 학자일 뿐더러 세계 평화를 위한 평화의 사도로서 그 꿈을 실현하고 있다. 이는 한국의 자랑이 아닐 수 없다. 그는 원대한 이상적인 꿈을 가진 사람이며 어느 때에는 허황될 정도로 실현성이 없는 꿈까지도 창조하고 실천하는 사람이다. 인간의 성품으로 보아서는 의리 있고, 큰 것을 지향하며, 그 큰 것을 실천하는 사람이지만, 한편으로는 남달리 인간적이며 자상한 성품을 가지고 있는 가슴이 따뜻한 사람이다.

산이 높으면 계곡이 깊은 법, 수원 국제캠퍼스에 얽힌 사연

1978년 1월 중순 어느 날, 갑자기 조 박사가 부르기에 바삐 학교로 들어갔더니 무언가 중대한 말이 있을 것 같은 느낌이었다. 이윽고 그는 정부의 교육정책으로 인해 제2캠퍼스를 설치할 수밖에 없다고 했다. 지방에 대학 분교를 설치하게 되었으니 좋은 교지를 물색하라는 지시였다. 거기에 얽힌 숱한 이야기들을 경희대 중문학과 박철암 명예교수가 들려주었다.

조 박사의 주문은 무엇보다도 서울에서 가까운 곳으로 교통이 편리하고 서울 캠퍼스인 경희대와 같이 대학의 전당이 될 만한 산수경관이 갖추어진 곳이어야만 된다고 했다. 먼저 경기도 용인군과 화성군 일대를 대상으로 교지를 찾아 나섰다. 약 2주간을 교지가 될 만한 곳을 샅샅이 돌아보았으나 적당한 곳을 찾기가 매우 힘들었다.

그러던 2월 초 어느 날, 충남 아산만을 돌아서 오후 늦게 경기도 용인군 기흥면 신갈 호수에 이르렀다. 그해 겨울은 유난히 추워서 호수도 결빙되어 얼음판을 타고 가는데 좌측의 산세가 급하게 뻗어 있어 별로 볼 것이 없는 것 같고 이미 해도 저물고 해서 돌아서려고 했다.

그러다 문득 산이 높으면 계곡이 있고 분지가 있기 마련이라는 생각이 들어 어둠이 짙어지는 호수의 빙판을 타고 산허리를 돌아서니 아니나 다를까 수십만 평이나 되는 넓은 계곡이 펼쳐져 있는 것이 아닌가. 드디어 찾고 있던 가나안 땅을 발견한 듯 서울 캠퍼스에 버금가는 아주 훌륭한 자리라고 직감했다.

이렇게 진리의 전당이 들어설 역사적인 수원 캠퍼스 위치가 확정

되었다. 그렇지만 토지 매입이 용이하지 않았다. 먼저 경기도 용인 군청에 가서 임야와 전답에 대한 토지대장을 확인하니 지주가 무려 2백여 명이나 되었다. 그리고 호수를 접한 경치가 좋은 토지의 소유자는 모두 외지인들이었다.

서울 사람들은 별장을 지으려 한다는 둥 목장을 하려 한다는 둥 하면서 팔려고 하지 않았고 더러는 값이나 많이 주면 팔겠다는 식이었다. 그럭저럭 처음부터 일이 순조롭게 진행되어 그해 봄까지 약 2만여 평을 매입했다.

그러나 대학이 들어온다는 소문이 전해지면서 지주들은 땅값이 오를 때를 기다리느라 토지를 팔려고 하지 않았다. 하는 수 없이 한 복덕방을 내세워 몇 건은 처리했으나 별 성과는 없었다.

그래서 교수 한두 사람이 보따리를 꾸려가지고 현지에 체류하면서 주민들과 술도 마시고 어울리며 계속 교섭을 했다. 그들과 밥도 먹고 대화도 나누며 그들을 이해시키려 노력했다.

대학을 이곳에 설치하게 된 동기와 이곳 지역사회에 미치는 영향을 구체적으로 설명하고 대학에 땅을 팔고 대토를 구하는 것이 훨씬 유익하다는 것을 설명했다. 그리고 시골의 어려운 집 자녀들을 취직도 시켜주고 했더니 주민들이 대하는 태도도 호의적으로 변하기 시작했다.

그러나 수개월이 지나 투기꾼들이 몰려오고 땅값이 오르기 시작하자 먼저 땅을 판 사람들 중 억울하다며 항의하는 사람도 많았다.

심지어는 당신 때문에 망했다는 원성이 있는가 하면 죽여버리겠다
고 위협하는 사람까지 있었다.

이런 여러 과정을 거쳐 1978년에서 1984년까지 6년간 수원 캠퍼
스 부지 60여만 평(1,983,480㎡) 매입을 완료하고 역사적인 제2캠퍼
스 시대를 맞이했다. 어쨌든 우여곡절 끝에 1980년 봄에는 수원 캠
퍼스에서 역사적인 첫 입학식을 갖게 되었던 것이다.

"경희대는 과거 30년간 불퇴전의 기백으로 전진했다. 수원 캠퍼
스는 30년 고난을 거울삼아 서울 캠퍼스와 더불어 쌍벽을 이루는 특
색 있는 종합대로 미래 새 역사 창조에 매진할 것이며 오늘은 경희

경기도 수원 60만 평 황무지에 새로 신축한 제2의 수원 국제캠퍼스 전경.

역사의 새 장을 여는 날이다." 조 박사가 입학식날 한 말이다.

"세상에 태어나서 한 번도 좋은 생각을 갖지 않는 사람은 없다. 다만 그것이 계속되지 않을 뿐이다. 어제 맨 끈은 오늘 허술해지기 쉽고 내일은 풀어지기 쉽다. 나날이 다시 끈을 여며야 하듯 사람도 자신이 결심한 일은 나날이 거듭 여며야 변하지 않는다." 그의 말버릇처럼 그는 늘 새롭게 '여미'는 결심으로 오늘을 맞고 있다.

13

밝은사회 운동으로
동방의 빛이 되는 날

늘 바르게, 법에 어긋나지 않게

인간은 지구상에 존재하는 동물 중에서 유일하게 이성, 체면, 사후관을 가진 존재로서 보람 있는 생애, 영광된 생애가 현세에서 뿐만 아니라 사후에도 남아 있기를 기원하는 존재다.

선의, 협동, 봉사는 조 박사의 인품을 상징하는 말들이다. 그가 주창한 밝은사회 운동이 세계를 밝게 하는 날 우리는 확실히 동방의 빛이 될 것이다.

마음먹기에 따라서는 요즘 사람들처럼 호사스러운 생활을 누릴 수 있겠으나 그는 언제나 오래된 서울 종로구 명륜동 집을 둥지로 삼고 요란한 치장도 없이 살고 있다. 자신이 벌여놓은 육영사업의 확장과 그 환경 개선에만 혼신의 역량을 쏟아 왔으며 그 속에 조그 만 그림자도 남기지 않고 있다.

그는 항상 "젊은이는 내일의 이 나라 주인이다. 내일의 주인공인 학생은 스승에게서 무엇을 배울 것인가. 스승의 높은 이상과 큰 그 릇 됨을 배워야 할 것이다. 그런 만큼 학생들은 나의 지식은 작은 것이라는 겸허한 자세로 촌음을 아껴 읽고, 사색하며 자신의 그릇 을 꽉 채우는 일에 열중해야 할 것"이라고 강조해 왔다.

그는 단순히 지식 쌓기에만 몰두하는 것이 아니라 고차원적인 이 상을 추구하고 견인불발의 인생관, 세계관의 정립을 위해 철학적· 종교적 사색에 침잠하는 데에 온 정력을 쏟았다.

서울대 법대를 졸업한 것은 1950년 5월이었고 이어 곧 6·25 전쟁 이 발발했다. 1950년 전쟁의 황폐 속에서 국토 보전과 국가 건설에 이바지하겠다고 나선 그는 짧은 60여 년 동안에 경희대를 건설했을 뿐 아니라 그 규모가 세계적이라는 사실에 대해 부인할 사람은 아 마 한 명도 없을 것이다. 그리고 그는 설립자일 뿐 아니라 교육 일 선에서 교육자로서, 총장으로서 모든 후학들을 위해 그 정열과 일 생을 바쳤다.

큰 뜻과 정신을 살려 세계 평화를 위해 불철주야 노력하는 그의 건학이념과 교육정신 그리고 세계 평화 운동에 대해 우리 모두는 그 뜻을 음미할 줄 알아야 한다. 또, 물질과 정신세계의 조화를 이 룬 정(正)·반(反)·합(合)의 이치를 터득한 사람이 바로 우리와 같이 있다는 것을 인식하여 항상 우리 주변의 의미 있는 생활을 연장해 나가도록 해야 할 것이다.

어느 해, 국가 정보기관에서 그의 집을 쥐 잡듯이 수색한 일이 있다. 그때에 서랍 속에서 손바닥만 한 네모진 금괴 하나가 나왔다. 정보원은 두말할 것도 없이 옳다구나 하고 금괴를 압수해 갔다.

그런데 부인 오정명 씨는 그것이 이상하기만 했다. '도무지 기억이 나질 않는다. 저런 금덩어리가 우리 집에 있었던가. 아니면 누가 언제 저걸 어디서 가져다 두었을까' 싶기만 한 것이었다. 막상 무슨 부정한 일이 없었나 하고 뒤짐을 당하고 있는 처지에서 집을 지키는 주부가 그런 것도 모르고 앉아서 남편의 입장을 곤궁에 빠뜨리는 것 같아 참으로 난감했으리라.

그런데 한 사흘 만에 금괴는 되돌려져 왔다. 알고 보니 그건 도금되어 잘 만들어진 금괴형의 기념품이긴 했지만 금으로 말하면 순 가짜로 하나의 무쇠였다는 사과의 설명과 함께였다. 사실 그건 평소 그가 '늘 바르게 하라', '법에 어긋나는 일을 해서는 안 된다'고 되뇌어 온 성품임을 너무 모르기에 일어난 일이었다.

그가 사실 청년시절부터 하고 싶었던 일은 정치였다. 그러나 1960~70년대 군사정권에 협력하지 않는다는 이유로 견제와 박해를 적지 않게 받았다. 그래서 학교 운영에도 차질을 많이 빚었다.

당시 우리나라가 얼마나 어렵게 살고 있었는데……참으로 답답한 현실이었다. '직접 정치에 뛰어들지 못하는 상황에서 어려운 현실을 넘어설 수 있는 가치관이나 사상이 없을까?' 고민도 했다.

1961년 5·16 군사 쿠데타 직후 군부에서 세 사람이 총장실로 찾아왔다. 나중에 알고 보니 중앙정보부장, 내무부장관, 병무청장을 지낸 거물급 인사들이었다. 그들은 그에게 '5·16 혁명 동지회(혁명을 일으킨 사람들의 모임)'의 회장을 맡아달라는 요청도 해왔다.

그러나 그의 생각은 그들과 달랐다. 때문에 이리저리 핑계를 대면서 거절했다. 그랬더니 박정희 소장이 당신을 신임하고 있으니 반드시 청을 들어주어야 한다고 강요했다. 그때 그는 이런 생각을 했다.

'쿠데타로 흉흉해진 민심을 가라앉히기 위해 나를 이용하려 드는구나.' 그래서 그는 끝내 거절하고 말았다. 그랬더니 3일 뒤에 경희대 총장 승인 취소 처분이 내려지고 말았다. 청천 하늘에 날벼락이었다.

그 당시 그는 40대 장년(長年)이었다. 도저히 참을 수 없었다. 그래서 항의의 뜻으로 학교를 폐교하겠다는 결심까지 했다. 그리고 대가 없이 학교를 정부에 넘겨 국립대학으로 만들면 학생들에게는 피해가 없지 않겠느냐는 생각까지도 했었다.

그 당시는 문 모 대령이 문교부 장관을 맡고 있을 때였다. 그는 문 대령을 만나 그가 마음에 담고 있는 생각을 소상히 이야기해주었다. 그랬더니 문 대령은 "도대체 이유가 뭐냐?"며 화를 버럭 냈다. 그래서 그도 "지금 상황을 몰라서 그러냐?"며 자리를 박차고 일어섰다.

며칠 뒤 문 대령이 집으로 찾아와 "학원장으로 있으면서 총장 역할을 하면 되지 않겠느냐?"며 그를 설득했다. 생각해보면 지금까지 조 박사에게는 이러한 어려운 고비가 수없이 많았다.

그뿐만 아니었다. 군사 정부는 유신학술원을 만들어 그에게 맡아달라고 요청해온 적도 있다. 그는 그때에도 절대 할 수 없다고 완강히 거절했다. 이 외에도 세 차례나 정부 요직을 맡아달라는 요청을 받았지만 계속 거절하고 말았다. 참으로 고통스러운 시기였다.

이러한 제의를 해온 것은 아마도 그가 1965년 세계대학총장회 설립을 주도하여 그 모임의 1차 총회를 영국 옥스퍼드대에서 개최한 점이 그들에게 큰 충격을 주었기 때문이었을 것이다.

왜냐하면 그 당시는 서구 선진국뿐만 아니라 동남아시아에서마저도 한국이라는 나라를 제대로 알지 못하고 있던 때다. 또한 박 정권은 자신들이 쿠데타로 권력을 잡은 정권이라는 부정적인 인식을 가려줄 명성 있는 문민 인사가 필요했을 것이다.

그는 한국의 군사독재에 환멸을 느끼기 시작한다. 1979년 12·12 사태 직후 보안사령부에 불려간 적도 있다. 이때 자문을 해달라고 해서 화기애애한 가운데 많은 이야기를 해주었다. 그랬더니 며칠 뒤 다시 불러 최규하 대통령을 찾아가 하야를 요구하라는 간청도 했다. 당연히 거절했다.

그는 교육하는 사람이 정치에 발을 들여놓을 수 없다는 이유로 거절한 것이다. 그랬더니 며칠 뒤 검찰이 학교 사무실과 집을 또다시 압수 수색했다. 학교 공금을 유용했다는 누명을 씌워 부인과 함께 대검으로 끌고 갔다. 학교 간부들도 여러 사람이 끌려갔다.

그런데 검사와 수사관들이 친절하게 대해주었다. 아마 죄 없이 끌려왔다는 것을 이미 알고 있는 듯했다. 그가 "왜 죄 없는 사람을 괴롭히느냐?"고 고래고래 소리를 질러도 그들은 그냥 듣고만 있었다. 일부 검찰 관계자는 사과를 하기도 했다. 참 별의별 일을 다 겪으면서 파란만장한 삶을 살아온 그다. 그렇지만 그는 결코 비굴하지 않았고 그렇다고 후회하지도 않았다.

한국 속의 세계인, 세계 속의 한국인

그가 '경희가족' 운동을 제창한 것은 1960년대부터의 일이다. 그때만 해도 '가족'이란 말이나 운동이란 것이 처음 있는 일이어서 그 용어가 오히려 낯설기조차 했다. 그러나 이러한 운동은 곧 널리 전파되어 지금은 웬만한 기업 같은 곳에서도 'OO가족'이라는 말을 쓰고 있는 것을 얼마든지 볼 수 있다.

그가 가족운동을 처음 제창했을 때의 그 신선한 울림을 되새기며 이제 여기 경희가족에서 나아가 인류가족의 사랑과 평화의 터전이 이 경희 동산에 이룩되도록 기원한다.

《눈을 들어 하늘을 보라, 땅을 보라》(1991)라는 저서에는 천지인을 향해 활보한 그의 거보가 세계 도처에 듬뿍듬뿍 패어 있다. 세계인은 그에게 무엇으로 보답할 것인가. 그는 이미 조국과 세계의 한계를 뛰어넘은 한국 속의 세계인, 세계 속의 한국인으로 자리매김했다.

결국 이 책은 그가 영원한 세계 평화와 인류의 복지 향상을 위해 던진 일대 경세서(經世書)라고까지 호평을 받았다.

그의 회갑기념으로 발간된 《평화의 연구》의 발간사에서 전 필리핀 대통령 마카파 갈(Makapa Gahl)은 다음과 같이 말했다.

"만약 늦출 줄 모르는 이러한 대립경쟁이 세계 도처에서 앞으로 중지되지 않는다면 조 박사가 주장하듯이 세계는 불가피하게 완전 파괴의 길로 치닫게 될 것이라고 생각된다.

만약 제3차 세계대전이 발발하여 양 진영이 보유한 모든 화력이 사용된다면 이 한국의 성현 조 박사의 말과 같이 지상의 모든 생물이 완전히 파멸되어 마지막 날이 도래하게 되고 말 것이다.

이러한 무서운 전망을 고려할 때에 세계 도처에서 제안된 인류의 생존 방안 중 조 박사가 주장한 민족주의와 국제주의의 조화 방안은 주의 깊게 검토할 가치가 충분히 있다고 생각한다.

그러한 조화는 두 강대국들이 지구상에 등장한 뒤 계속 강화되어 온 위성국 간의 적대적 대립을 해결하는 수단을 제공할 것임에 틀림없다……."

세계의 여러 국왕, 총장, 현인, 학자 그리고 정치인들은 그의 훌륭하고도 커다란 업적을 한결같이 찬양해 왔다. 특히 노벨상 수상자 찰스 허긴스(Charles Huggins)는 편지에서 이렇게 말했다.

"조영식 박사, 당신은 한국 교육계의 훌륭한 지도자일 뿐 아니라, 전 세계를 통해 당신의 가르침은 지대했다. 당신은 현인이다. 그리고 당신은 매우 관대하고 친절하다."

중화민국의 장개석 총통의 차남 장위국 4성 장군은 다음과 같이 말하고 있다.

"솔직히 말해서 필자가 제창한 홍중도(弘中道) 사상에 비하면 오토피아는 10여 년이나 앞서 조영식 박사가 역설한 사상이다. 또, 사상적 근원이 유사한 데가 많다 할지라도 필자의 그것보다는 무려 10년이나 앞선 것이다.

필자의 사상에 많은 영향을 미친 대작 《오토피아》는 대백과사전이 된 것이다. 그래서 그를 한국의 공자요, 선지·선각자라고 믿고 있다. 그래서 그를 존경하며 흠모하고 있다."

미국 페얼리 디킨스 대학 설립자이자 총장, 그리고 세계대학총장회 초대 회장인 피터 삼마르티노(Peter Sam Martino) 박사는 그에게 보낸 서신에서 다음과 같이 말한다.

"나는 조영식 박사의 업적에 실로 경의를 표한다. 조 박사 없는 세계
대학총장회는 6년이 지난 후에는 시들어졌을지도 모른다. 왜냐하면 나
는 좀 더 조직을 확장할 수도 그토록 광범위하게 활동할 수도 없었기 때
문이다.

넓은 대륙을 끌어들이고 우리의 초기 발간지인 〈룩스 문디〉를 계속
발간하게 하고 새로운 회원을 확보하고 국제회의를 계속 가능하게 한
것은 다름 아닌 조 박사였다.

그가 경희대를 위해 힘써 온 정력만큼이나 세계대학총장회에도 심혈
을 기울여 왔기에 오늘날 세계대학총장회는 이토록 훌륭한 모습을 갖춘
것이다."

또, 어떤 이는 조 박사를 한국이 낳은 아인슈타인이라고도 했으
며, 세계의 누구보다도 먼저 노벨 평화상을 받아 마땅한 분이라고
까지 말했다.

부트로스 부트로스-갈리 유엔 사무총장과 그의 전임자인 드 케얄
사무총장은 세계대학총장회 및 평화협의회의 의장인 조 박사의 안
목과 식견을 다음과 같이 높이 평가한 적이 있다.

"이분이 지닌 생각과 예언의 힘은 참으로 놀랍다. 뛰어난 학자요, 경세가요, 친구이며 세계 지도자들의 고문이라고 할 수 있는 이분이 우리가 살고 있는 이 지구를 좀 더 낫게, 그리고 보다 평화롭게 만들기 위해 추진해 온 사업에 대해서 우리는 자주 듣곤 했다. 지금 나는 그런 말들을 되뇌는 것만으로도 가슴이 저절로 벅차오름을 느낀다."

로구노프 전 모스크바대 총장은 그를 두고 한국이 낳은 세계적인 지도자라면서 "나는 세계적인 유명 인사들과 수많은 만남의 기회가 있었다. 내게 있어서 이러한 기회는 인간과의 만남과 우의와 참여 등의 기쁨을 주었기에 나는 참으로 행운아다. 왜냐하면 많은 저명한 과학자와 정치가, 사회지도층 인사 그리고 예술가들과 가깝게 지낼 수 있는 특권을 누렸기 때문이다. 그러나 그중에서도 참으로 잊을 수 없는, 내 생애에 있어 감동의 만남이 있었다. 바로 한국이 낳은 세계적인 지도자, 조영식 박사와의 만남이다."라고 말하기도 했다.

우리나라 초대 문교부장관을 지낸 안호상(1902~1999)은 "조영식 박사의 국내 활동도 대단히 중요하지만, 보다 더 훌륭하기는 그의 국제무대에서의 활동이다. 나라 밖에서 그는 오히려 국빈 예우를 받는 경우가 많았다. 어느 나라에선 아예 '조영식의 날'이 선포되었는가 하면 어떤 대학에선 그의 이름을 딴 '조영식 강당', '조영식 홀'을 마련하기도 했다. 그리고 '조영식 사상과 철학' 연구, 심지어 그의 저서인 《오토피아》, 《인류사회의 재건》 등이 국내외의 명문대에서 교재로 채택되는 일이 허다했다. 이는 그의 국제적 활동에 대해 짐작하고 남음이 있게 한다.”고 극찬을 아끼지 않았다.

미국 디킨슨대 허드맨 사범대 학장은 아름다운 시(詩)까지 지어 보내왔다. 제목이 ‘그의 방에 들어설 때’ 다.

"사람에 있어서 그 위대성의 자질은

그가 단지 방문에 들어서는 것만으로 어떤 변화를 일으키게 한다.

재치가 발랄하고 생기에 가득 찬 사람이 방문에 들어 설 때에는

웃음꽃이 활짝 피며

고상한 품격에 많은 업적을 쌓은 사람은, 많은 감화를 가져오며

성스러운 사람 덕망 있는 사람은 존경을 수북이 자아낸다.

그러나 이 사람은 이 모든 선물을 안고 오는 것뿐만 아니라

그의 비범하고 고상한 품격에서 흘러나오는 신비적 마력은

그가 방에 들어서는 순간

모든 평범한 사람들을 한꺼번에 사랑의 공동체로 화하게 한다.”

그가 서구 사회를 돌아보고서 절감한 것은 물질적으로는 풍요한데 인간적으로는 그지없이 부도덕하고 타락한 현상이었으며 그는 이것을 마음 아프게 생각하고 있었다.

결국 경제가 아무리 성장하더라도 직접 혜택을 받지 못한다면 풍요에 대한 의미가 없을 뿐더러 가진 자와 못 가진 자 간의 위화감만

조장시킬 것이다. 그리고 그는 물질문명이 가져다주는 정신적 황폐를 극복하기 위해서는 밝은 사회, 건전한 사회를 이룩해야겠구나 하는 생각을 하게 된다.

더구나 인간 경시, 불신과 적개심으로 사회가 병들어 있었기에 이러한 병든 사회를 건전한 사회로 되돌리기 위해서 밝은사회 운동을 확산시켜야 한다고 결심하고 이를 실천한다. 이 운동은 정부로 하여금 '새마음 운동'을 전개하게 하는 촉매제가 되었다.

그는 항상 우리에게 '봉사의 삶'을 살자고 말한다. 우리 모두가 조상들에 대해 무한한 부채를 가지고 태어났다고 말한다. 고대 인도에서는 그러한 부채의 세 가지 예들이 이야기되었다. 인도의 베딕(Vedic) 시대 이후, 한 개인이 이 세상에 태어나는 순간 그는 특정한 임무를 수행함으로써만 갚을 수 있는 세 가지 부채를 지게 된다는 생각이 있었다.

"우선 사람은 신들에 대한 부채를 갖고 있다. 이 부채는 그가 어떻게 적절한 희생을 하는지를 배우고 또 신께 제물을 바침으로써만 탕감될 수 있다. 둘째, 인간은 지나간 시대의 현자들에 대한 부채를 갖고 있다. 이것은 인간이 그 현자들의 업적을 연구하고 문학적, 전문적 전통을 유지함으로써 탕감할 수 있다. 셋째, 인간은 조상에 대한 부채를 갖고 있다. 이는 후손들을 기르고 그들에게 적절한 교육을 제공함으로써 탕감될 수 있다."

1999년에 도서출판 교학사에서 발간된 미원 조영식 박사 교단 50주년 기념집 《인간 조영식 박사 101집》을 보면, 그를 세계 속의 한국인이요, 평화와 인류 재건의 창출자요, 위대한 세계인으로 한평생을 살아온 인간 조영식이라 평가하고 있다.

그렇다면 그의 한평생은 무엇이었던가? 그가 가진 소중한 것은 무엇이었던가? 세계적인 석학들의 눈에는 동서를 누비며 붕정만리를 날며 미개지에 이르기까지 발이 닿지 않는 곧이 없는 그가 이 시대의 경세가(經世家)임에 틀림없으리라.

그에게는 끝이 없다. 천지의 온천수처럼 한없이 솟아오른다. 항상 새로운 시작이요, 출발일 뿐이다. 그의 삶과 철학에 대해 사람들은 이렇게 평가한다.

14
눈을 들어
하늘을 보라, 땅을 보라

늘 자신을 믿고 사랑하며

인간이 태어나서 누구를 만난다는 것 또는 누구에게 배우고 가르침을 받으며 영향을 받는다는 것은 그의 사회적 지위 못지않게 중요하다. 그 대상이 누구이든 간에 인간 완성이나 인격 형성에 절대적이며 자기 삶의 거의 전부를 결정짓는 큰 몫을 담당한다.

근엄하고 인자한 그의 인상은 완전히 사람을 매료시킨다. 특히 그의 '민주주의론'은 한 사람의 생에 폭과 깊이를 마련해주는 귀중한 것이다. 세계관, 인생관을 바르게 갖도록 눈뜨게 하고 명쾌한 철학관을 심어준다.

인간은 왜 태어났고 어떻게 살아야 하며 민주주의란 어떤 것이며 어떻게 행동하는 것이 민주시민의 길인지를 분명하게 말해준다. 사람은 태어난 텃밭도 중요하지만 누군가에 의해 가꾸어지고 어떠한 영향을 받으며 보살핌을 받는가가 더 큰 문제이며 보다 큰 비중을 차지한다.

그래야만 부분과 전부를 유기적으로 연관시켜 거시적 안목에서 옳고 바른 우주관, 세계관, 인생관을 이어 나가게 된다. 《눈을 들어 하늘을 보라, 땅을 보라》(1991)는 그의 저서 곳곳에서 우리는 이 점을 엿보게 된다.

지금까지 인문·자연·사회 각 분야에 많은 사전들이 있어 왔다. 하지만 그는 유독 평화 분야에만은 사전이 없었음을 개탄해 왔다. 그래서 그는 사상 최초로 《세계 평화대백과사전》을 편집하여 세계 굴지의 영국 출판사 프레가몬으로 하여금 '세계 평화의 해'인 1986년에 출간케 했다.

또, 국제화 시대를 맞아 지구촌 인류가족으로서 세계 시민의 자질과 교양을 높이기 위해 사상 처음으로 《세계 시민 교과서》(1991)를 출간하여 세계 도처에 보급했다.

그의 《세계 시민 교과서》는 이 분야 세계 최초의 교과서라는 점에서 특별한 의의가 있다. 이런 책이 나오게 된 배경을 보면 대체로 현대문명의 본질적인 모순들이 그 근저에 부각된다.

우리는 요즈음 역설로 가득 찬 세계 속에서 살고 있다. '물질적 풍요가 정신적 타락을 가져오는' 세상에서 살고 있는 것이다. 이러한 난제의 해결에는 전 지구적 차원의 협력이 필요하다는 데에 인식을 같이하게 되었고, 이에 따라 이 책이 편찬된 것이다.

그는 1970년대부터 현대 세계와 문명을 바람직한 방향으로 재정립하는 데에 가장 중요한 시발적인 사업으로 '세계 시민상' 의 확립을 주창하기도 했다.

마침내 세계대학총장회가 1981년 그 결의문에서 세계의 각종 학교에 '학생들로 하여금 지구촌의 시민이 되도록' 교육할 수 있는 계획을 세우도록 촉구했다. 세계의 모든 교육기관에 자국의 환경에 적합한 세계 시민 교육을 하기 위한 교과과정과 교과서를 만들도록 권유하기도 했다.

그는 여기에서 과거의 이론을 답습하지 않고 보다 나은 새 이론을 개발했다. 또, 이론과 실제를 겸비하기 위해 몸소 우리 사회에 시범을 보여 실천화하는 데에도 앞장섰다.

누구나 평화를 사랑하고 평온하기를 갈망한다. 그러나 이 평화가 생활화되기는 참으로 힘이 든다. 신은 그를 인류의 평화를 위한 일꾼으로 택했고 이 위대한 일을 할 수 있도록 지혜를 주고 생각이 같은 인생의 동반자로 부인 오정명을 택해 주었다.

예나 지금이나 두 사람은 이 세상의 부귀영화에 취미가 없는 사람들, 대자연을 사랑하고 대자연과 함께 호흡하고 생각하고 목표를 세우고 아름다운 꽃과 새들의 노래를 즐기는 사람들이었다.

이 대자연에서 하나님과 만나고 하나님의 뜻을 깨닫고 그 크나큰 능력을 믿었다. 그리고 그 능력 안에서 하나님이 기뻐하는 일을 할수 있다는 담대한 용기를 얻었다. 그래서 그에게는 절망이란 없었다.

그렇게 많은 고난을 겪으면서도 좌절하지 않는 큰 힘. 이것이야말로 참 그리스도인의 축복이 아닌가? 그는 젊은 시절부터 항상 이렇게 말하며 노래했다.

"고난이여 역경이여 올 테면 오라, 또 나 어느 곳에 있든지 늘 마음 평안해, 찬송과 사랑이 꽃핀, 아 미원의 동산, 오 낙원의 동산이여!" 그는 평소에도 늘 자신을 믿고 사랑했다.

"말과 행동이 일치해야 한다. 항상 희망을 크게 가지고 열심히 공부하고 배우며 참되게 살며 나라를 사랑하고 일하라. 나아가 인류를 위해 일하는 일꾼이 돼라."고 말한 그대로 그는 스스로 먼저 실천한 선각자였다.

언제나 연구하는 자세를 잃지 않고 큰 꿈을 가지고 깨끗한 마음으로 평화의 일꾼을 키우는 일에 자신의 생애를 바쳤다. 기회가 오기를 기다리거나 남이 해주기를 바라지 않고 자신이 할 수 있는 데에서부터 최선을 다했다.

무엇보다 언제나 자기 몸을 잘 지키고 단정하고 깨끗이 정돈하고 어머니를 공경했으며 부인을 자기 몸과 같이 사랑했다. 부인 역시 어떤 일에든 순종했다. 언제든 점심 외의 식사는 가족들과 같이 했다. 항상 웃는 자상한 성격의 소유자였기에 늘 가족들에게 평안을 안겨주었다.

또, 남의 잘못을 탓하지 않았으며 용서하고 용기를 주는 겸손하고 온유한 사람이었다. 남을 비방하거나 불평하지 않고 손아랫사람이든 심지어 제자들에게까지도 명령어를 써본 적이 없는 사람이다. 무엇이 틀렸으면 "이렇게 하는 것이 좋지 않을까. 수고했어, 고마워." 하는 말 외에는 별로 말이 없고 일밖에 모르는 성실 근면한 사람이다.

부산 피난 시절, 아무것도 없는 대학을 인수한 뒤 말할 수 없는 고생이 시작되었다. 도움을 주려는 사람보다 도움을 받으러 오는 사람이 더 많았다. 이때도 그는 부산서 방 한 칸을 빌려 어머니를 모시고 애들과 사는 형편임에도 불구하고 제자의 학비부터 대주었다.

현대판 시묘살이

평화를 사랑하고 평화를 위해 일했기에 아무것도 없는 곳에서 웅장하고 찬란한 경희의 동산을 건설할 수 있었다. '세계 평화의 날'을 제정케 할 수 있었다. 이 얼마나 귀한 일인가. 언제나 자신이 하는 일이 헛되지 않음을 멀리 믿음의 눈으로 바라보고, 어떤 상황에서든지 굴하지 않고 하나님의 일을 스스로 기뻐했기에 이렇게 큰 평화의 열매를 맺게 되었다.

"어머니 학교에 다녀오겠습니다."

"그래. 잘 다녀오렴."

마치 어린 초등학생이 학교에 갈 때 엄마에게 아침인사를 하듯 그도 칠순 노인이면서 평소 팔순인 어머니에게 이렇게 아침 출근 인사를 했다.

어머니는 평소 성품이 인자하고 자상했다. 외아들인 그를 이 세상에서 가장 '존경하는 인물'이라고 말했다. 자신의 자식을 무슨 말로든 표현할 수 있겠는가마는, 유독 어머니의 아들 사랑은 남달랐다. 오늘의 그는 어머니의 희생이 없었더라면 존재할 수 없었다.

한평생 아들에게 반말 한 번 하지 않으셨던 분. 아들의 그림자도 밟지 않고 피해 가시던 분. 그래서 외아들인 그의 어머니에 대한 사랑은 극진했다. 어머니 마음은 바로 그의 교실이었다.

그런 어머니는 1992년 가을 조용히 아들 무릎 위에서 향년 93세의 일기로 세상을 떠났다. 장례식에서 있었던 일이다. 문상객들은 대부분 호상이라며 그를 위로했지만, 그는 너무나 가슴이 아팠다.

일전에 읽은 인간의 수명에 대한 신문기사가 문득 떠올랐다. 사람은 누구나 질병만 얻지 않는다면 무난히 120세까지 살 수 있다. 그러나 수명을 다하지 못하고 임종을 맞는 것은 '죽음'이 아니라 '자살'이라고 했다. 그래서 그는 가슴이 더욱 미어질 듯 자신을 불효막심한 자식이라고 생각했다.

그는 시간이 있을 때마다 경기도 남양주시 삼봉리에 있는 모친 묘소를 찾곤 한다. 특히 잦은 해외 출장길에도 어김없이 공항 가는 길에 먼저 어머니 묘소를 찾아 출국 인사를 한다. 물론 귀국 시에도 마찬가지다.

어머니의 묘소에는 낡은 구형 트랜지스터 라디오가 하루 종일 켜져 있다. 지금 이 시간에도 라디오 소리는 끊임없이 흘러나온다. 어머니는 살아생전에 라디오 듣는 것이 하루의 소일거리였다. 어머니는 저승에서 지금도 라디오를 듣고 계신다.

그는 혹시나 라디오 건전지가 다 소모되지는 않았을까, 아니면 비바람에 고장이 나거나 혹시 사람의 손이 타지 않았을까 걱정을 놓지 않을 만큼 그는 모친의 유일한 유품인 라디오를 아낀다. 살아생전에 가장 아끼시던 구형 라디오를 듣고 계실 어머니를 하루도 잊어본 적이 없다. 이는 어쩌면 현대판 시묘살이일 수도 있다.

인간을 아는 것이 세상을 아는 첫걸음

부분과 전부를 유기적으로 결합하여 거시적 안목으로 세운 옳고 바른 우주관, 세계관, 인생관이 그의 심오한 학설에 의해 이어져 나가게 된다.

그의 저서 《눈을 들어 하늘을 보라, 땅을 보라》 곳곳에서 우리는 그것을 엿볼 수 있다. 이 책에서 그는 우주의 창조부터 인류의 출현, 그리고 태초부터 오늘에 이르기까지 인류 역사를 관조하고 이를 통해 참다운 인생의 길과 인류의 나아갈 다음과 같이 방향을 분명히 제시하고 있다.

　인간이 만약 나 자신을 모르고 또 내가 무엇을 생각하며 어떻게 살아야 하는지를 알지 못하고 한세상을 산다면 그는 분명 인생을 헛사는 사람임에 틀림없다. 그러나 사람들은 불행히도 그와 같은 본질적인 문제를 외면하면서 어떻게 해야 돈을 많이 벌고 출세할 수 있을까, 어떻게 해야 남보다 편안하고 행복하게 살 수 있을까만 생각하기에 급급해하고 있다.

　이렇게 인간들이 자신을 모르고 내가 해야 할 일조차 바로 가리지 못하고 살아왔기에 사회인 또는 국가인으로서의 생활은 더욱 형편 없어 인류 역사의 방향이 오늘과 같이 빗나가고 말았다.

　인류세계가 지혜와 문명이 이처럼 발달된 지금에 이르러서도 많은 난제들을 그대로 안게 된 것은 그와 같은 까닭에서다.

　합리주의 철학의 태두 데카르트(Descartes, 1596~1650)는 일찍이 절대적 회의론(懷疑論)에서 '나는 생각한다, 고로 나는 존재한다'고 했다.

　어쨌든 인간이라는 물음에 대해 여러 가지 견해가 있을 수 있겠으나 18세기 영국의 시인 포프(Alexander Pope, 1688~1744)가 인류가 가장 절실하게 규명해야 할 중요한 과제의 대상은 뭐니 뭐니 해도 인간이며, 우리는 그에 대해 바로 답을 얻지 못할 때에 불행을 안게 될 것이라고 한 말은 고금에 통하는 옳은 말이다.

　이집트 신화에 스핑크스(Sphinx)의 이야기가 있다. 테베 시로 들어가는 근교 길목에 스핑크스라는 괴물이 있었는데 여자의 얼굴에 사자의 몸체, 독수리의 발톱에, 뱀의 꼬리를 갖고 있는 이 짐승은 지나가는 사람마다에게 물었다.

아침에는 네 발로 걷고 낮에는 두 발로 저녁에는 세 발로 걷는 짐승의 이름이 무엇이냐?

이 질문에 바로 답하지 못하면 모조리 스핑크스에게 잡아먹혔다. 그렇게 하여 많은 사람들이 희생되었는데 나중에 오이디푸스(Oedipus)라는 청년이 그것은 바로 사람이라고 답하여 테베 시의 사람들을 모두 구해냈다는 신화다.

소크라테스(Socrates, BC 469~BC 399) 는 일찍이 "너 자신을 알라." 고 했다. 델파이 신전의 비문에 새겨져 있던 이 말은 인간을 아는 것이 세상을 아는 첫걸음이라는 뜻에서 우리 인간들에게 아주 좋은 교훈을 안겨주었다.

그러나 오늘 인류는 어떠한가? 집단생활을 하면서도 나만을 보고 이웃을 보지 못한다. 육체와 정신을 함께 가지고 있으면서도 물질만을 숭상하며 인간정신을 경시한다.

진보냐, 퇴보냐, 아니면 파멸이냐. 우리 옆에서 항시 위협을 가하고 있는 핵전쟁과 무절제한 환경파괴, 거기에다 근래 급증하는 폭행과 테러, 사악한 범죄, 마약과 부도덕한 퇴폐행위 그리고 반질서, 반체제, 반문명의 굴레 속에서 인간은 자신과 자기 집단의 이익만을 위해 서로를 불신하며 대결하고 있다. 모두의 평화를 말하면서 전쟁을 예비하고 인도주의를 부르짖으며 약육강식하고 인류화합을 외치면서 자국 세력 확장에만 급급하고 있다.

왜 이렇게 인간이 삶의 길에서 빗나가고 있을까? 그 답은 간단하다. 우리 인류는 아직도 오이디푸스가 푼 스핑크스의 물음에 바른 해답을 얻지 못하고 있기 때문이다. 인간이 무엇이며 어떻게 살고 무엇을 행해야 하나 하는 원초적인 물음을 바로 알고 있지 못한 데에서 인간적, 당위적 바람과는 무관하게 인류의 삶은 빗나가고 있는 것이다.

그런 의미에서 알렉산더 포프의 경종을 우리는 여기에서 다서 음미해볼 필요가 있다. 그렇지 않으면 불행히도 인류는 스핑크스의 물음에 답하지 못하고 영영 멸망의 함정으로 빠져들 수밖에 없다.

그러면 어떻게 해야 바른 인간관을 세울 수 있을까? 먼저 인간이 무엇인가를 알아야 내가 어떻게 살아야 하는지를 알 수 있고 또 내가 해야 할 일이 무엇인지를 알아야 값있고, 행복하고, 보람 있게 사는 인간이 될 수 있다고 본다. 따라서 나는 여기에서 인간의 뿌리를 찾는 우주의 대창조로부터 태양계의 형성과 지구의 역사 그리고 생명체의 탄생에서부터 오늘의 문명사회에 이르는 그 경로들을 차례로 살펴 바른 인간관을 짚어보려고 한 것이다.

15

신념은 의지를 낳고
역경은 희망을 낳는다

병고에 시달릴 때 용기와 사랑을

도스토예프스키(Dostoevskii, 1821~1881)는 일생을 두고 병고와 싸
웠다. 특히 16세 때에 그의 부친이 농노들에 의해 처참하게 살해당
하는 현장을 목격하고 불치의 간질을 얻었으며 이 병은 끈질기게
그를 괴롭혔다. 러시아의 문학을 세계문학의 중심으로 끌어올린 그
의 창작열에 못지않은 부피로, 건강한 육신에 대한 소망이 그의 내
면에 중요한 한 부분을 점유하고 있었을 것이다.

오늘날 많은 사람들이 물질이나 명예나 권력과 같은 욕망을 추구
하며 살아가지만, 이 모든 항목들보다 훨씬 더 소중한 것이 있다면
바로 건강이다. 이 평범하면서도 절박한 깨우침은 건강을 잃어본

사람이 아니고서는 깊이 있게 실감하기 어렵다. 건강할 때 건강의 고마움을 참되게 인식할 수 있는 사람만이 행복하고 지혜로운 사람이다.

그는 못난 제자가 병고로 나약해지고 고통받고 있을 때 용기를 준 사람이다. 그가 평소 병약한 사람들의 걱정을 나누어 갖는 모습은 꼭 자식을 사랑하는 부모님의 모습과도 같다. 이 세상에 완전한 행복이란 존재하지 않는다. 그러나 조금이라도 가까이 다가가기 위해서는 불행에 대한 면역을 갖는 것이 필요하다. 그리고 그 면역이란 부족하고 나약한 인간 혼자서는 얻을 수 없는 것이며 수직적 은혜와 수평적 사랑의 협력이 수반될 때에 비로소 얻는 것이 가능하다.

그는 중농 가정에서 태어나 유년시절을 보냈기 때문인지 몰라도 힘든 일이라고는 해본 적도 없었다. 그렇지만 경희대 건설 초기에 공사판에서 인부들과 같이 돌도 나르고 곡괭이질도 서슴지 않고 했다.

그래서인지는 몰라도 그는 심신건강이 약해져 병원 신세를 지는 일도 많았다. 천성이 부지런하고 돌쇠같이 단련된 체구였지만 초창기에 재정난에 쫓겨 엄청난 고충을 겪으면서부터다.

고황산 골짜기 허허벌판에 터를 닦고 강의실을 짓기 위해 동분서주했지만 타향인 서울 바닥에서 절대 부족한 건축비를 마련하기란 쉽지 않았다. 그래서 한때는 한 달 공사 두서너 달 중단이라는 악순환이 되풀이되는 일도 다반사였다. 어쩔 수 없는 노릇이었다.

그래도 그는 절망하지 않았다. 열심히 하면 된다는 꿈을 버리지 않았다. 굴하지 않고 '신념은 의지를 낳고 역경은 희망을 낳는다'는 것만 굳게 믿었다. 이 말이 바로 그의 한평생 좌우명이 되었다.

"고난이여 역경이여 올 테면 오라
그 모질고 거세다는 세파의 끝 어디냐.

남아가 한 번 선 그 길 그 뜻 굽힐손가
염라의 대왕이여 자 – 어서 나서라.

내 끝까지 용전(勇戰)하다 체력 다하면
귀장(鬼將)을 때려눕힐 기력 또 있지 않나.

철한(鐵漢)이 도전하는 사나이 길엔
전진은 있어도 후퇴는 없다.

철한이 응전하는 사나이 길엔
승리는 있어도 패배는 없다."

그의 서재의 낡은 책갈피에서 발견된 메모지다. 빛바랜 갱지에 깨알처럼 쓰여 있는 고난의 시(詩) 한 편이 발견되어 화제가 되었다.
바로 1956년 경희대 건설 초창기 재정난에 쫓기는 와병 중에 쓴

'고난이여 역경이여 올 테면 오라' 라는 시로 이 시를 보면 청년 조영식이라는 사람이 당시 어떤 사람이었는지 이해하고도 남음이 있다.

그는 참으로 대단한 신념의 사나이였으며, 의지의 청년이었다. 당시 얼마나 어렵고 고통스러웠으면 이런 글을 썼을까마는, 그렇기에 신은 그에게 오늘의 명문 경희대를 일굴 수 있는 지혜와 능력을 주었다.

그를 만난 사람들을 한결같이 이렇게 말한다. 그는 고고하고 깨끗한 성품과 인자함, 틈새가 없는 언어 구사력, 아름다운 글재주, 미래와 세계를 깊이 보는 혜안을 지닌 사람이라고 말이다.

해답은 하나밖에 없다. 청년 조영식은 약관 20대 후반에 세계적인 명문 경희대를 만들었고, 30대에 한국 사회의 조그마한 대학 총장으로서 일본 동경대 총장, 미국 하버드대 총장, 중국문화대 총장 등 세계적인 명문대 총장들을 설득하여 '세계대학총장회'를 조직, 의장으로 선출되었다. 이런 사실 하나만 보아도 그는 신화적인 인물임에 틀림없다.

그뿐만 아니다. 40대 초반부터는 국제적인 학술회의를 통해 세계 평화 운동을 주창하여 한평생 세계 평화를 위해 밝은사회 운동을 범세계적 운동으로 전개해 왔다. 그리고 80대임에도 불구하고 왕성한 저술 활동을 통해 세계적인 석학으로서 '세계 평화'와 '밝은사회' 구현을 위한 진리 탐구에 골몰한다.

그리하여 1970년대에 들어와 그의 이상과 꿈이 현실로 나타나기 시작한다. 바로 '세계 평화의 해'와 '세계 평화의 날'이 그의 제안에 의해 유엔에서 제정되게 된다.

남북한 냉전시대를 종식할 수 있는 기틀을 마련할 수 있었던 역사적 사건이 바로 남북한 동시 유엔 가입일 것이다. 남북한 유엔 동시 가입이 1천만 이산가족 재회추진위원회 위원장을 맡고 있는 그에게 준 감회는 어떠했을까.

때마침, 1991년 9월 그는 남북한 유엔 동시 가입 수락 연설차 유엔총회에 참석하는 노태우 대통령을 수행, 특별기 편으로 뉴욕으로 갔다. 당시 기내에서 그는 이렇게 애절하게 기도했다.

'아 세월이 가는데, 남북 분단의 세월은 덧없이 흐르고 있건만 통일은 언제 올 건가'를 생각하면서 평화에 대한 대서사시 한 편을 읊었던 것.

바로 이 시가 그의 '인생 드라마'의 표상이자 삶의 전부다. 한 인간으로서의 그의 면모는 오직 사랑과 자유와 평화를 위해 사회 개혁과 세계 평화 운동에 생명을 건 보통 이상의 사람으로 살아왔음을 발견하게 해준다.

"모스크바의 하늘을 날면 아, 세월이 가는데 아직도 할 일이 많구나. 내 세월이 다 가기 전에 내 할 일을 다 마치고 싶다. 평생을 지고 온 평화의 멍에를 벗고 싶다.

자금성에 서서 영고성쇠(榮枯盛衰)의 만리장성을 보면서 역사의 교훈을 새기는 나그네. 아, 세월이 가는데 아직도 못 다한 일이 너무 많구나. 만고의 진리를 캐면서 덧없는 세상사를 개탄한다.

백두산 영봉에 올라 천지에 태극기를 꽂으면서 금단의 조국을 향하여 명상에 슬피 우는 나그네. 아, 세월이 가는데 이를 어쩌랴 우리의 소원 통일은 언제 올 건가.

아, 세월이 가는데 해 온 많은 일보다 아직도 못 이룬 일들이 저 너머 산 첩첩, 물 첩첩인데 인류의 공존공영을 위해 세상에 영구평화를 정착시킬 아, 나의 세월은 얼마나 남았을까.

지구마을을 수십 바퀴 돌며 공부자(孔夫子)의 왕도처럼 세계의 수많은 나라 때로는 원수와 지도자 명사와 석학을 만나며 발이 닳고, 입이 부르트도록 사랑과 자유와 평화를 설득하고 역설했네.

아, 세월이 가는데 인생무상의 고희를 맞는 오늘 어느덧 열 돌째 기념 세계 평화의 날에 세계는 과연 얼마나 평화에 접근했을까. 정녕, 내가 세계만방에 고하여 제정한 세계 평화의 날 그 평화를 내 손으로 마무리하고 싶다.

3만 피트(feet) 기상에서 나는 기도한다. 하나의 세계를 위해 아직도 미진하고 미묘한 동서양의 관계 아, 세월이 가는데 나의 세월 안에 내가 짊어진 모든 일을 나의 손으로 성사하고 싶다.

지금도 눈 감으면 생생하게 알알이 떠오르는 창세기 이후의 그 벅찬 날, 전무후무의 역사적 광경이 세찬 꽃보라처럼 눈앞에 삼삼하여 환희와 보람이 비 오듯 쏟아지네.

1981년 11월 30일 유엔 총회장 그 휘황찬란한 전광게시판 157개국의 불구멍마다 눈부시게 점화된 빛나는 평화의 성화 그칠 줄 모르는 빛의 계주 마침내 세계 평화의 날이 공포되었네.

아, 세월이 가는데 그날의 감동 인간 승리의 파노라마가 파도처럼 밀려오네.

인류의 역사가 되살아나며 사람마다 마을마다 발 없는 말이 입에서 입으로 억만 리 전파되는 성스러운 평화의 대합창.

1986년, 세계 평화의 해 찬란하게 밝아오는 원단(元旦) 벽두에 동서진영의 거두 레이건과 고르비가 화해의 손을 잡았네. 평화의 다짐을 했네 아, 그해, 그때 나의 사명은 뜨거웠네.
그 악수의 신열(身熱)이 채 식기도 전에 나의 기대를 산산이 부수고 나의 마음을 이다지도 후비고, 아프게 한 대소의 분쟁들이 아직도 지구의 틈바구니를 깨고 있나니, 나는 무릎을 꿇고 두 손 모아 기도를 올렸네. 전쟁이여, 이 세상에서 영원히 물러가라……

오늘, 세계는 서서히 한 걸음씩, 무릎을 맞대며 간극을 좁히고 문호를 개방하며 아, 세월이 가는데 내가 갈파한 통합혁명의 길로 진정 다가오고 있네.

동서독이 화합하는 통일의 우렁찬 메아리, 장벽이 무너지는 소리, 철조망이 끊어지는 소리, 소련도 공산주의의 깃대를 내리고 중공도 촘촘한 죽의 장막을 헤치며 동구의 나라들이 일제히 밀폐의 문을 여네.

아, 세월이 가는데 이제야 내가 심고 가꾼 씨앗들이 가속으로 불어나며 가지마다 새싹이 트고 줄기마다 열매를 맺네. 세계가 한 덩어리가 되어 나의 얼 안으로 들어오고 있네. 10년 수도에 성불(成佛)이 된다고 했는데 아, 1981년 세계 평화의 날 그 이후 꼭 10년 만인 1991년에 내 조국, 코리아가 유엔에 가입했네. 아, 위대한 우리의 조국이여!

러시아의 프롤레타리아 혁명이 농민과 노동자의 계급혁명이라면 프랑스의 부르주아 혁명은 일부의 평등과 자유의 혁명. 아, 세월이 가는데 소중한 그 세월 속에 사람들이 적백(赤白)으로 갈라섰네.

지금, 거센 입김을 몰아쉬며 이 두 계층이 절충하고 화합하고 용해되는 하나의 세계 제3의 민주혁명 누구나 잘살 수 있는 보편적 민주주의 세계로 태양이 밝아오네 신세계가 열리네.

제3은 신비의 숫자, 제3은 완벽의 숫자, 제3은 창조의 숫자, 제3은 통합의 숫자, 제3은 완성의 숫자, 제3은 절대치의 숫자, 제3은 하나님의 숫자.

아, 세월이 가는데 이 눈부신 광명의 진리가 어찌하여 좀 더 일찍이 더 빨리 오지 못했을까. 나의 인생에서의 마지막 소명으로 하나님이 나에게 계시 주셨네. 하나님이 나에게 묵시하셨네.

아, 세월이 가는데 저기 저만치 신선하게 오고 간 나의 세월 안에 나는 인류를 위해 어떤 탑을 세웠을까……. 나는 난마(亂麻) 같은 세계를 향해 어떤 십자가를 지고 섰을까. 진정, 하나님의 말씀대로 하였네.

아, 세월이 가는데 남은 나의 세월을 나는 무엇으로 채우고 담을까……. 새 세계의 모습 새 화해의 모습 새 평화의 모습 새 사고의 모습 신세계의 질서 새 혁명의 날을 맞고 싶네.
아, 세월이 가는데 세계 평화의 일, 유엔 가입의 일, 밝은사회 운동의 일, 오토피아의 구현, 세계대학총장회 일, 우리 경희대학교의 일, 천년만년, 세월만큼 많이도 크게 벌여놨구나!

아, 세월이 가는데 나의 간 세월은 어디 있으며 나의 올 세월은 무엇으로 쌓일까. 아, 나의 세월 안에 나의 당대에 영원한 사업으로 이룩되고 싶다 영원한 생명으로 상징되고 싶다.

아, 세월이 가는데 가지마다 새잎이 돋아나게 하소서. 생명마다 신선한 새 바람이 일게 하소서. 사람마다 행복의 새 횃불을 들게 하소서. 세계에 무량한 새 평화를 누리게 하소서. 그리하여 이 세상에 하나님의 복음으로 충만하게 하소서. 사시사철 꽃피게 하소서.

아, 세월이 가는데 아직도 할 일이 요원하구나. 서기 2000년이 다가오기 전에 내 평생의 소명을 이루게 하소서. 21세기 첫날부터 찬란한 문화세계 창조의 꽃이 만발하게 하옵소서.

아, 세월이 가네. 나의 온갖 세월이 진정, 지구촌의 비옥한 거름으로 깔리게 하소서. 활활 타오르는 평화의 불꽃놀이 인류의 축제가 되게 하옵소서. 나의 여생이 그렇게 쓰이게 하소서.

아, 세월이 가는데 나는 지금 조국의 소명으로 찬미, 코리아 유엔 가입의 경축 사절단의 일원으로 뉴욕으로 가고 있네.

아, 세월이여. 나의 장구한 세월이여. 내가 뿌린 평화의 씨를 나로 하여 풍요롭게 거두게 하소서. 빛나게 하소서.

아, 세월이 가는데 평화의 메시지를 띄우며 평화의 봉우리로 우뚝 솟고 싶어라."

물질적 풍요가 도덕적 타락 가져와

그의 감회는 이뿐만이 아니었으리라. 1981년 유엔 총회장에서 세계 평화의 날 제정이 157개 회원국 만장일치로 통과된 감격의 기쁨을 만끽한 지 10년 만에 또다시 유엔 총회장에서 남북한 유엔 동시 가입이라는 역사적인 현장을 목격하고 그는 기쁨의 눈물을 흘렸다.

유엔 총회 전날인 9월 22일 저녁 노태우 대통령이 마련한 뉴욕교민 초청 리셉션에서 그는 연설을 했다. 그의 잔잔한 물결 같은 언어 구사력 그리고 조용한 달빛 같은 친화력, 뛰어난 웅변은 교민들을 황홀하게 만들었다.

그는 어느 곳에서나 "참 맛있게 말을 한다."는 칭찬을 받는 경우가 많다. 마치 신들린 사람처럼 그렇게 조리 있게 말을 잘할 수 있을까, 라고 이구동성으로 이야기한다. 그래서 혹자는 만약 그가 종교 지도자가 되었더라면 지금보다 훨씬 더 추앙을 받는 세계적인 인물이 되었을 것이라고 말한다.

그는 비록 조그마한 나라 한반도에서 태어났지만, 80여 평생을 한 치의 흐트러짐 없이 한결같이 목련화처럼 살아온 입지전적인 인물임에 틀림없다. 그 얼굴은 나이에 어울리지 않게 늘 고우며 생생한 빛이 있다.

그는 상 복도 많은 사람이다. 미국 마이애미대의 명예법학박사학위를 맨 처음으로 받았다. 그 뒤에도 세계적인 명문 대학에서 무려 30여 개의 명예박사학위도 받았다.

그뿐만 아니다. 중화민국의 문화포상(1962)을 포함, 전 세계로부터 무려 89개의 상과 훈장을 받아 많은 공적에 대해 세계의 인정을 받은 셈이다. 그는 아직 노벨 평화상만 받지 못했을 뿐이다.

그가 국제적 활동을 누구보다도 왕성하게 할 수 있었던 저력은 무엇보다도 그가 항시 버릇처럼 말하는 "앞을 보고 살아가자." "눈을 들어 하늘을 보라, 땅을 보라."라는 말처럼 드높은 이상을 실천해 온 데에 있다.

그는 최근까지 각종 국제회의에 참석, 36편의 결의문과 선언문을 제안해 채택시켰다. 물론, 《인류사회의 재건》(1975) 등 51권의 저서 외에도 37편의 논문을 국제회의에서 발표한 저력을 지니고 있다.

그래서인지 몰라도 그는 세계의 많은 인명사전 출판사들로부터 평화와 인도주의 및 학술문화교류 향상에 기여한 공적을 인정받았다. 특히 국제인명사전협회(IBC)에 의해 세계 평화와 평화교육 분야 21세기 최고의 공적 인물로 선정되기도 했다.

그의 80여 생의 행적을 한 그릇에 전부 담을 수는 없다. 오직 '문화세계의 창조'와 '인류 문화복지 건설' 그리고 '인류애'와 '세계평화'만을 위해 살아온 사람으로서 세계인에 의해 공유된다.

그는 명상을 즐긴다. 삶의 아름다운 긍지를 꿰뚫어 보는 혜안을 가졌다. 한국 사회에는 별의별 국제적 클럽이 다 존재하고 있다. 라이온스 클럽, 키비탄 클럽, 로터리 클럽 등이 바로 그것이다. 그런데 우리나라에도 한국인이 주창한 국제적인 밝은사회 클럽이 있다.

그가 제창한 밝은사회 운동. 과연 밝은사회 운동이란 어떤 운동인가? 바로 밝은사회 클럽을 통해서 실천하는 운동으로, 선의, 협동, 봉사—기여의 정신으로 건전사회 운동, 잘살기 운동, 자연보호 운동, 인간복지 운동, 세계 평화 운동 등 5대 실천 운동을 전개하여 아름답고, 풍요하고, 보람 있는 사회를 만들자는 운동이다. 이 운동이 그에 의해 제창되어 전 세계로 전파된 것이다.

미국 보스턴에서 열린 세계대학총장회(IAUP 1975)에서 결의된 '보스턴 선언.' 당시 6백여 명의 세계의 대학 총장들이 인류사회의 올바른 방향 설정을 위한 '보스턴 선언'을 만장일치로 채택했다.

밝은사회 운동의 발자취는 한국의 근대화 과정에서 그 역사적인 배경을 찾아볼 수가 있다. 1955년 그는 한국 사회에서 문맹퇴치 운동을 전개하게 되었다. 무지와 빈곤을 타파하고 '우리도 잘살 수 있다'는 민족의식을 고취시켰다.

1965년부터는 '잘살기 운동'을 전개하여 근면, 성실, 협동의 정신을 함양했다. 이는 1970년대 새마을 운동의 시초가 되어 밝은사회 운동으로 이어졌다. 결국 우리 한국 사회에서 시작된 밝은사회 운동이 세계 각국으로 확산되었으며, 취지는 지구촌 인류 한 가족을 통해 세계 평화 운동을 전개하자는 것이었다.

이어 그는 1981년 유엔에서 '세계 평화의 날'과 '세계 평화의 해'를 제안하여 만장일치로 통과시킴으로써, 지구상에서 냉전시대를 극복하는 계기가 되게 했다.

유엔에서 각국 대표들이 모여 '세계 평화의 해'를 논의한 당시 그는 회갑을 맞았다. 자녀들의 회갑잔치 권유를 뿌리치고, 부인과 단둘이 하와이에서 회갑을 맞게 된다. 부인은 만약 유엔 총회에서 '세계 평화의 해'가 채택되지 않으면 그가 자살하겠다는 비장한 각오도 했었다고 술회한다.

왜 하필이면 미국의 하와이를 택했을까? 이는 이승만 전 대통령이나 독립투사들이 하와이를 독립운동의 전진기지로 삼았던 것과 맥을 같이한다.

밝은사회 운동은 그의 한평생 삶의 역사이자 목표였다. 한 세기를 넘나드는 사려 깊은 혜안이 그의 사상적 원리다. 밝은사회 운동은 물질과 정신이 조화된 인간중심 사회를 만들자는 사회운동이자, 자유와 평화가 공존하는 제3 민주주의 혁명의 보편적 민주주의를 실현하기 위한 사회단체 중심의 사회개혁 운동이다.

물질적 풍요 속에서 나타난 고도의 이기주의와 인정의 상실을 막고 도덕성을 회복하는 '제2의 르네상스' 운동이다. 그는 늘 '물질적 풍요가 도덕적 타락'을 가져왔다고 개탄했다.

2003년 그는 밝은사회(GCS) 운동 마닐라 선언문에서 네오 르네상스(Neo-Renaissance) 운동에 모두 함께 나서서 새천년을 열자고 강조했다. 이 'GCS 마닐라 선언문'은 인간이 존경받고 평화롭고 가치와 보람을 느낄 수 있는 미래 사회의 규범을 천명하고 있다.

첫째, 인류는 역사문명의 창조자다. 따라서 인간의 생명은 온 천하보다도 귀중한 것이기에 최대한 존중되어야 한다. 물질 과학기술의 발전으로 인해 인간이 황금만능사상과 과학기술 지상주의에 밀려 인간 경시, 인간 소외, 아니 인간 부재의 사이보그(cyborg, 뇌 이외의 부분, 즉 수족·내장 등을 교체한 개조인간) 사회, 인간 로봇의 사회를 만들어서는 결코 안 된다. 인간이 중심이 되는 인간적인 인간사회, 문화적인 복지사회, 보편적인 민주사회, 인류가족의 공동사회를 이루어야 한다.

필리핀 마닐라에서 개최된 2003년 밝은사회 국제 클럽 연합대회에서 기조 연설을 하고 있는 조영식 박사.

둘째, 인류사회의 역사와 제도, 운명까지도 절대 지배해 왔던 자연사관은 그 근본부터 우리 사회에 잘못 적용되어 왔다. 우리 인간들은 더 이상 동물이나 원시인이 아니기에 인격적 인간으로서 이성적 문화생활을 하게 되었는데, 힘이 정의요 선이라고 해서 될 말인가? 어서 속히 문화사관에 입각한 문화규범 사회를 만들어 정신적으로 아름답고, 물질적으로 풍요하고, 인간적으로 값있고 보람 있는 삶을 누릴 수 있는 문화복지 사회로 틀을 바꾸어야 한다.

셋째, 우리 인류는 오늘 국제화, 민주화, 인간화, 정보화 시대를 맞아 국민주권하의 시민사회에 같이 살고 있다. 그러나 아직도 여전히 배타적 국민주의 · 패권주의, 이념적 계층주의, 종교적 근본주의를 앞세우며 우승열패, 약육강식하며 살고 있는 것이 오늘의 현실이다. 이러한 자연규범을 벗어나 자유와 평등의 동시 보장과 공존공영 하는 보편적 민주주의 사회를 하루속히 이루는 것은 우리 인류사회에 주어진 시급한 과제다.

넷째, 역사상 인류가 이 세상에 출현하여 인간답게 살기 시작한 것은 집단협동 생활을 하면서부터다. 그 속에서 인간들은 지혜를 키워 문명을 발달시키고 감성과 이성을 분별하고 조화하면서 도덕과 양심, 인격을 세워 오늘의 현대문명 사회를 이루어 살게 되었다.
그러나 앞으로는 과학화 · 정보화 시대를 맞아 인간 부재의 비인간화 사회로 전락해 나갈 것이 분명하다. 따라서 온 인류가 참다운 인간으로 하나가 되어 공존공영 하며 살 수 있는 인류가족 지구공동사회를 하루속히 이루어내야 한다.

다섯째, 우리 인류는 태고 사회로부터 평화 구현을 그렇게도 갈망해 왔으면서도 아직도 그것을 이루어내지 못하고 있다. 전쟁 수단마저도 한 계점을 넘어 테러 전쟁, 세균 전쟁, 사이보그(cyborg) 전쟁, 인간 로봇 전쟁을 우려하게 되었으니 참으로 인류사회의 종말을 내다보는 것 같다.

이와 같은 어지러운 상황에 우리 모두가 바로 대처해 나가기 위해서는, 종전과 같이 몇몇 강국들에만 의존할 것이 아니라 만국주권이 함께 모인 유엔에서 숙의하고 결정하는 것이 옳다고 생각되어 팍스 유엔에 관한 제도화를 강력히 요청했던 것이다.

세계정세와 인류의 곤경, 특히 테러 위협과 뒤처진 나라 및 사람들의 극단적 빈곤으로 말미암은 심대한 고통과 지나친 물질주의의 폐해 등에 관한 상술한 평가를 토대로, 이 역사적 대회에 참석한 우리 모두는 어떠한 형태의 폭력에도 반대하는 단호한 입장과 네오 르네상스를 통한 지구공동사회 건설의 비전으로 항구적인 세계 평화를 기필코 이룩하자고 하는 결의를 천명한 것이다.

16

태양은
찾는 사람 앞에 나타난다

평화 운동에 매진해 온 소명의 시인

"그의 일인만역의 이력을 보면 실로 인간으로 어찌 그리도 많은 일들을 한꺼번에 해낼 수 있었을까 하는 불가사의한 경탄과 신들린 사람 같은 신비스러움과 지침 없는 동분서주에 그 어떤 외경심마저 갖게 된다." 이 말은 로그노프 모스크바 국립대 총장이 그에게 명예 평화철학박사를 수여한 자리에서 한 말이다.

그가 살아온 삶의 발자취를 더듬어 보면, 너무나 다채롭다. 그가 직접 설립한 학교만 경희대를 포함해서 10여 개에 이른다.

그뿐만 아니다. 국내는 물론 다른 나라에서 받은 포상도 너무나 다채롭다. 우리나라의 '동백장', '모란장'을 비롯하여 나라 밖에서는 '유엔 평화상', '함마르셸드 문화상', '아인슈타인 평화상', '이란의 왕관 훈장', '필리핀의 시카투나 훈장', '중국 문화 훈장', '가봉의 공로 훈장', 스웨덴의 왕실 최고 훈장인 '북극성장' 등 50개 종에 이른다.

그의 국제 활동 상황을 살펴보면 실로 대단하다. 한국과 몬태나주 간에 친선협력주간을 선포하게 했고, 한국과 미국 알래스카 주 사이에 교육 협력의 달을 선포케 했으며, 세계 평화에 기여한 공로를 인정받아 미국 의회 의사당 국기 게양대에 그의 이름으로 성조기가 하늘 높이 펄럭였으며 기념 표창장을 받았다.

그리고 아르헨티나 부에노스아이레스 시의 파레르모대에 평화에 기여한 공적을 높이 평가받아 그의 이름을 딴 '평화연구소'를 개설했을 뿐 아니라 동 대학은 그에게 '조영식 기념관'을 세워주었다. 또, 멕시코 과달라하라대에서는 그를 기념하는 '조영식 박사 평화 강당'도 만들었다.

또, 그는 평화의 시인이다. 《하늘의 명상》(1982)이란 시집을 처음으로 발간한 뒤 조국 광복 50주년을 기념하여 《조국이여 겨레여 인류여》라는 시집을 발간하여 또다시 세간의 화제가 되었다. 우리는 흔히 시를 쓰는 사람에게 시인이라는 호칭을 붙여준다.

그러나 우리는 여기에서 빗나간 인류문명을 바로 세우고 평화를 위해 세계 공동체 속에 문화복지 사회를 이루어내자는 높은 차원의 헌시를 쓴, 경세제민(經世濟民)하기 위해 고뇌하는 한 시인의 모습과 만나게 된다. 그래서 공자도 일찍이 시(詩)를 위대한 사상의 표상이라고 말하지 않았던가.

천부의 시인. 소명(召命)의 시인인 그는 바로 이러한 시를 평생토록 쓴 것이다. 그는 온갖 반목과 대결, 분규와 전쟁을 지구 위에서 추방하려 할 뿐 아니라 화합과 협동으로 지구공동사회를 이루어내기 위해 단 일보도 후퇴하지 않으려는 신념으로 묵묵히 그 실천의 외길을 나섰다. 그는 말하자면 평화의 대문 앞에 우뚝 선 파수꾼이자, 멍에를 짊어진 무관(無冠)의 시인이다.

어쩌면, 시인들이 인생의 애환을 노래하거나 일상생활의 정서적 삶을 아름답게 가꾸기 위해 풍유와 사랑을 읊고 있을 때에 그는 외롭게 조국의 번영과 분단 조국의 비애와 냉전 세계의 평화와 인류사회의 재건을 위해 구세(救世)의 시를 쓰고 구원의 문화를 찾아 나선 것이다.

그래서 그의 시 세계는 인류의 폐부를 아프도록 후비고 지나간다. 그 시에는 도처에 눈물의 계곡과 진통의 강물이 흐르고 있다.

《조국이여 겨레여 인류여》가 일으킨 파동은 우리의 가슴을 한없이 뒤흔든다. 이 시가 우리에게 성찰의 교훈을 안겨주고 있기 때문이다. 그는 인생의 본질과 고뇌를 이렇게 읊었다.

"우리는 세상이 무엇이고, 인생이 무엇인지
어떻게 살아야 하는지를 모르고 살아왔다.

언제까지 왜 이렇게 살아야 하나……."

시인 조영식은 또 다른 대서사시에서 '눈을 들어 하늘을 보라, 땅을 보라'(1991)고 일깨운다. 그는 사람들의 시각으로 과거와 현재를 통찰할 뿐 아니라 과거와 현재를 유기적으로 함께할 수 있게 한다. 그의 시정신은 윤리도덕과 인간성 회복에 있다. 사람마다 마음속 깊이 사랑의 여울이 끊임없이 흐르기를 바란다.

그는 역시 고요한 고향의 시인이다. 그의 고향은 조국이요, 세계요, 우주요 마침내는 오토피아라는 하나의 영원한 고향으로 귀일(歸一)된다. 그는 '하나가 돼라'(1997)라는 시에서도 반세기의 끊어진 혈맥을 다시 이어 온 겨레가 하나가 되어야 한다고 외친다.

그는 보다 믿음 있는 인간적인 사회, 건전한 인간사회 건설을 항상 마음에 두고 "개선의 환희보다 평온한 평화가 더 소중한 것"이라고 역설한다. 그래서 그는 앉으나 서나 "평화는 개선보다 귀하다"고 세계인을 향해 포효한다.

그리고 그는 언제나 꺼져가는 양심과 무너져가는 윤리와 도덕을 개탄한다. 메말라가는 국민 정서와 낭만과 지성에 생기와 복고의 불을 지핀 우아하고 아름답고 그윽한 향기가 있는 시. 국민의 애창 가곡인 '목련화', "오 오 내 사랑 목련화야, 그대 내 사랑 목련화야, 그대처럼 순결하고, 그대처럼 강인하게……." 그는 자신이 지은 목련화처럼 오늘도 한결같이 순결하고 강인하게 살고 있다.

음악은 시간의 예술이기에 듣는 그 시간에 가사의 내용도 이해해야 한다. 그래서 난해하거나 너무 추상적인 것이나 들을 때에 이해할 수 없는 시는 음악으로 표현하기에 적절하지 않다. 그렇기에 쉽게 이해되고 높고 깊은 뜻이 있는 시들을 가사로 사용해 작곡한다. 위대한 웅변가는 청중들이 알아들을 수 있게 말함으로써 청중을 감동시킨다. 음악에 내포된 가사도 마찬가지다.

그의 나이 벌써 88세. 몇 년 전만 해도 누가 보아도 나이에 어울리지 않게 정열적으로 일하고 있는 모습이 너무나 자랑스럽고 아름다웠다. 온종일 집무실에서 글을 쓰며, 사람을 만나며, 경희대의 세계화를 구상했던 그가 지금은 노환으로 요양생활을 하고 있다.

오직 그의 염원인 세계 평화의 구현을 위해 골몰하고 있다. 늦은 밤에도 사무실에 불이 꺼질 줄 모른다. 그의 일 욕심은 누구도 말리지 못했다. 나이는 숫자에 불과하다는 말은 그를 두고 한 말이었는데⋯⋯.

한 평의 땅도 소유하지 않은 입지전적 인물

오늘의 세계적인 명문 경희대는 바로 그가 이룬 결정체다. 보통 사람들은 어떻게 당대에 그의 혼이자 피와 땀의 결정체인 명문 대학을 건설할 수 있었을까 의구심을 갖게 된다. 그 해답은 그의 삶과 철

274

학으로밖에 설명할 수 없다.

그는 한때는 종로구 혜화동의 큰 저택에서 살았다. 그렇지만 경희대 건축비 충당을 위해 속칭 산동네였던 명륜동 산꼭대기로 이사를 했다. 지금은 유명 인사들이 사는 동네로 변모했지만 옛날에는 그렇지 않았다.

지금 살고 있는 명륜동 자택은 5백여 평이 훨씬 넘는 대지에 세워진 조그마한 한옥 기와집이다. 터는 넓지만 그 동네에서는 허술한 집으로 소문이 나 있다. 동네 사람들은 이 집이 진짜로 경희대 조영식 총장 댁이라고 하면서도 믿기지 않아 한다.

몇 년 전의 일이다. 유독 부자들이 많이 살고 있는 그 동네에서 그의 집만 연탄보일러를 사용해 왔다. 어느 해 겨울 동네 환경미화원이 연탄재를 치우면서 "경희대 갑부가 궁색맞게 아직까지도 연탄을 때고 산다."고 푸념했다는 소문이 있다.

그뿐만 아니라 장마철에는 마루방에 비가 새는 일이 허다했지만 조 박사 부부는 집수리를 하지 않고 사는 부부로 정평이 나 있었다. 안방에는 이제껏 이불장으로 사용해 온 30년 묵은 철제 캐비닛이 놓여 있었다. 참으로 믿어지지 않는 소설 같은 이야기다.

이렇듯, 그는 겸손이 몸에 배어 있다. 전혀 불편해하지 않는다. '이것도 우리에게는 감사하다.' 부부는 이렇게 동일한 생각을 갖고 있었다. 그래서 살다 보면 부부는 닮는다고 했던가.

경희대 설립자 조영식, 그는 도무지 평인들은 이해할 수 없을 정도로 철저한 자기만의 독특한 생활철학을 지니고 있다.

경희대 동문들이 "세계에서 가장 아름답다는 경희대 캠퍼스를 만드셨는데 사시는 집이 너무 허술하지 않습니까."라고 하자 "가족복지보다 학교복지가 더 중요해요. 우리 집은 우리 식구만 불편한 것으로 끝나지만 경희인은 결코 불편해서는 안 됩니다."라고 버릇처럼 말했다. 그래서 그는 경희만을 위해 한평생을 살아온 진정한 이 시대의 '교육가상'으로 경희인들에게는 각인되어 있다

지금 살고 있는 서울 종로구 명륜동 집터의 일부인 3백22평(1,060㎡)도 그가 주창한 '밝은사회 국제클럽'에 기부한 상태다. 그리고 그곳에 '오토피아 평화재단 기념관(1994)'을 지어 각종 역사 자료를 전시해 두고 있다.

그뿐만 아니다. 경기도 남양주시 삼봉리에 있는 종중산과 큰아들 정원, 둘째 인원과 손자 준만, 경만 명의의 소유지 2만 3천여 평(76,188㎡)도 국제 밝은사회 재단(2003)에 또다시 기부했다. 그곳에 지금 '밝은사회 연수원'을 짓기로 작정하고 준비 중에 있다.

물론 그의 많지 않은 개인 재산도 몽땅 밝은사회 운동과 세계 평화 운동을 위해 사용할 것으로 주위 지인들은 믿고 있지만 사실 그가 소유한 땅은 단 한 평도 없다.

그는 지금까지도 고인이 된 어머니의 사랑에 감동한다. 어머니는 북에서 내려와 홀로 어렵게 남매를 키우면서 온갖 고생을 다하셨다. 한때는 빙초산 등을 파는 행상을 하면서 많은 돈도 벌었다.

하지만 그는 어머니가 푼푼이 모은 그 돈도 몽땅 경희대 교사를 짓는 데에 사용했다. 어머니의 쌈짓돈이 오늘의 경희대를 일구는 기틀이 되기도 했던 것이다. 어머니의 장사 밑천과 부인의 결혼 예물이 경희대 초창기의 유일한 자산이었다.

2000년 가을 어느 날 가족과 함께 소풍 삼아 강원도 인제와 횡성 지역에 갔을 때의 일이다. 그가 차 트렁크에서 '자유를 찾아서'라고 새겨진 3개의 돌 푯말을 꺼내자 영문을 모른 가족들은 놀랐다.

그가 북에서 자유를 찾아서 남으로 내려온 길을 더듬어 추억하기 위해 번지도 없는 풀 속에 돌을 숨겨 세워 두고 돌아온 일이 있다. 자유가 그렇게 그리웠던 것이다. 그리움이 감사가 되어 쌓여 온 삶을 기억하고자 한 것이다.

그는 엄격하면서도 인자한 성품의 소유자다. 그를 만난 사람들은 그의 앞에서 자신 있게 이야기하지 못하고 주춤거리게 된다고 한다. 왜냐하면 너무나 고고하고 음성이 아름다워 그에게 매혹되기 때문이라고 말한다.

많은 사람들은 그를 보고 자주 이렇게 말한다. "이 좋은 세상에 무슨 재미로 살까?" 술, 담배도 하지 않고 일에만 묻혀서 사는 그를 보고 사람들은 참으로 재미없는 사람이라고 말한다. 정말 평인들의 생각이 맞을지도 모른다. 그러나 그는 누구보다도 욕심도 많고 의지력도 강하다. 바로 신념의 사나이인 것이다.

몇 해 전의 일이다. 김대중 전 대통령 하고 단둘이서 저녁식사를

조영식 학원장과 조정원 총장이 김대중 대통령 취임 직전인 1998년 명예박사학위를 수여하고 있는 모습.

한 일이 있었다. 두 사람이 평소 깊은 우정을 나누고는 절친한 사이라는 사실은 그리 알려지지 않았다. 식사 도중에 김 대통령이 와인한 잔을 권하자 그는 사양했다. 그러나 김 대통령이 다시 한 잔을 권하자 그는 조심스럽게 사절하며 이렇게 말했다.

"아직 술을 마실 때가 아닙니다. 차후에 마시죠. 아직도 경희대 건설이 끝나지 않았습니다. 다 마무리 짓고 나서 술을 시작해도 늦지 않습니다."

아마도 젊었을 때부터 평소에 스포츠와 사람 만나길 좋아했던 기질을 갖고 있던 그가 술, 담배를 했더라면 누구보다 더 많이 했었을 수도 있다. 그렇지만 그는 아직까지 절제의 생활로 초지일관하며 근면 성실하게 살아온 이 시대의 입지전적인 인물의 자세를 잃지 않고 있다.

그는 초등학교 동창생이었던 소꿉친구 오정명 씨와 집안 어르신들의 소개로 결혼하여 슬하에 2남2녀를 두었다. 당시 소녀 오정명은 고향에서 금광사업을 하는 소문난 부잣집 딸이었다. 그렇지만 청년 조영식을 만나 결혼 초의 생활이 그리 순탄치만은 않았다.

남편이 학도병으로 끌려가 고초를 당하기도 했고, 광복 이후에는 일전 한 푼 봉급도 없는 정치판에 들어가서 일을 하더니 그만두고 어느 날 갑자기 간판뿐인 신흥초급대학을 인수한 남편이 불모지였던 서울 동대문구 회기동 산 1번지 현 경희대 부지에 학교의 터를 잡자 함께 벽돌을 나르며 역경을 겪었다.

그러나 부인은 천성이 조용하고 부지런하여 아무런 군말도 하지 않고 그를 사랑하며 따랐다. 결혼 패물도 몽땅 팔았고, 지인들에게 빚을 얻어 쓰다가 한때는 빚쟁이들에게 많은 수모도 당했다.

그러나 그녀는 "우리는 할 수 있다."는 남편의 말만 믿으며 열심히 살았다. 그래서인지 몰라도 그는 부인 때문에 성공한 사람이라는 말을 자주 듣는다. 어쨌든, 이 세상에 이렇게 금슬이 좋은 부부는 일찍이 없었다고 주위 사람들은 말한다.

최근까지만 해도 사람들 앞에 나설 때면 얼굴을 붉히곤 했던 부인의 내조는 아름답고 순결한 목련화를 닮았다. 그래서 그는 사랑하는 부인이 좋아하는 목련화를 경희대 교화로 만들었다.

중국과 소련의 개방을 이끌어낸 위대한 지도자

어느 해 중국 요령성 성장의 초청으로 심양을 방문한 일이 있었다. 그는 '한강의 기적'에 대해 연설하면서 동아시아의 네 마리의 용인 일본, 한국, 대만, 싱가포르의 경제적 부흥의 사례를 역설하여 많은 갈채를 받았다.

결국 그가 중국 개방과 중국의 시장경제 개방을 선도했던 것이다. 그리고 중국의 광동성, 요령성, 절강성 등의 공산주의 지도자들을 수차례에 걸쳐 경희대로 초청하여 연수교육을 시켰다. 그들은 지금 중국 시장경제 개방의 주역들로 활동하고 있다. 중국인들은 중국을 변화시켜준 고마운 분으로 그를 기억하고 있다.

그뿐만 아니다. 1990년 초 소련의 한 지도자가 그를 방문하여 소련 방문을 요청했을 때에 '틈이 없다'며 가볍게 거절한 일이 있었다. 이때도 그는 "그렇지만 혹시 사회주의 지도자들을 대상으로 하는 강연이라면 모를 일이지만⋯⋯."이라며 여운을 남겼다.

그 후 한 달 만에 정식 초청을 받고 소련을 방문했다. 사회주의 이념연구소 소장들이 중심이 되어 모인 2백50명을 대상으로 '제3 민주주의 혁명과 신세계 질서'란 주제의 강연을 했다. 한 시간 강의 한 시간 질의응답을 했다. 그의 강연에 3성 장군도 열심히 노트 필기를 하기까지 했다.

그는 이때 "나는 정치가도, 외교관도 아니고 순수한 학자의 신분으로 말한다."며 세계 질서 속 사회주의의 변화를 촉구하여 박수를 이끌어냈다.

그리고 소련의 페레스트로이카 정책은 결국 실패할 것이라고까지 직언했다. 그래서 참석자들을 아찔하게 만들었다. 감히 사회주의 국가에서 있을 수 없는 충언을 한 것이다. 그럼에도 불구하고 국빈 대접을 받고 귀국했다.

그런데 어느 날 소련 측에서 소련 학술원 정회원 추서, 소련연방 청년동맹의 훈장과 더불어 소련에서 강의했던 '제3 민주주의 혁명과 신세계' 자료를 러시아어로 번역 인쇄하여 35만 부를 전국의 지도자들에게 배포했다며 인쇄물까지 가져왔다.

그리고 그의 강의가 '소련 경제개발 5개년 계획'의 기초가 되었다고 덧붙였다. '소련이 인정한 위대한 지도자 조영식' 당신을 영원히 기념하기 위해서 직접 방문하여 경의를 표한다. 소련의 지도자는 이렇게 말하고 되돌아갔다.

그는 1985년 평화 대기 조성과 함께 제2 적십자 운동을 전개하면서 전쟁의 잔인무도성을 시정하고 전쟁을 인도화, 인간화하여 그 피해를 최소한으로 줄이도록 해야 한다고 역설했다.

당시만 해도 그의 발상은 감상적, 이상적이어서 실현 불가능하다고 했다. 그러나 1985년 태국 방콕에서 개최된 세계대학총장회에서 채택된 반테러리즘의 결의문과 함께 동년 제4회 세계 평화의 날 기념 국제평화학술회의에서 전쟁의 인도화 제2 적십자 운동 결의안이 채택, 공포되어 전 세계에 널리 배포됨에 따라 일대 전기를 마련하게 되었다.

그의 역설의 효과는 걸프전쟁에서부터 나타나기 시작했는데, 미국을 주축으로 하는 연합군의 폭격과 미사일 공격이 밤낮을 가리지 않고 가해지는 가운데에서도 민가는 물론 시장에서는 평상시와 같이 한가로이 상행위가 이루어지고 있는 것을 세계인은 TV방송을 통해 목격할 수 있었다.

그후 또 1993년 봄 미국이 바그다드에 소재하는 이라크 정보부를 보복 공격할 때에 민간인의 피해를 최소한으로 줄이려 했던 것도 잘 알려진 일이다. 그때 3백14명의 민간인 피해가 있었다고 해서 이라크와 여러 나라가 떠들썩했다. 바로 그것이 그가 이루고자 했던 평화사업의 첫 단계 사례였다고 할 수 있다.

일찍이 중국의 대 성인 공자는 "50이면 천명(天命)을 알게 된다."고 했다. 천명을 안다는 것은 장구한 역사의 흐름 속에서 인간이 자신의 위상을 올바로 이해하고 앞으로의 생애를 설계할 수 있다는 뜻이다.

이 점에서 그도 지난 60여 년의 삶의 역사를 회고하며 뚜렷한 이상을 정립하고 새로운 천년을 위해 더욱 훌륭하고 비약적인 도약의

청사진을 제시해야 할 중대한 시점에 이르렀음을 생각하지 않을 수 없다. 그가 이룩한 것은 '하면 된다. 해내야만 한다'는 굳은 의지로 한데 뭉쳐 이루어낸 빛나는 역사였으며 무(無)에서 유(有)를 창조한 경이적인 성취이기도 했다.

삶의 60여 년이란 시간은 유구한 인류의 역사에 비하면 극히 짧은 시간일 수 있다. 무엇보다도 2백여 년 이상의 역사를 갖는 서구의 여러 대학들에 비하면 경희대는 아주 짧은 역사를 갖고 있다. 그러나 이 60여 년이 5천 년 우리 역사 속에서 처음으로 분출된 엄청난 민족사적 에너지를 바탕으로 번영과 약진을 시작한 대한민국의 역사와 같다는 점을 생각한다면 결코 짧은 기간이 아니다.

역사는 인간에 의해 만들어지므로 우리는 인간이 없는 역사를 생각할 수 없다. 지난 60여 년간 경희대의 역사 속에서도 조영식이란 한 인간이 갖고 있는 확고한 의지와 신념의 힘, 그리고 그 노력이 얼마나 커다란 성취를 이루어내었는지를 생생하게 느낄 수 있다.

고황산 기슭에 펼쳐진 아름다운 서울 캠퍼스의 교문인 등용문을 들어서서 정면으로 1백50미터 정도 이르면 사거리 가운데에 우뚝 서 있는 교시 탑과 거기에 쓰인 '문화세계의 창조'라는 문구를 보게 된다. 이것이 바로 경희의 비전이고 교육이념의 요체이며 조영식의 형상이다.

동서의 세계를 분단시키고 대립했던 자본주의와 공산주의의 접근 및 화해가 소련 및 동유럽에서 급속히 진행되고 1990년 10월에는 분단되었던 독일이 하나로 통일되었다. 우리에게는 동서 냉전의 분단이 아직 극복되지 못한 채로 계속되고 있다.

이러한 분단 속 6·25 전쟁이 일어나기 직전부터 경희대 설립자인 그는 우리의 분단을 극복하고 세계의 인간적·문화적 미래 사회의 구현을 위해 '문화세계의 창조'라는 이상을 그의 정치철학으로 세우고 대학의 교육목표로 삼았던 것이다.

일제로부터의 광복으로 시작된 우리의 근대 교육은 근대 국가란 개념과 마찬가지로 문자 그대로 새로운 출발이 아닐 수 없었다. 먼저 한글이 역사상 처음으로 초등학교에서 국어로 가르쳐졌고, 중·고등학교도 매우 적었으며 대학은 특히 단 몇 개에 불과했다. 그것도 일본 자녀들이나 일제의 식민지 통치를 방조한 소수의 한국인을 위해서 설립되었을 뿐이었다.

그러므로 모든 교육은 실로 새로 출발하는 것과 마찬가지였다. 물론 삼국시대 이래 조선시대까지 교육제도가 없었던 것은 아니었다. 하지만 그 교육의 내용이나 제도 등에 있어서 근대적, 즉 서양적 교육제도를 받아들이는 것이 20세기 중반에 와서야 가능했다는 것은 참으로 불행한 일이었다.

현 서울대의 전신인 경성제국대를 제외하고 연희전문(현 연세대)이나 보성전문(현 고려대), 이화여전(현 이화여대) 정도가 대학이라 불릴 정도였다.

더구나 이 시기는 이념이나 사회적 혼란이 극심했고 또 경제적 여

건이 대단히 어려웠으므로 교육에 대해 관심이나 열의를 가질 여유
가 극히 적었던 때다. 그렇다고 그처럼 열악한 환경 속에서 외국에
유학을 간다는 것은 더욱 꿈 같은 일이었다.

하지만 민족과 국가의 미래를 생각하는 선각자들에 의해서 대학
이 새로운 모습으로 출발하기 시작했다. 연희전문이 연세대로, 보
성전문이 고려대로, 이화여전이 이화여대로 대학의 모습을 갖추어
갔다.

이 시기에 있어서 교육은 교양이나 취업을 위해서보다는 오히려
국가를 위기에서 구한다는 구국과 애국의 차원에서 이루어졌다. 거
기에다가 광복이 되자마자 남북이 분단되는 불행한 사태가 겹치고
또 1950년에 민족 간의 불행한 전쟁이 발발하여 3년간이나 계속되
면서 우리나라 대학의 역사도 많은 굴곡을 거치면서 발전할 수밖에
없었다. 그러므로 6·25 전쟁이 발발하기 전까지의 대학 발전사 특
히 대한민국이 수립되기 전까지의 대학교육이라는 것은 거의 무(蕪)
에 가까울 정도로 부진했다.

이처럼 어려운 한국사회의 위기적 상황 속에서 경희대 설립자 조
영식은 국가와 사회가 시급히 요청하는 대학교육이라는 문제에 새
로운 길을 열기 시작했다. 당시의 사회적 상황이나 아직 매우 낮은
지적 수준이나 짧은 민주주의적 경험하에서 직접적인 정치활동보다
는 전 국민의 교육이라고 하는 간접적이지만 보다 기본적인 과제가
훨씬 더 중요하다는 사실을 깨달은 데에서 가능했던 일이었다.

그러므로 경희의 역사는 불과 60여 년이라는 짧은 시간 속의 약동이지만, 그것은 대한민국의 역사와 함께한 매우 중요하면서도 빛나는 업적이었던 것이다.

노벨 평화상이 주어지면 그는 또 어떤 일을 해낼까

모든 인류의 복지와 평화를 위한 그의 지속적이고 이타적인 봉사를 인정하여 노르웨이 노벨 평화상위원회가 그에게 '노벨 평화상'을 수여할 것을 호소한 바 있다.

그의 공헌은 평화의 세 가지 영역 모두에 해당되는 것이다. 그는 유엔을 포함한 평화교육 분야 전문가들에게 의해 인정받은 많은 독창적인 평화 사상들을 계발했고 성과 있는 평화 연구를 수행했으며 인류 모두의 평화와 복지를 위한 성공적인 평화 운동을 수행해 왔다.

그의 업적과 관련하여 가족들의 역할도 중요하다. 그와 가장 직접적으로 역할을 공유한 것은 그의 가족들이다. 가족들의 역할은 그가 가족들을 위해 할애했어야 하는 시간들을 희생하여 그로 하여금 애타주의적 봉사를 할 수 있게 한 것이었다.

위대한 철학적 복음을 전한 프랑스의 사상가 루소(Rausseau), 민주주의와 사회주의의 대의를 위해 봉사한 프랑스 혁명기 정치가였던

피에르 르루(Pierre Leroux), 사회주의를 위해 헌신한 독일 출신 혁명가인 마르크스와 같은 창조적 인물들의 가족들이 한 희생은 매우 위대한 것이었다.

이것은 그와 가족들에게도 적용된다. 그는 '오토피아', '지역협동사회(RCS)', '팍스 유엔(Pax UN)', '세계 평화의 날과 해', '네오 르네상스(Neo Renaissance) 운동' 등 많은 독창적인 평화사상을 실천했다. 그리고 '잘살기 운동', '밝은사회 운동', '세계대학총장회 창립', '유엔을 통한 세계 평화 운동', '1천만 이산가족의 재회를 위한 운동', '팍스 유엔(Pax UN) 이론을 통한 유엔 강화 운동', '제2 적십자 운동', '이산가족 재회 촉구를 위한 범세계 서명운동', '사회 평화 운동', '네오 르네상스(Neo Renaissance) 운동' 등이 그가 주도적으로 주창하고 범세계적인 지도자로 활동한 운동들이다. 그러므로 이를 위해 가족들이 한 희생 또한 위대하고 주목할 만한 것이다.

롱펠로(Longfellow, 1807~1882)는 아이들이 '살아 있는 시'라고 했다. 실제로 아이들은 부모의 심리학적·생리학적 필요이며 근간이다. 버트런드 러셀(Bertrand Russel, 1872~1970)과 같은 뛰어난 과학자이자 철학자도 "아주 개인적으로 말하자면 부모가 되는 행복은 내가 경험한 어떤 행복보다 더 위대한 것이었다."고 말한 바 있다.

그는 2남2녀의 네 자녀를 두었다. 그들은 지역사회·국가·세계의 문제들에 대해 관심을 갖고 국민으로서 세계 시민으로서의 정신을 배양하도록 훈련받았다.

장남 정원(1947~)은 벨기에 루벤대에서 정치학 박사학위를 받았다. 경희대 정치외교학과 교수로 재직 중 교수협의회에서 총장으로 선출되어 11대와 12대 총장 임기를 마쳤다. 그런데 최근에는 세계태권도연맹(WTF) 총재로 선출되어 국내외의 체육계를 놀라게 했다. 한국이 종주국인 태권도의 세계화를 위해 불철주야 국제무대를 상대로 열렬히 활동하고 있다는 평가를 받고 있다.

특히 2009년 5월 5일에는 세계태권도연맹의 스위스 로잔 사무소를 확장 이전하였는데, 이 자리에서 국제올림픽위원회(IOC) 로게 위원장은 "태권도는 지난 2000년 시드니올림픽 때보다 더욱 큰 성장을 이룩했다"고 높이 평가한 바 있다. 이날 행사에는 세계태권도연맹의 비전 선포식도 열렸는데, 이 자리에서 조정원 총재는 "태권도를 단순히 스포츠 차원이 아닌, 세계 평화에 기여하고 청소년 교육 증진을 위해 앞장서는 단체가 되도록 노력할 것'이라고 말해 큰 주목을 받았다.

차남 인원(1954~)도 경희대 정치외교학과를 거쳐 미국 펜실베이니아대에서 정치학 박사학위를 받았다. 최근에는 경희대 NGO대학원 원장을 거쳐 2006년 13대 경희대 총장에 취임, 그 큰 경희의 살림을 도맡아 꾸려 나가고 있다.

최근에는 "자신만이 옳다는 생각이 다른 사람에 대한 적의와 차별을 낳고 갈등과 폭력을 부른다. 모두가 공감할 수 있는 공동체적 가

경희대 개교 60주년 기념식 광경.(2009)

치에 기반 하여 새로운 문명을 만들어가야 할 때가 되었다."면서 2005년 경희대 부설로 '네오 르네상스 문명원'을 개원하고 초대 원 장직을 맡아 경희대의 '꿈과 희망'을 일구어내고 있다. 특히 개교 60주년 역사 위에 또다른 대학문화를 펼치기 위해 '소통과 창조의 문화세계'의 미래를 펼쳐 나가고 있다. 그는 정치학자지만 신학과 철학, 자연과학에도 관심이 많다.

그는 특히 경희 창학 60주년을 맞는 2009년을 기점으로 제2의 도약을 위한 각종 기획과 사업을 계획하고 있다. 세계적인 명문 사학을 비전으로 삼는 21세기 대학과 인류 사회를 위한 새로운 모델을 대내외적으로 공포하기도 했다. 이는 창학 60주년을 단순히 연륜을 세는 의미를 넘어 경희대가 세계적인 명문 사학이라는 비전을 향한 새로운 출발점으로 삼는다고 볼 수 있다.

그 밖에 자녀로 장녀인 여원(1950~) 씨가 경희대 동서의학대학원 원장을 맡고 있고 피아니스트인 둘째 미연(1952~)씨 그리고 큰사위 독고윤(아주대 경영학부 교수), 작은사위 구자명(LS 니꼬동제련 대표이사 부회장) 씨가 있다.

세계적 성인(聖人)이란 칭호를 받고 있는 조영식 박사는 경희대 설립자이자 총장, 경희학원 학원장, 세계대학총장회 영구 명예회장, 국제평화연구소 총재, 아시아태평양연구소 총재, 인류사회재건연구원 총재, 1천만 이산가족 재회추진위원회 이사장, 세계대학총장회 평화협의회 의장, 오토피아 평화재단 총재, 밝은사회 국제본부 총재, 한국 대통령 직속 평화통일 고문회의 의장 등과 같은 큼직한 사회적인 직위를 가지고 국제무대에 당당히 서서 예나 지금이나 세계를 바라보며 포효하고 있다.

돌이켜 보면, 경희대의 역사는 1946년에 설립된 배영대학관과 1947년에 설립된 신흥전문관을 합병하여 1949년 5월에 발족한 신흥초급대학에서 시작된다. 그러나 이 대학은 다음 해에 6·25 전쟁을 맞아 심한 운영난에 부닥쳤으며 마침내 존폐의 기로에서 방황하게 되었다.

이러한 시기에 그는 1천5백 만 환의 부채를 인수하는 조건으로 1951년 5월 18일 동 대학을 인수했다. 교사(校舍) 교지도 없는 그야말로 이름뿐인 대학을 전쟁 중에 인수한 그는 피난지 부산에서 거듭되는 고난과 역경을 극복해내면서 장차 이 대학을 세계적인 대학으로 비약시킬 이상을 세우고 웅대한 경륜을 펴 나가기 시작했다.

1960년대 경희는 충실과 비약의 발전기를 맞이했다. 1960년 3월 1일을 기해 교명을 경희대학교로 개칭하면서 종합대로 비약하기 시작한다. 그는 인간교육과 일관교육의 이념 아래 한 학원 내에 각급 교육기관을 설치하고 그 모든 학생들이 창의적인 노력, 진취적인 기상, 건설적인 협동의 경희정신을 체득하여 장차 지도자로서의 바른 소양과 인간성을 갖도록 계발 육성하겠다는 원대한 포부를 품었다.

그 단계로 경희학원 안에 유치원, 초등학교, 중·고등학교, 전문대 그리고 종합대를 포괄함으로써 국내 최대의 속칭 학원 왕국을 이루었다.

경희대가 '세계 속의 경희'로 크게 비약하게 된 것은 1965년 그의 주도로 '세계대학총장회'를 결성하여 영국 옥스퍼드대에서 창립 총회를 갖고 뒤이어 1968년 6월 경희대가 제2차 세계대학총장회를 주관, 개최했던 때부터였다.

회의에 참여한 세계의 석학들은 불과 20여 년 만에 경희를 세계적인 대학으로 발전시킨 기적을 창출해낸 그에 대해 경이의 눈길을 보냈다. 그리고 이 모든 업적을 추진해낸 모든 경희인의 놀라운 저력에 찬탄을 아끼지 않았다.

그 이듬해, 창립 20주년을 기념하는 경희인상의 제막식에서 그는 "그러나 결코 오늘의 경희에 만족하지 않고 내일을 향해 더욱 전진할 것"을 다짐하면서, 국가 발전과 세계 평화 및 인류의 복지 향상에 언제나 선도적 역할을 다하는 대학으로 줄기차게 발전해야 한다는, 내일의 비전을 천명했다. 지금 생각해보면 30년 전 그의 높은 혜안은 그가 이미 미래를 꿰뚫어 본 선각자였다는 것을 입증하고도 남음이 있다.

땀은 거짓말을 하지 않는다

경희가 미래의 비전을 먼저 제시하고 이를 실천해 온 것은 오래되었다. 그는 경희를 육성하기 시작한 그날부터, 현대를 사는 시민정신의 확립을 위해 국내 최초로 '민주시민론' 강좌를 개설해 왔다.

그리고 1956년 이래 우리나라에서는 처음으로 대학인의 지(知), 덕(德), 체(體)의 향연인 경희학원제를 열어 왔고, 농어촌봉사활동을 선도적으로 전개하여 오늘날까지 대학생들이 참여하고 있는 농어촌봉사활동의 약칭인 '농활(農活)'의 효시가 되었다.

또, 1963년부터 '보다 나은 대학 건설 운동'과 '경희가족 운동'을, 그후부터는 '잘살기 운동'을 전개하여 온 국민들에게 '우리도 잘살 수 있다'는 자신감을 심어주었으며 더 나아가 국가 차원의 새마을 운동의 이론적·실천적 모델이 되었다.

그리고 1975년부터는 '인류사회 재건운동'을 전개해 왔다. 인간이 주인이 되는 인간 중심의 밝고 건전한 인간사회를 건설하고자 하는 밝은사회 운동이야말로 시대정신과 세계정신을 가장 잘 반영한 시의적절한 운동이었다. 현재 이 운동이 전 세계 37개국에 확산되고 있음은 참으로 경이적인 일이 아닐 수 없다.

또, 1980년대 들어서면서 우리 인류사회는 동서 간의 극한적인 냉전체제 속에서 언제 발발할지 모를 제3차 세계 핵 대전의 위험에 전율하고 있었다.

이럴 때에 그가 코스타리카에서 열린 제6차 세계대학총장회에서 제의한 '세계 평화의 해' '세계평화의 날' 제정안이 1981년 제36차 유엔 총회에서 만장일치로 가결, 채택되었다. 그 후 유엔은 매년 9월 셋째 화요일을 '세계 평화의 날'로, 그리고 1986년을 '세계 평화의 해'로 각각 제정 공포했으며 유엔을 비롯한 세계 각국에서 세계 평화의 날과 세계 평화의 해의 공식 행사를 성대하게 치름으로써 그는 평화의 사도로서 그 위명을 자랑해 오고 있다.

특히 1986년 세계 평화의 해를 맞이하여 당시 미국의 레이건 대통령과 소련의 고르바초프 서기장은 역사상 최초로 상대방 국민들과 평화의 메시지를 교환하며 "올해는 유엔이 정한 세계 평화의 해이니만큼 양국이 협력하여 세계 평화 구현에 앞장서자."고 다짐했지 않았던가.

무엇보다도 제17회 세계 평화의 날(1998) 기념식에서 그는 인류사회 재건을 위한 '지구공동사회 대헌장'을 제안, 채택케 했다. 이 헌장은 그가 선도해 오고 있는 '제2 르네상스 운동(1996)'의 한 결정체로서 21세기에 우리 인류가 지향해야 할 당위적인 이상사회에의 방향을 제시했다.

이와 더불어 제20회 세계 평화의 날(2000) 기념식 및 국제세미나에서 그는 다시 '인류 공동사회 선언'을 제정하여 그 선언문 1만 부를 유엔 및 세계 각국의 주요기관과 언론기관 등에 배포, 온 인류가 제2 르네상스 운동에 앞장서서 평화로운 인류공동사회를 구현할 것을 호소했다.

그뿐만 아니다. 경희대가 개교 50주년을 맞았던 1999년에는 '99 서울 NGO 세계대회, 세계대학총장 학술회의, 국제평화회의, 동북아 5개국 학술회의, 한의학 국제박람회 등 다양한 행사를 개최하고 수원 국제캠퍼스에 '평화의 전당'을 개관하는 등 21세기와 새로운 천년을 바라보며 대학의 위상을 크게 높였다.

특히 경희대와 밝은사회 국제클럽이 유엔의 후원으로 '21세기 NGO의 역할 : 뜻을 세우고, 힘을 모아 행동하자'라는 제하의 1999 서울 NGO 세계대회를 서울 올림픽 공원 실내 체육관에서 성대하게 치러졌다.

무엇보다도 서울 대회는 인류 역사상 최초로 순수 NGO 단체들에 의해 개최된 회의였다. 그 주제가 단일 주제에 국한되지 않아 세계의 사회문제인 인권, 환경, 복지, 의료, 노동 분야의 세계적인 NGO 단체들이 참가할 수 있었던 최초의 회의였다.

동 대회에는 총 1천3백60개 NGO 단체가 등록하고 1백7개국의 1만 7백61명의 NGO 대표들이 참가했다. 1백87개의 워크숍이 열렸고 1백12개의 NGO 홍보 부스가 설치된 역사상 최대 규모의 NGO 회의였다.

그래서인지 몰라도 켄사쿠 호겐(Kensaku Hogen) 유엔 NGO 담당 사무차장은 이 대회를 'NGO 올림픽' 이라고 격찬했었다.

그가 주도한 이 대회는 지구촌의 많은 NGO 단체가 협력세계를 구축, 새로운 천년을 선도하는 21세기 인류공동체의 새로운 패러다임을 모색하는 장이 되었다는 평가를 받으며 그의 능력과 지도력을 유감없이 보여주었다.

그의 저술활동 중 단연 백미로 꼽히는 것은 1986년에 세계 최초로 발간하여 우리나라는 물론 외국 대학에서도 교재로 사용하고 있는 영문판 《세계 평화대백과사전》(1986)과 한의학의 과학화를 구현하기 위해 편찬한 《동양의학대사전》(1999)이다.

세계 평화 관련 분야 세계 최초로 발간된 《세계 평화대백과사전》은 4권 1질로 무려 3천7백 쪽에 달하며 세계 36개국의 권위 있는 평화학자와 지도자들이 심혈을 기울여 집필한 6백20편의 논문들이 수록되어 있다.

이 백과사전에는 고대 그리스, 로마시대부터 현재에 이르는 평화

철학, 평화사상, 평화제도, 평화기구, 평화에 대한 방략과 기법 등이 폭넓게 망라되어 있으며 사회 평화, 세계 평화 등 다양한 차원에서 평화문제와 전쟁 및 갈등의 예방, 평화적 해결에 관한 이론을 다루고 있어 지구촌의 화제가 되기도 했다.

집필자 중에는 헌정사를 기고한 코피 아난 전 유엔 사무총장을 비롯하여 노벨평화상 수장자인 고르바초프(Gorbachev, 1931~) 러시아 전 대통령, 유엔 사무총장을 지낸 드 케얄과 부트로스 갈리, 도널드 거스(Donald Gus) 세계대학총장회 회장 등 세계적인 저명인사들이 다수 포함되어 있다.

세계 평화의 해 기념으로 영국 옥스퍼드 프레가몬 출판사(1986)에서 간행되었던 이 사전은 다시 미국 오세아나 출판사(1999)에서 증보, 재판을 인쇄하여 전 세계로 배포했다.

또, 12권으로 구성되어 있는 《동양의학대사전》은 그의 발의에 의해 경희대 한의학과 교수 56명이 18년 동안 각고의 노력 끝에 완성한 세계 최대의 동양의학 사전이다.

이 사전은 지금까지 세계 최대였던 중국의 《중의 대사전》보다 쪽수로는 네 배, 분량으로는 두 배 정도가 많다. 기존의 동양의학 사전들이 용어사전에 불과했던 것에 비해 이 사전은 경혈도, 시술 장면, 약재 등의 사진과 그림들을 포함하여 최초로 백과사전의 면모를 갖추었다.

"뜻을 세우고 힘을 모아 행동하자." 1999년 서울 NGO세계대회 광경.

《동양의학대사전》은 긴 전통을 가지고 내려오던 우리의 한의학을 현대적이고 체계적인 대체의학으로 성장시킨, 그의 꿈과 노력이 스며 있는 역작으로 《세계 평화대백과사전》과 더불어 그가 자랑하는 경희만의 학문적 업적임에 분명하다.

그는 지난 반세기 동안 참으로 어려운 여건 속에서 그야말로 무에서 유를 창조해낸 경희대 교육사의 금자탑을 세웠다. 2년제 가인가 초급대학에서 오늘의 세계 속의 커다란 종합학원을 이룩했고, 아울러 '문화세계의 창조'라는 교시를 바탕으로 국가의 발전과 인류사회의 평화와 복리 증진을 위해 선도적인 역할을 다해 왔다.

특히 최근에는 참여민주주의 시대를 맞아 NGO의 중요성을 누구보다도 먼저 인식하고 세계 NGO대회를 한국에 유치하여 역사상 최대 최고의 NGO올림픽으로 훌륭히 치러내면서 다시 한 번 세인들의 뜨거운 갈채도 받았다.

창의적인 노력, 진취적인 기상, 건설적인 협동이라는 경희정신으로 불가능을 가능케 했던 놀라운 그의 저력은 21세기를 평화복지의 세기로 만들 수 있다는 가능성을 실증적으로 잘 보여주고 있다.

자나 깨나 그는 한평생 교육을 통한 세계 평화의 구현에 골몰해 왔다. 제2 르네상스의 횃불을 높이 쳐들고 도덕과 인간성을 회복하여 인간적인 사회, 문화적인 복지사회, 보편적 민주사회 그리고 세계만민의 자유와 평등과 대소국의 동권(同權)이 보장되는 지구공동사회 건설을 위해 지금 이 순간에도 흐르는 땀을 닦고 있다.

왜 그는 평소 "땀은 거짓말하지 않는다."고 말해 왔을까! 이러한 땀의 결정은 새천년에도 쉼 없이 쌓일 것이다.

이 짧은 인생 속에 우리는 과연 무엇을 남겨 놓고 갈 것인가. 그것을 생각하면 시간을 쪼개어 한순간도 허비할 수 없다. 그리고 휴식시간을 따로 가질 필요 없이 일 속에서 휴식하고 일 속에서 즐기면 된다. 하루의 생활 속에서 무엇을 하든 그는 일과 관련된 행위를 했던 것이다.

그는 평소 새벽 5시 반이면 반드시 일어나 그날 하루의 계획을 점검했다. 계획을 세우고 행동하고 결과에 대해 점검하고 내일을 구상하는 것, 이것이 그의 하루 일과였다. 결국 그와 같은 하루들이 모여 일주일이 되고 1년이 되고 인생이 되어 그의 삶을 엮어냈던 것이다.

오로지 21세기는 '세계 시민사회'를 지향해야만 하며 전쟁 없는 '하나의 세계'를 향해 '팍스 유엔(유엔에 의한 평화)'이 축이 되어야 한다고 그는 한결같이 주장한다.

더욱이 유럽이 EEC(유럽경제공동체)에서 EC(유럽공동체), 그리고 EU(유럽연합)를 향해 결속을 강화했듯이, 앞으로의 세계는 '배타적 국가주의'가 아닌 '지역적 국가주의'를 향해 가야만 하며 '공생'이 중요하다고 강조한다. 특히 일본과 중국과 한국이 힘을 합해 동북아시아에 지역공동체를 만들어가야만 한다고 이야기한다. 이런 희망을 일구기 위해 그는 한평생을 모질게 살아온 것이다.

'청춘(youth)'이라는 시(詩)를 쓴 이로 널리 알려진 사무엘 울만(Samuel Ullman, 1840-1924)은 사업가 · 교육가 · 종교가 · 시민지도자 · 인도주의자 · 시인이었다. 그는 78세 고령임에도 불구하고 썼다고 하는 시적 감흥이 있는 산문, 곧 산문시에서 청춘을 삶의 전성기가 아니고 활력이 계속되는 기간이라고 설파하고 있다.

따라서 청춘에 머무르려면 정신력 쇠퇴 없이 일에 매진하고 인생을 적극적으로 영위함으로써 한 인간으로서의 사명을 완수하는 도상(途上)에서 언제나 태연하고 심오해야 하며 원만하고 기민해야 한다. 울만은 이것이 종교적 또는 이에 준하는 신념으로 단련될 때 도달할 수 있는 경지라고 말했다.

미원 조영식 박사야말로 온갖 역경을 극복하면서 앞길을 개척했지만 국가와 사회의 주인이라는 자신의 정체성과 여기에 내재한 사명감을 극복하고 이상의 현실에 헌신한 인물이다. 그러니 그는 늘 한평생을 청춘으로 살아왔다.

사무엘 울만은 '청춘'에서 이렇게 노래했다. "60세든 16세든 모든 사람의 가슴에는 우환의 마음을 끄는 인자(因子), 다음에 오는 것에 대해 어린이나 갖는 한결같은 희구, 그리고 생활경기의 즐거움이 있다. 당신 가슴과 내 가슴의 가운데에는 무선전신국이 있으며 그것이 아름다움, 희망, 용기 그리고 쉼의 메시지를 사람들로부터 또한 조물주로부터 받아들이는 한, 그만큼 오랫동안 당신은 젊다. 안테나가 낮아서 당신의 넋이 냉소주의의 눈[雪]과 비관주의의 얼음으로 덮여 있을 때 그때에는 당신은 20세라도 늙었다. 그러나 당신의 안테나가 높아서 낙관주의의 주파를 잡는 한, 80세라도 젊은 기상으로 죽을 수 있는 희망이 있다."

인생의 값을 매기는 것은 나이가 아니라 행동이며, 호흡이 아니라 생각이요, 존재가 아니라 느낌이다. 그는 심장의 박동으로 시간을 헤아리고 있다. '희망에 사는 사람은 항상 젊다'는 말은 바로 그를 두고 한 말이다.

2009년, 경희대가 창학 60주년을 맞았다. 이 60주년을 경희는 단순히 기념의 의미를 넘어 새로운 제2의 도약과 세계적인 대학으로 발돋움하는 계기로 만들어가고 있다.

인간 조영식, 그는 80여 평생을 경희대와 함께 젊음과 청춘을 보냈고 삶 그 자체를 감당해 왔다. 경희를 통해 인생과 진한 삶을 터득했고 경희를 통해 세계를 바라보는 드넓은 시야와 통찰력을 길렀다. 경희에서 세계를 가슴에 품는 삶을 살아왔다.

그의 한평생은 심오한 학문의 세계를 선도하고 인류의 평화를 구현해 온 경희의 산증인이자 표본임에 틀림없다. 그는 오늘도 경희대가 개교 60년을 맞아 세계적인 명문 사학으로 거듭나도록, 아니 21세기의 대학과 인류사회의 재건과 세계 평화를 위해 실천 가능한 위대한 꿈을 일구고 있다.

■ 참고문헌

밝은사회문제연구소(2007), 『밝은사회 운동 30년사』, 서울 : 한다문화사.
경희학원(2003), 『사진으로 보는 경희 50년사』, 서울 : 경희대학교 출판국.
김천일(2005), 『오토피아니즘을 통한 인류사회의 재건』, 중국 심양 : 요령대
　　　　학교 오토피아 연구센터[중국어판].
_____(2005), 『當代 韓國 哲學 Oughtopia 解析』, 서울 : 경희대학교 출판국
　　　　[중국어판].
인간 조영식 박사 101인집 출간위원회(1994), 『조영식 박사 그는 누구인가』,
　　　　서울 : 교학사.
120학병 동지회(1988), 『120학병 사기』, 서울 : 을류문화사 출판부.
_____(1989), 『운명의 악몽』, 서울 : 을류문화사
신대순 · 이한호(1995), 『밝은사회 운동의 이론과 실체』, 서울 : 밝은사회문제
　　　　연구소.
임춘식(1991), 『현대사회와 인간소외』, 서울 : 한남대학교 출판부.
_____(2004), 『고령화 사회의 도전』, 서울 : 나남출판.
조영식(1948), 『민주주의 자유론』, 서울 : 경희대학교 출판국.
_____(1951), 『문화세계의 창조』, 서울 : 경희대학교 출판국.
_____(1963), 『우리도 잘살 수 있다』, 서울: 경희대학교 출판국[한국어, 영어,
　　　　일어, 중국어판].
_____(1971), 『교육을 통한 세계 평화의 구현』, 서울 : 경희대학교 출판국[한
　　　　국어, 영어판].
_____(1972), 『새 한국 국민상의 모색 』, 서울 : 경희대학교 출판국.
_____(1973), 『창조는 기적의 날개를 타고』, 서울 : 경희대학교 출판국.
_____(1974), 『밝은 내일을 지향하며』, 서울 : 경희대학교 출판국[한국어, 영
　　　　어판].

_____ (1975), 『인류사회의 재건』, 서울 : 을유문화사.

_____ (1975), 『인류사회의 재건』, 서울 : 경희대학교 출판국[한국어, 일어, 중국어, 영어, 에스파냐어판].

_____ (1976), 『창조의 의지 』, 서울 : 경희대학교 출판국.

_____ (1979), 『오토피아(Oughtopia)』, 서울 : 경희대학교 출판국[한국어, 영어, 일어, 중국어, 에스파냐어, 러시아어판].

_____ (1981), 『평화는 개선보다 귀하다』, 서울 : 경희대학교 출판국[한국어, 영어판].

_____ (1981), 『하늘의 명상』, 서울 : 경희대학교 출판국.

_____ (1991), "세계는 어디로 가고 있는가", 『우리 사회 어디로 가고 있는가』, 서울 : 유풍출판사.

_____ (1983), 『오토피아(Oughtopia)를 향하여』 서울 : 경희대학교 출판국[영문판].

_____ (1983), 『밝은 사회 이룩하자』, 서울 : 경희대학교 출판국.

_____ (1983), "현대사회와 노인복지", 『제4회 사회복지 심포지엄』, 서울 : 아산 사회복지 사회재단.

_____ (1984), 『평화 연구』, 서울 : 경희대학교 출판국[한국어, 영어, 일본어판].

_____ (1984), 『전쟁 없는 평화 세계를 바라보며』, 서울 : 경희대학교 출판국[한국어, 영어판].

_____ (1986), 『평화를 위한 제안』, 서울 : 경희대학교 출판국[영문판].

_____ (1986), 『세계 시민 교과서』, 서울 : 경희대학교 출판국[영문판].

_____ (1986), 『세계 평화대백과사전』, Oxford : Pregamon.

_____ (1987), 『지구촌의 명제』, 서울 : 유풍출판사.

_____ (1987), 『지구촌 평화』, 서울 : 경희대학교 출판국[한국어, 영어판].

_____ (1988), 『이산가족의 간원』, 서울 : 경희대학교 출판국[한국어, 영어판].

_____ (1989), 『세계의 평화를 위한 대 구상』, 서울 : 경희대학교 출판국.

_____ (1989), 『밝은사회 운동의 이념과 기본철학』, 서울 : 경희대학교 출판
국[한국어, 영어, 일어, 중국어, 독일어, 프랑스어, 에스파냐어,
러시아어판].

_____ (1991), 『세계 평화백서 - 조영식 평화학』, 서울 : 경희대학교 출판국.

_____ (1991), 『눈을 들어 하늘을 보라, 땅을 보라』, 서울 : 경희대학교 출판국.

_____ (1992), 『인류사회는 왜, 어떻게 재건되어야 하는가』, 서울 : 경희대학
교 출판국.

_____ (1994), 『조국이여 겨레여 인류여 - 조국 광복 50주년 기념 헌시』, 서
울 : 경희대학교 출판국[한국어, 영어, 중국어, 에스파냐어, 힌
두어판].

_____ (1995), 『세계 시민론』, 서울 : 경희대학교 출판국.

_____ (1996), "관용, 도덕과 인간성 회복", 세계 평화의 날 14주년 기념 국제
평화 학술회의 결과보고서.

_____ (1997), "지구공동체를 위한 평화전략과 21세기에 있어서의 UN의 역
할", 세계 평화의 날 15주년 기념 국제 평화 학술회의 결과보
고서.

_____ (1997), "21세기의 비전과 현실 - 동아시아의 역할", 세계 평화의 날
16주년 기념 국제 평화 학술회의 결과보고서.

_____ (1997), "새로운 천년을 위한 세계적 비전 - 현대문명과 그 지평을 넘
어서", 세계 평화의 날 17주년 기념 국제 평화 학술회의 결과
보고서

_____ (1999), "21세기에 세계 평화는 성취될 수 있는가?", 세계 평화의 날 18
주년 기념 국제 평화 학술회의 결과보고서.

조영식 편(1999), 『세계 평화대백과사전』, NewYork : Oceana

_____ (1999), 『동양의학대사전』, 서울 : 경희대학교 출판국.

조영식(1999), 『새천년 지구공동사회 대헌장』, 서울 : 경희대학교 출판국[한국

어, 영어, 일본어, 중국어, 러시아어, 독일어, 프랑스어, 에스파냐어, 아랍어, 포르투갈어판].

_____(2000), "21세기의 세계 통합", 세계 평화의 날 19주년 기념 국제 평화 학술회의 결과보고서.

_____(2001), 『인류사회 재건을 위한 새천년 계획』, 서울 : 경희대학교 출판국.

_____(2001), "문명 간의 대화를 통한 지구공동사회를 지향하여", 세계의 날 20주년 기념 국제 평화 학술회의 결과보고서.

_____(2002), "Pax Un을 통한 지구공동사회 건설", 세계 평화의 날 21주년 기념 국제 평화 학술회의 결과보고서.

_____(2003), 『너 자신을 알라, 그리고 바르게 살자』, 서울 : 경희대학교 출판국.

_____(2003), 『밝은사회의 이념과 기본철학』, 서울 : 밝은사회문제연구소.

_____(2003), "동북아 시대의 도래", 『우리는 어디로 가고 있는가』, 서울 : 유풍출판사.

_____(2003), "Neo-Renaissance를 통한 지구공동사회 건설", 세계 평화의 날 22주년 기념 국제 평화 학술회의 결과보고서.

_____(2003), "인류 역사의 종말이 오기 전에 Neo-Renaissance 횃불 들고 새천년 열자 - 필리핀 Manila", 2003년 밝은사회 국제클럽 연차대회 기조연설 자료.

■ 미원 조영식(美源 趙永植) 연보

· 1921년 11월 22일 부친 조만덕(趙萬德), 모친 강란수(康蘭水)의 1남1녀로 출생, 아호(雅號)는 미원(美源)
· 원적 : 평양시 경창리 37번지
  본적 : 서울특별시 종로구 명륜동 1가 7-36번지
· 가족관계 : 부인 오정명(吳貞明) 여사와 1942년 10월 26일 결혼, 2남 정원(正源), 인원(仁源) 2녀 여원(麗媛), 미연(美娟)

현직

· 경희대학교 설립자, 명예총장 겸 경희학원 학원장, 국제평화연구소 총재, 인류사회재건연구원 총재, 밝은사회연구소 총재, 아·태지역 연구원 총재, 밝은사회 국제클럽(UN DPI 및 CONGO회원) 국제본부 설립 총재, 오토피아 평화재단 (Oughtopian Foundation) 설립 이사장, 세계대학총장회 (UN Peace Messnger)영구 명예회장 및 동회 평화협의회 의장

학력
· 1950년 서울대학교 법과대학 졸업
· 1959년 미국 Miami 대학교, 명예법학박사
· 1964년 미국 Fairleigh Dickinson 대학교, 명예문학박사
· 1970년 대만 중국문화 대학교, 명예철학박사
· 1971년 필리핀 Manila 시립대학교, 명예인문학박사
· 1972년 부산대학교, 명예법학박사
· 1974년 필리핀 Saint Louis 대학교, 명예교육학박사
· 1975년 중화민국 성공대학교, 명예공학박사
· 1977년 미국 Ohio Northern 대학교, 명예공공봉사학 박사

- 1978년 미국 Mercy 대학교, 명예공법학박사
- 1979년 필리핀 여자대학교, 명예문학박사
- 1983년 미국 North Carolina 대학교, 명예인문학박사
  - 미국 Sacred Heart 대학교, 명예인문학박사
- 1984년 멕시코 Guadalajara 대학교, 명예박사
- 1985년 미국 Alaska 대학교, 명예법학박사
- 1988년 일본 Nihon 대학교, 명예상학박사
- 1989년 필리핀 Angeles 대학교, 명예인문학박사
  - 미국 Long Island 대학교, 명예인문학박사
- 1991년 아르헨티나 Parlermo 대학교, 명예인문학박사
  - 미국 North Park 대학교, 명예신학박사
  - 소련 Moscow 국립대학교, 명예평화철학박사
  - 미국 Central Connecticut 주립대학교, 명예인문학박사
- 1992년 몽골 국립 사범대학교, 명예박사
- 1993년 일본 Teikyo 대학교, 명예의학박사
- 1995년 필리핀 Santo Tomas 대학교, 명예의학박사
  - 일본 Tokyo 국제대학교, 명예상학박사
- 1996년 브라질 Mackenzie 대학교, 명예박사
  - 파라과이 Norte 대학교, 명예철학박사
- 1997년 일본 Soka 대학교, 명예법학박사
- 1998년 아르헨티나 Moron 대학교, 명예박사
  - 아르헨티나 국립 Zamora 대학교, 명예박사
- 2000년 러시아 극동대학교, 명예 공공행정학 및 해외봉사학 박사
- 2002년 중국 요녕대학교, 명예경제학박사
- 2003년 일본 체육과학 대학교, 명예체육과학학 박사
  - 필리핀 Luzon 대학교, 명예인문학박사

수상

- 1962년 중화민국 정부 문화포장 수훈

    중화민국 문인협회 문화 훈장 수훈
- 1965년 세계대학총장회 설립 명예훈장 수훈 – 영국 Oxford, 세계대학총장

    회 창립 총회
- 1970년 홍콩 원동대학교 학술훈장 수훈
- 1973년 필리핀 Saint Louis 대학교의 Sword & Shield 훈장 수훈

    필리핀 Baguio 시 행운의 열쇠 수여
- 1974년 미국 Atlanta 시에서 개최된 제1차 세계 인류학자대회에서 인류 최

    고의 영예의 장 수훈
- 1975년 미국 Nevada 주 Las Vegas 시 행운의 열쇠 수여

    중화민국 대북시 행운의 열쇠 수여

    일본 Osaka 상업대학교 학술대상 수상

    키비탄(Civitan) 국제클럽 특별상 수상

    미국 Houston 대학교 대학장 수훈

    미국 주립대학 연합회로부터 국제 고등교육 지도자상 수상

    미국 Boston에서 개최한 제4차 세계대학총장회 총회에서 세계학

    술대상 수상

    가봉공화국 정부로부터 특별 공로훈장 수훈

    대한민국 정부로부터 국민 훈장모란장 수훈
- 1976년 중화민국 적십자사 총재로부터 명예훈장 수훈
- 1977년 터키공화국 적십자사 총재로부터 명예훈장 수훈

    이란 수상으로부터 고등교육 국제 지도자상 수상

    중화민국 국립 성공대학교 영예의 장 수훈

    대한민국 예비군 방위훈장 수훈

    키비탄(Civitan) 국제클럽 총재로부터 영예 지도자상 수상

- 1978년 브라질 교육협회 Ana Nery 훈장 수훈

  이란 정부로부터 왕관훈장 수훈
- 1979년 필리핀 대통령으로부터 Lakan of Sikatuna 훈장 수훈

  태국 Srinakharinwirot 대학교 최고훈장 수훈

  미국 John Dewey 재단 명예훈장 수훈
- 1981년 코스타리카 San Jose에서 개최된 제6차 세계대학총장회 총회에서

  세계평화대상 수상

  미국 Connecticut 주 New Britain 시의 명예 시민증 수여

  한국 사학재단연합회 봉황훈장 수훈
- 1983년 중화민국 정부로부터 문화훈장 수훈

  중화민국 고웅시 행운의 열쇠 수여

  Dag Hammarskjold 문화대상 수상

  코스타리카 평화대학으로부터 공로패 수상
- 1984년 국제문화협회로부터 평화통일 학술대회(학술부문) 수상

  유엔 세계 평화의 날과 해를 제안한 공을 인정받아 유엔 사무총장

  으로부터 유엔 평화메달 수상
- 1986년 국제 키비탄(Civitan) 클럽 최고 명예훈장 수훈

  프랑스령 Polynesia 대통령으로부터 국가훈장 수훈
- 1987년 멕시코 Guadalajara에서 개최된 제7차 세계대학총장회 총회에서

  세계문화대상 수상

  Mexico 시의 훈장 수훈

  대한민국 정부로부터 국민훈장 동백장 수훈
- 1988년 중화민국 정부 최고 화하훈장 수훈
- 1989년 국제 키비탄(Civitan) 클럽 제69차 총회에서 세계 시민상 수상 – 미
  국 Chicago
- 1990년 Mexico 시의 명예 시민증 수여

아르헨티나 Parlermo 대학교로부터 공로훈장 수훈

미국 Einstein 국제재단의 평화훈장 수훈

세계 평화, 우의 및 결속에 대한 공을 인정받아 소련 청년동맹의 최고 영예훈장 수훈 – 소련 Moscow

- 1991년 세계 평화 구현에 대한 공헌을 인정받아 세계 지적재산권(知的財産權) 보호기구 (WIPO)의 금장 수훈 – 스위스 Geneva
- 1992년 스웨덴 정부 왕실 최고 북극성훈장 수훈 – 스웨덴 Stockholm
- 1996년 유엔 세계 평화의 날과 해의 제안자로서 유엔 세계 평화의 해 10주년을 맞아 세계 평화에 대한 공헌을 인정받아 제51회 유엔의 날 기념식에서 유엔 역사상 최초로 평화공로 특별상 수상 – 미국 New York UN 본부
- 1997년 제1회 만해 평화상 수상(상금 한화 1천만 원) – 한국 서울

  상명대학교 개교 60주년 기념 특별공로상 수상 – 한국 서울

  세계 평화를 위한 국제 교육자협회(IAEWP) 평화대사상 수상 – 미국 Alabama

  창가 대학(Soka University) 최고 영예상 수상 – 일본 Tokyo

  평화와 비폭력을 위한 Mahatma Gandhi의 사상을 고취한 공적을 인정받아 1997년 인도 Jamnalal Bajaj 국제평화상 수상(상금 20만 루피를 인도 밝은사회 국가본부에 기부) – 인도 Bombay
- 1997년 인도 Jamnalal Bajaj 국제평화상의 Gujarat 대학교 영예의 상 수상 – 인도 Gujarat

  인도 국제 청소년센터 영예의 상 수상 – 인도 New Delhi

  Himachal Pradesh 대학교 영예의 상 수상 – 인도 Himachal Pradesh
- 1998년 비폭력을 위한 Mahatma Gandhi 상 수상 – 노르웨이 Oslo

  건국 50주년 기념으로 국가 발전에 기여한 공을 인정받아 대한민

국 정부의 최고 훈장인 국민훈장 무궁화장 수훈

파라과이 정부의 국가 공적대훈장 수훈 - 파라과이

인도 의회 외교클럽 외교연구원으로부터 국가 간 이해, 믿음, 그리고 진실을 위한 국제상 수상 - 인도 New Delhi

21세기를 위한 Boston 연구소로부터 세계 시민상(상금 미화 2만 달러) 수상 - 미국 Boston

인도 의회 산하 평화센터의 평화의 사도상 수상 - 인도 New Delhi

미국 Central Connecticut 주립대학교로부터 세계 시민상 수상 - 미국 New Britain

- 1999년 세계 평화를 위한 국제 교육자협회(IAEWP)로부터 세계 평화를 위한 세계적 인물상 수상 - 한국 서울

  UN NGO 역사상 최초로 CONGO(UN NGO 회의)로부터 감사패 수상 - 한국 서울

  UN NGO 역사상 최초로 UN NGO/DPI로부터 감사패 수상 - 한국 서울

- 2001년 세계 개방대학 및 세계 평화를 위한 국제 교육자협회로부터 새천년 평화교육상 수상 - 한국 서울

  러시아 연방 Sakha(Yakutia) 공화국 국회로부터 평화상 수상 - 한국 서울

- 2003년 미국 창가 대학(Soka University)으로부터 최고 영예상 수상 - 일본 Tokyo

  세계 창가학회(Soka Gakkai International)로부터 세이코 최고 영예상 수상 - 일본 Tokyo

  한인 미주 이민 100주년 기념으로 미국 Washington, D. C.에서 열린 평화축제의 조직위원회로부터 평화상 수상 - 미국 Washington, D. C.

미국 Washington, D. C. 시장 및 종교 자문위원회로부터 감사패
수상 - 미국 Washington, D. C.

필리핀 4개 대학교(San Beda College, Centro Escolari University,
Consolacion College, Holy Spirit College) 연합(Mendiola
Consortium)으로부터 평화상 수상 - 필리핀 Manila

필리핀 Angeles 대학교로부터 평화상 수상 - 필리핀 Angeles

필리핀 Santo Tomas 대학교로부터 평화상 수상 - 필리핀 Manila

업적

- 1973년 한·중 간의 학술 및 문화교류 증진에 대한 조영식 박사의 공헌을
  인정하여 대만 중국문화대학교가 '경희당(Kyung Hee Hall)' 헌당.
- 1978년 한·미 간의 우호증진을 위해 친선사절단을 인솔하고 미국
  Montana 주를 방문했을 때 주 정부가 환영의 뜻으로 '한·미 양국
  우정의 달' 선포.
- 1981년 코스타리카 San Jose에서 개최된 제6차 세계대학총장회 총회에서
  조영식 박사가 유엔으로 하여금 세계 평화의 날과 해를 제정·공포
  케 해줄 것을 제의, 만장일치의 결의로 통과.
- 1985년 조영식 박사의 교육을 통한 세계 평화 증진의 공헌을 인정하여 미
  국 Alaska 주 정부가 '한국·Alaska 교육협력주간' 선포.
- 1987년 유엔에 의해 공포된 1986년 세계 평화의 해 제정에 대한 조영식 박
  사의 공헌을 인정하여 유엔 사무총장이 세계대학총장회를 'UN
  Peace Messenger'로 지정.
- 1988년 해외에 무료의료봉사단을 파견하여 인도주의 정신을 고양시킨 조
  영식 박사의 공헌을 인정하여 대한 적십자사가 박애장 금장을 경
  희의료원에 수여 함.
- 1989년 세계 평화 구현에 기여한 조영식 박사의 공로를 인정하여 미국 의

회가 1989년 8월 10일 국회의사당에 조영식 박사의 이름으로 성조기 게양(한국인 최초).

- 1990년 평화학리론 개발 및 연구에 대한 조영식 박사의 업적을 인정하여 아르헨티나 Parlermo 대학이 '조영식 평화학 강좌' 개설.

  세계 평화에 대한 조영식 박사의 공헌을 인정하여 아르헨티나 Parlermo 대학이 '조영식 평화전당' 헌당.

  세계 평화에 대한 조영식 박사의 공헌을 인정하여 멕시코 Guadalajara 대학이 '조영식 평화강당' 헌당.

- 1991년 세계 평화에 대한 공헌을 인정하여 몽골 학술원이 조영식 박사를 명예회원으로 추대하고 메달 수여 - 몽골 Ulaanbaatar.

- 1992년 인류 평화와 복지사회 구현에 대한 조영식 박사의 공헌을 높이 평가하여 미국 Hawaii 상원 의원 전원이 지지결의 서명 - 미국 Hawaii.

  '제3 민주혁명' 이론 개발과 그 구현에 앞장선 공헌을 인정하여 소련 독립국가 연합(CIS)이 조영식 박사를 정회원으로 추대.

- 1993년 평화복지대학원을 설립하여 평화교육 및 연구에 기여한 공로를 인정하여 유네스코(UNESCO)가 평화복지대학원에 6만 달러의 상금과 함께 평화교육상을 수여 - 프랑스 Paris.

- 1995년 1천만 이산가족 재회 촉구를 위한 범세계 서명운동을 전개하여 최다 국가·최다 서명 세계 신기록(전 세계 153개국에서 2천1백20만2천1백92명 : 북한의 총 인구보다 약 10만 명이 많은 숫자)을 수립한 조영식 박사의 공로를 인정하여 세계 Guinness 협회가 인증서 수여 - 한국 서울.

- 1999년 국제 인명사전협회(International Biographical Center : IBC)로부터 20세기의 인물상(세계 평화 부문) 수상(1세기에 1회 수여) - 영국 Cambridge.

- 2001년 새로운 철학-Oughtopia에 대한 이론의 우수성을 인정하여 중국 요령성 요령대학교가 '조영식 Oughtopia 철학과 석사과정' 개설
- 2002년 세계 평화에 대한 조영식 박사의 공헌을 높이 평가하여 미국 Hawaii 상원 의장이 격려와 함께 지지결의 표창 - 미국 Hawaii.

결의문과 선언문

- 1965년 영국 Oxford에서 개최된 제1차 세계대학총장회 총회에서 'Oxford 결의문' 제안 - 채택.
- 1968년 한국 서울에서 개최된 제2차 세계대학총장회 총회에서 '서울 결의문' 제안 - 채택.
- 1971년 필리핀 Manila에서 개최된 세계 대학연합회의에서 'Manila 선언' 제안 - 채택.
- 1974년 미국 Atlanta 시에서 개최된 제1회 세계 인류학자 회의에서 '인류사회의 신선언' 제안 - 채택.
- 1975년 미국 Boston에서 개최된 제4차 세계대학총장회 총회에서 'Boston 선언문' 제안 - 채택.
- 1976년 한국 서울에서 개최된 세계대학총장회 이사회에서 '서울 결의문' 제안 -채택.
- 1978년 이란 Teheran에서 개최된 제5차 세계대학총장회 총회에서 '(밝은 사회 운동 전개를 위한) Teheran 선언문' 제안 - 채택.
- 1979년 태국 Bangkok에서 개최된 세계대학총장회 이사회에서 'Bangkok 결의문' 제안 - 채택.
  한국 서울에서 개최된 인류사회재건 연구원과 로마클럽 공동 주최 국제 학술 심포지엄에서 '서울 선언문' 제안 - 채택.
- 1981년 코스타리카 San Jose에서 개최된 제6차 세계대학총장회 총회에서 'Costa Rica 결의문' 제안 - 채택.

- 1984년 태국 Bangkok에서 개최된 제7차 세계대학총장회 총회에서 'Bangkok 평화결의문' 팍스 유엔(Pax UN)을 통한 세계 평화 결의문 제안 – 채택.

  제3회 유엔 세계 평화의 날 기념 국제 평화 세미나에서 '서울 평화 결의문' 제안 –채택.

- 1985년 태국 Bangkok에서 개최된 세계대학총장회 이사회에서 '반테러행위 결의문' 제안 – 채택.

  제4회 세계 평화의 날 기념 국제 평화 세미나에서 '전쟁의 인도화 결의문 – 새로운 적십자 운동' 제안 – 채택.

- 1986년 유엔 세계 평화의 해 기념 국제 학술세미나에서 '서울 평화 선언문' 제안 – 채택.

  유엔 세계 평화의 해 기념식에서 '휴전 호소문' 제안 – 채택.

  유엔 세계 평화의 해 기념식에서 '반테러 선언문' 제안 – 채택.

- 1987년 멕시코 Guadalajara에서 개최된 제8차 세계대학총장회 총회에서 'Mexico 결의문' 제안 – 채택.

- 1988년 제7회 유엔 세계 평화의 날 기념식에서 '평화 메시지' 제안 – 채택.

  10차 밝은사회 국제 클럽 연차대회에서 '국민 대화합 결의문' 제안 – 채택.

- 1989년 제8회 유엔 세계 평화의 날 기념식에서 '평화 메시지' 제안 – 채택.

- 1990년 헝가리 Budapest에서 개최된 제12차 세계 인도주의 대회에서 '세계공동체를 위한 선언문' 제안 – 채택.

- 1991년 소련 Moscow에서 개최된 '2+4' 국제회의에서 '팍스 유엔(Pax UN)을 통한 세계 영구평화 정착 결의문' 제안 – 채택.

- 1992년 제11회 세계 평화의 날 기념식에서 '팍스 유엔(Pax UN)을 통한 세계 영구평화정착 결의문' 제안 – 채택.

- 1995년 유엔과 대한민국 정부의 후원하에 개최된 '세계 청소년 대표자 회

의' 에서 '윤리적 Renaissance를 위한 서울 선언문' 제안 – 채택.

유엔 창립 50주년, 유엔 제정 관용의 해, 제14차 유엔 세계 평화의 날 기념 '관용, 도덕과 인간성 회복' 을 위한 대 국제회의에서 '관용, 도덕과 인간성 회복을 위한 서울 결의문' 제안 – 채택.

상기 국제회의에서 Global Initiative 50명 공동 발기회의 이름으로 '도덕과 인간성 회복을 위한 국제운동을 위한 호소문' 제안 – 채택.

중국 곡부(孔子 탄생지)에서 열린 국제 학술 세미나에서 '21세기의 윤리와 도덕 확립을 위한 곡부 선언문' 제안 – 채택.

- **1996년** 유엔 세계 평화의 해 10주년과 유엔 세계 평화의 날 15주년 기념 국제 학술회의에서 '도덕과 인간성 회복을 통한 Neo-Renaissance 운동을 위한 서울 선언문' 제안 – 채택.

- **1997년** 1997년 밝은사회 국제클럽 연차대회에서 '도덕과 인간성 회복을 통한 사회 평화에 관한 서울 선언문' 제안 – 채택.

- **1998년** 유엔 세계 평화의 날 17주년 기념 국제 학술회의에서 '새천년 지구 공동사회 대헌장에 관한 서울 선언문' 제안 – 채택.

- **1999년** 1천만 이산가족 재회추진위원회 연례회의에서 '1천만 이산가족 재회촉구 결의문' 제안 – 채택.

  경희대학교와 SIPRI, PRIO, COPRI 등을 포함 세계적으로 유명한 평화연구소들에 의해 개최된 유엔 세계 평화의 날 18주년 기념 국제 학술회의에서 동 평화학술회의 및 1999 서울 NGO 세계대회, 세계대학총장회 국제회의, 밝은사회 연차대회, 인류사회재건연구원 국제회의, 동북아시아 4개국 대학 국제회의 참가자들이 참석한 가운데 '지속적인 세계 평화를 위한 결의문' 제안 – 채택.

  1999년 서울 NGO 세계대회에서 107개국의 1만 2천여 NGO 대표들의 참석하에 '새로운 천년을 위한 선언문' 제안 – 채택.

  1999년 밝은사회 국제클럽 연차대회 및 국제회의에서 '새천년을 향한 국제 밝은사회 클럽 결의문' 제안 – 채택.
- 2001년 유엔 세계 평화의 날 20주년과 문명 간 대화의 해 기념 국제 학술
  회의에서 '새천년 인류공동사회 대선언' 제안 – 채택.
- 2003년 필리핀 Manila에서 열린 2003년 밝은사회 국제클럽 연차대회와
  유엔 세계 평화의 날 22주년 기념 국제 평화 학술세미나에서
  'Manila 선언문' 제안 – 채택.

저서
- 1948년 민주주의 자유론
- 1951년 문화세계의 창조
- 1960년 인간과 창조 –나의 세계 일주기
- 1963년 우리도 잘살 수 있다(한국어, 영어, 일어, 중국어 4개 국어로 출판)
- 1971년 교육을 통한 세계 평화의 구현(한국어, 영어 2개 국어로 출판)
- 1972년 새 한국 국민상의 모색
- 1973년 창조는 기적의 날개를 타고
- 1974년 밝은 내일을 지향하여(한국어, 영어 2개 국어로 출판)
  경희금강(慶熙金剛) 유람기
- 1975년 인류사회의 재건(한국어, 일어, 중국어, 영어, 에스파냐어 5개 국어로 출판)
- 1976년 창조의 의지
- 1979년 Oughtopia(한국어, 영어, 일어, 중국어, 에스파냐어, 러시아어 6개 국어
  로 출판)
- 1981년 평화는 개선보다 귀하다(한국어, 영어 2개 국어로 출판)
  하늘의 명상(시집)
- 1983년 오토피아를 향하여(영문판)
  밝은 사회 이룩하자
- 1984년 평화 연구(한국어, 영어, 일본어 3개 국어로 출판)

전쟁 없는 평화세계를 바라보며(한국어, 영어 2개 국어로 출판)
- 1986년 평화를 위한 제안(영문판)

　　세계 시민 교과서(영문판, 세계 최초)

　　세계 평화대백과사전(영문판, 초판, 4권 1질, 평화분야 세계 최초)

　　– 영국 Oxford의 Pregamon 출판사
- 1987년 지구촌의 명제

　　지구촌의 평화(한국어, 영어 2개 국어로 출판)
- 1988년 이산가족의 간원(한국어, 영어 2개 국어로 출판)
- 1989년 세계 평화를 위한 대구상

　　밝은사회 운동의 이념과 기본철학(한국어, 영어, 일어, 중국어, 독일
　　어, 프랑스어, 에스파냐어, 러시아어 8개 국어로 출판)
- 1991년 세계 평화 백서–조영식 평화학

　　눈을 들어 하늘을 보라, 땅을 보라

　　21세기 인류사회의 과제와 선택
- 1993년 인류사회는 왜, 어떻게 재건되어야 하는가
- 1994년 조국이여 겨레여 인류여–조국 광복 50주년 기념 헌시(시집)

　　(한국어, 영어, 중국어, 에스파냐어, 힌두어 5개 국어로 출판)
- 1995년 세계 시민론
- 1996년 관용, 도덕과 인간성 회복(1995년에 개최된 세계 평화의 날 14주년 기
　　념 국제 평화 학술회의 결과보고서)
- 1997년 지구공동체를 위한 평화전략과 21세기에 있어서의 유엔의 역할
　　(1996년에 개최된 세계 평화의 날 15주년 기념 국제 평화 학술회의 결과보
　　고서)

　　21세기의 비전과 현실 : 동아시아의 역할(1997년에 개최된 세계 평화
　　의 날 16주년 기념 국제 평화 학술회의 결과보고서)
- 1998년 새로운 천년을 위한 세계적 비전–현대문명과 그 지평을 넘어서(1998

년에 개최된 세계 평화의 날 17주년 기념 국제 평화 학술회의 결과보고서)

- **1999년** 세계 평화대백과사전(증간, 8권 1질) – 미국 New York의 Oceana 출판사

  동양의학대사전 발행(12권 1질, 동양의학 분야 세계 최대)

  새천년 지구공동사회 대헌장(한국어, 영어, 일어, 중국어, 러시아어, 독일어, 프랑스어, 에스파냐어, 아랍어, 포르투갈어 10개 국어로 출판)

  21세기에 세계 평화는 성취될 수 있는가?(1999년에 개최된 세계 평화의 날 18주년 기념 국제 평화학술회의 결과보고서)

- **2000년** 1999 서울 NGO 세계대회 백서(1999 서울 NGO 세계대회의 결과를 정리하기 위해 백서 출간위원회를 통해 출간)

- **2001년** 인류사회 재건을 위한 새천년 계획

  세계대학총장회 평화협의회 활동 보고서 2001

  세계 평화를 위한 부단한 노력(유엔 세계 평화의 날과 해 제정 이후 20년 동안의 조영식 박사의 평화활동을 요약하여 유엔 세계 평화의 날 20주년 기념으로 출간)

  문명 간의 대화를 통한 지구공동사회를 지향하여(2001년에 개최된 세계 평화의 날 20주년 기념 국제 평화 학술회의 결과보고서)

- **2002년** 팍스 유엔(Pax UN)을 통한 지구공동사회 건설(2002년에 개최된 세계 평화의 날 21주년 기념 국제 평화 학술회의 결과보고서)

- **2003년** 너 자신을 알라, 그리고 바르게 살자

  Neo-Renaissance를 통한 지구공동사회 건설(2003년에 개최된 세계 평화의 날 22주년 기념 국제 평화 학술회의 결과보고서)

  오토피아니즘을 통한 인류사회의 재건(2002년에 개최된 오토피아 철학에 관한 한·중 국제 학술회의 결과보고서)

소통과 창조
-미원 조영식의 삶과 철학

1판 1쇄 인쇄 2009년 5월 15일
1판 1쇄 발행 2009년 5월 20일

지은이 | 임춘식

발행인 | 김재호
편집인 | 이재호
출판팀장 | 김현미

기획·편집 | 윤성근
아트디렉터 | 윤상석
디자인 | 홍성훈
마케팅 | 이정훈 · 유인석 · 정택구
교정 | 우정희
인쇄 | 중앙문화인쇄

펴낸곳 | 동아일보사
등록 | 1968.11.9(1-75)
주소 | 서울시 서대문구 충정로3가 139번지(120-715)
마케팅 | 02-361-1031~3 팩스 02-361-1041
편집 | 02-361-0991 팩스 02-361-0979
홈페이지 | http://books.donga.com

ISBN 978-89-7090-710-9   03330
값 13,000원